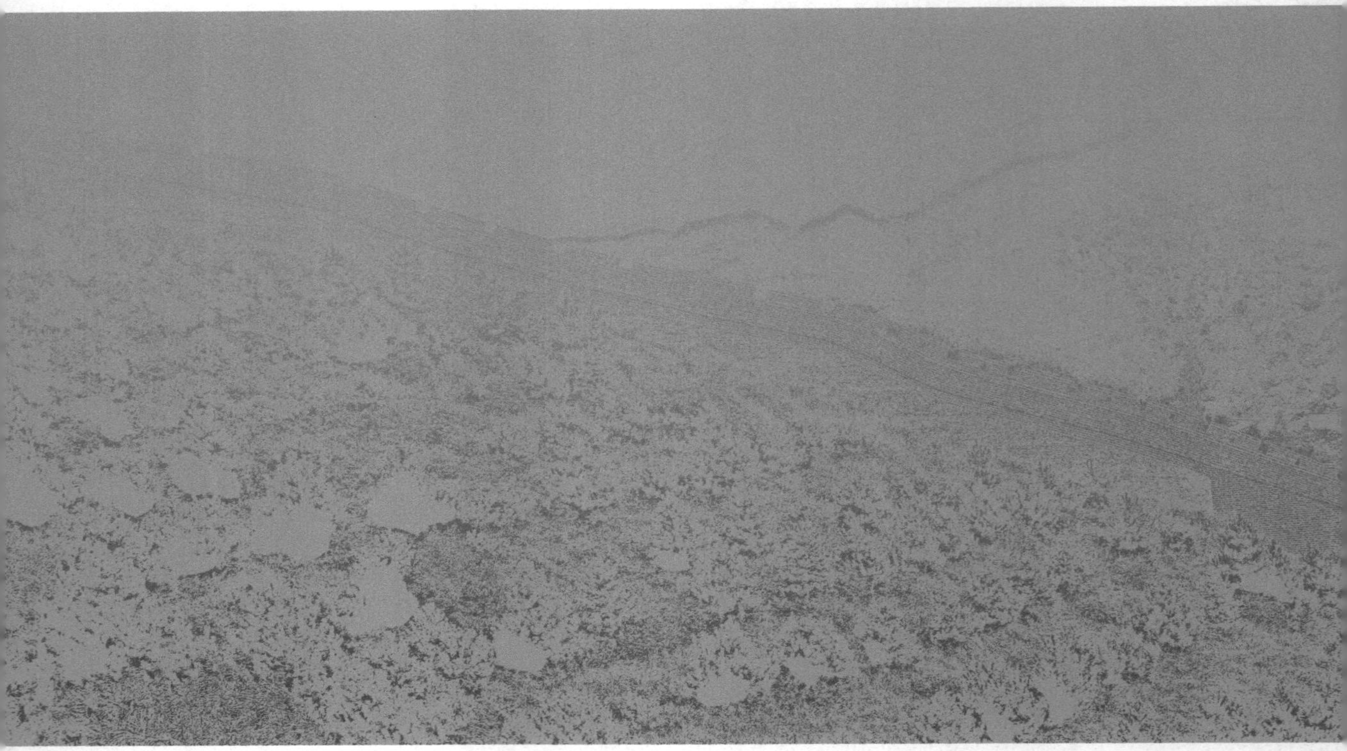

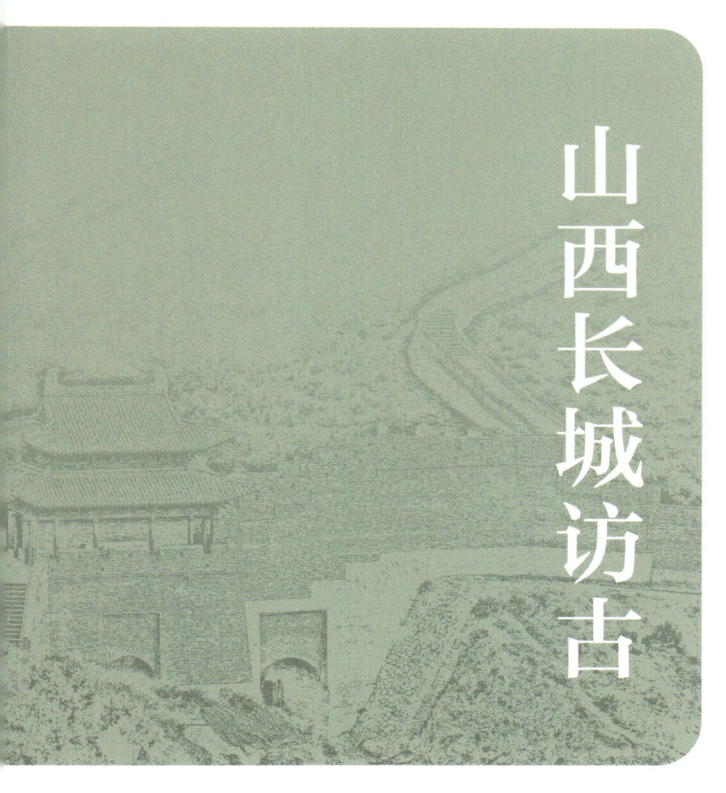

# 山西长城访古

何继荣　何帆 / 著

燕山大学出版社
·秦皇岛·

图书在版编目（CIP）数据

山西长城访古 / 何继荣,何帆著. -- 秦皇岛 : 燕山大学出版社, 2024.8

ISBN 978-7-5761-0665-7

Ⅰ. ①山… Ⅱ. ①何… ②何… Ⅲ. ①长城－介绍－山西 Ⅳ. ①K928.77

中国国家版本馆 CIP 数据核字(2024)第 071354 号

## 山西长城访古
### SHANXI CHANGCHENG FANGGU

何继荣　何帆　著

| | | | |
|---|---|---|---|
| 出 版 人：陈　玉 | | | |
| 责任编辑：方志强 | | 策划编辑：方志强 | |
| 责任印制：吴　波 | | 封面设计：方志强 | |
| 出版发行：燕山大学出版社 | | 电　　话：0335-8387555 | |
| 地　　址：河北省秦皇岛市河北大街西段 438 号 | | 邮政编码：066004 | |
| 印　　刷：涿州市般润文化传播有限公司 | | 经　　销：全国新华书店 | |
| 开　　本：710 mm×1000 mm　　1/16 | | 印　张：21.75 | |
| 版　　次：2024 年 8 月第 1 版 | | 印　次：2024 年 8 月第 1 次印刷 | |
| 书　　号：ISBN 978-7-5761-0665-7 | | 字　数：348 千字 | |
| 定　　价：158.00 元 | | | |

版权所有　侵权必究

如发生印刷、装订质量问题，读者可与出版社联系调换

联系电话：0335-8387718

# 《山西长城访古》序

长城，吸引着全国各地成千上万的游客，其中有一大批热爱长城的人更是对长城情有独钟。宁夏的何继荣就是其中的一位，我没见过他本人，但读过他写的长城游记。我们俩都在宁夏盐池长城学会的群里，他发到群里的文章我都看，也很喜欢。我们都是那种在长城的怀抱安顿身心、兼济家国天下的人，所以我们的心是相通的。

燕山大学出版社即将出版其《山西长城访古》，我先读了这部书稿。这是一部很好的著作，对读者了解长城历史之悠久，认识中华文明之博大很有帮助。何继荣对长城的热爱可以说已经到了痴迷的状态，几年来，他行走长城不停步，撰写长城不停手，遍访明长城的山山水水，用文字和镜头记录了自己游历长城的每一个故事，持之以恒地研究和传播长城历史文化。他是宁夏吴忠人，曾就读于包头一所兵工学校，毕业后分到宁夏南部山区固原的兵工企业工作。宁夏固原有战国秦昭王修筑的长城，毛主席的那首著名的《清平乐·六盘山》中"不到长城非好汉"，就是在红军长征翻越最后一座大山——固原六盘山时所创作的。在那片古老长城的土地上工作，何继荣对长城的历史文化产生了极大的兴趣。后来他调到吴忠市无线电厂任副厂长，也在利通区科技局和吴忠市科技局任过职，吴忠是明长城资源丰富的地区，培育了他热爱长城文化和访古探史的兴趣。

他退休后开始了以长城为主线，"行万里路，读万卷书"又"再读万卷书，著万字游记"的历程。当今是长城文化发展的黄金时期，全国有长城资源的地区都在搞长城文化旅游融合发展。长城不仅是一处旅游景点，更是中华民族的象征。如何让读者在欣赏到巍峨壮丽的长城、重要城堡和烽火台的浅层次的观光旅游同时，了解曾经奋战在这片土地上的一代又一代贡献者，感受到这段历史的真实和厚重，达到身临其境的深层次知识性旅游转变，这是传播长城历史文化的新课题。何继荣的"长城访古"系列，在这方面做出了有益的尝试。

这是一部山西长城知识普及书本，以一个普通游客的视角，从西到东以内、外

作者何继荣（左一）与中国长城学会副会长董耀会（右一）在一起

长城旅行为主线，真实详细地描述了长城在山西的分布、修建历史、著名典故、神话故事，民间传说以及现存状况，并把自己行走长城的所思所感凝诸笔端，用平实的语言、图文并茂的形式把读者引入深厚的长城历史和文化之中。

这是一部有专业知识支撑的通俗读物，一部史料与文学完美融合的长城文化普及书籍。作者用自己的所见所闻，结合每地的史料，以图文并茂、通俗易懂的方式将长城的趣味性、阅读性、知识性更好地结合为一体。通过他的笔端，让我们更加深入地了解古代长城的面貌，感受和寻觅长城的历史踪迹。

这是一部透着作者心血的文化书籍，讲好长城故事必须以长城的遗迹及史料来佐证。这需要亲到现场考察才能完成，他作为一个业余爱好者，自驾贯穿明长城全线考察，用亲身感受及丰富的文献史料信息讲述长城的故事。他的游记所选的描写对象是各省的长城关隘、长城建筑等，描写所见到的长城现状及长城历史。希望读者通过本书能够了解山西长城的构造、长城悠久的历史、长城的军事价值。

何继荣行走长城以来，以兴趣为出发点，先后撰写长城游记200余篇约80多万字，拍摄长城照片8000余张，《宁夏长城访古》已经出版了，《甘肃长城访古》《陕西长城访古》《山西长城访古》也即将出版。这些备受称道的著述，对弘扬中华优秀传统文化，对培育国家文化软实力都是很有贡献的。特别是在长城国家文化公园建设得以全面实施、推进的当下，具有更为重要的意义。

据我所知，他跑长城和出书多是自费的。这对于一个工薪阶层的退休老人来说，还是一件很有压力的事。一个省吃俭用的人因为热爱长城，而自愿付出金钱实属不易。希望这部书稿能有好的销售回报，这样才可能将这件事可持续地做下去。书能卖得出去，也是实现文化传播创造性转化、创新性发展的关键环节。

以此为序！欢迎更多热爱长城的朋友加入研究长城，传播长城文化和保护长城的行列中来。

中国长城学会副会长

燕山大学中国长城文化研究与传播中心主任、教授

《中国长城志》总主编

董耀会

2023年11月22日星期三

# 读何继荣的《宁夏长城访古》及"长城访古"系列(代序)

在一次作品研讨会上,何继荣同志将他的新著《宁夏长城访古》赠送给我,让我提点意见。当时,我正在写《宁夏地域文化概览》中的"宁夏边塞(军旅)文化"一章,很需要有关长城的资料,所以就比较认真地阅读起来。

《宁夏长城访古》是何继荣"长城访古"系列的第一部,另外还有《甘肃长城访古》《陕西长城访古》《山西长城访古》《河北长城访古》等。

从已出版的《宁夏长城访古》看,何继荣的"长城访古",绝不限于记述长城,而是把长城所经过的地方都尽可能地作了详细的描述和考证。描述的范围,从地理情况一直到历史事迹,内容丰富多彩,而且文笔绚烂,体例谨严,不但是一部有趣的游记,而且还有较高的史地价值。

何继荣是宁夏吴忠人。曾就读于包头工业机械学校热处理专业,毕业后先在固原清河机械厂任助理工程师,又到吴忠市无线电厂任副厂长,后又到利通区科技局和吴忠市科技局任职。多次异地求学、工作的经历,培养了他热爱祖国大好河山和访古搜史的兴趣。而这种兴趣,正应了那句古话:"读万卷书,行万里路。"

继荣为人忠厚,志气刚毅,讷于言而敏于行。他的访古虽集中于长城一线,但他的阅读十分丰富。长期的旅行和阅读,不但开阔了他的视野,增长了见识,使他的"访古"具有形象生动、丰富多彩的特点,而且也使他的"访古"系列达到了"以城(长城)证地,以地存古(史)"的高度。

继荣曾对人说过,他读过一些地方志和专家关于长城研究的专著,也读过《水经注》《徐霞客游记》等古贤的地理著作,在汲取知识营养的同时,也为他们优美的文笔所震撼。他说,长城是古代中国人民的伟大创造,更是中华民族精神的体现。每次面对长城的时候,他的内心便会掀起无数的波澜,身上便会增添无穷的力量,同时也便产生了保护和传承长城文化和长城精神的冲动。继荣是一个普通人，他能做些什么呢？写书——写一套关于"长城访古"的书。

"动念"很容易，但落实就比较困难。首先是，他要用脚把万里长城亲自"丈量"一遍，有些重点地段必须"丈量"两遍甚至三遍；其次，他必须广搜博览，查阅大量的资料。如果没有异于常人的毅力，做到这两点是绝对不可能的。

别的姑且不说，只说"用脚丈量长城"这一项，就不是那么容易的。目前，万里长城，他已走完了三分之二（只剩下河北长城还未走完）。有些重点地段，他不是只去一次，而是两次，甚至三次。比如宁夏柳木高（皋）长城，他就去了多次。第一次去，他只考察了山下蜿蜒曲折的长城，而大、小柳木高山顶上的两座烽火台，却无缘一睹。登不上大、小柳木高山峰，就不能了解这一区域的军事地理环境，也就不能深刻理解古人经营此地的良苦用心。因此造成了遗憾。两年后，他又邀约朋友一起对此地进行再次考察，不但登上了峰顶，从高处鸟瞰四周的山势与地形，而且驱车深入灵武口内外，细心搜寻历史遗留的一砖一瓦。回来后，又查阅文献，与朋友讨论，写成了洋洋万言的《二探柳木高（皋）长城》，对柳木高与历史上的灵武口（谷）、灵武县的关系逐一进行辩证。同时，还将散见于各种文献古籍有关柳木高（皋）、灵武口（谷）、灵武县的零星资料汇辑整理，既厘清了历史脉络，又为后人减去了搜寻检索的麻烦，可谓功德无量。

"游记"或"记游"，从体裁上说，是属于文学的范畴。但继荣的"长城访古"系列，除了具有"文学"的价值外，又特别重视对于地理和历史的考察——有史地价值。他认识到，长城及它所经过的地方的地理现象是经常变化的，春秋战国的情况已很渺茫，秦汉和明代由于城市的衰亡、民族的迁徙、行政区域的变迁，名称的交互更替都是十分复杂的。正是基于这一认识，他决定以长城为纲，进而描述经常在变化中的地理情况，保存关于长城及其所在地的历史资料。这反映了他要求更多地、更深刻地认识长城，认识祖国，认识自己祖先所缔造经营的这块土地的愿望，他是怀着崇高的愿望来进行这项十分艰巨的工作的。

继荣涉猎的图书相当广泛，因此他在"长城访古"系列中引证的书籍多达数百种。

由于他是"用脚丈量",亲自跋涉山野、寻访古迹、追溯源流,因此,他有很多绘形绘色、逼真动人的描写,加上多幅精彩的摄影作品,亲历感极强。他在书中还采录了一些民间歌谣、谚语和传说,这也是十分可贵的。

总之,何继荣的《宁夏长城访古》及"长城访古"系列,可以看作是宁夏当代关于长城访古的集大成。没有何继荣那种"读万卷书,行万里路"的精神,固然写不出《宁夏长城访古》及"长城访古"系列;但是没有历年来我国学术界和文学界积累的那样众多的有关长城及其所经地方的研究成果,同样也不能使何继荣写成《宁夏长城访古》及"长城访古"系列。何继荣赶上了好时代,他有幸看到了前人没有条件看到的那么多的研究成果。在《宁夏长城访古》及待出版的"长城访古"系列中,何继荣之所以能有系统地对他所考察的对象进行综合性的记述,图文并茂,赋予"长城访古"以时间的深度,又给予许多历史事件以具体的空间的真实感,皆赖于此。但,这并不是说,他的个人努力不重要。恰恰相反,只有真正热爱长城、热爱祖国、热爱自然而且是刻苦努力坚持不懈的人,才能写出这样的著作,才能在"长城访古"中放出如此的光辉。

吴忠市人大常委会原副主任

宁夏诗词学会副会长

吴忠日报社原总编辑

杨森翔

2023年5月15日于吴忠寓所

# 目　录

| | | |
|---|---|---|
| 第1站 | 河曲旧县村古城 | 001 |
| 第2站 | 河曲石梯子村、阳面堡长城 | 007 |
| 第3站 | 河曲西口古渡、护城楼 | 012 |
| 第4站 | 河曲罗圈堡长城 | 018 |
| 第5站 | 偏头关护城楼 | 023 |
| 第6站 | 偏关老营堡 | 029 |
| 第7站 | 偏关老牛湾望河楼 | 036 |
| 第8站 | 雁门关 | 042 |
| 第9站 | 代县"九窑十八洞"与试刀石村 | 049 |
| 第10站 | 右玉右卫古城 | 054 |
| 第11站 | 右玉三十二长城 | 060 |
| 第12站 | 右玉杀虎口长城 | 065 |
| 第13站 | 偏关文笔塔 | 071 |
| 第14站 | 偏关红门口、水泉营、地下长城（一） | 076 |
| | 偏关红门口、水泉营、地下长城（二） | 081 |
| 第15站 | 长城一号线马头山、好汉山 | 085 |
| 第16站 | 偏关老营堡重游 | 091 |
| 第17站 | 宁武关（一） | 098 |
| | 宁武关（二） | 104 |
| 第18站 | 朔州古城 | 109 |
| 第19站 | 平鲁大河堡 | 116 |

| 第20站 | 右玉云石堡（一） | 123 |
| | 右玉云石堡（二） | 128 |
| 第21站 | 平鲁七墩村 | 132 |
| 第22站 | 左云宁鲁堡 | 137 |
| 第23站 | 左云月华池 | 142 |
| 第24站 | 左云威鲁堡 | 148 |
| 第25站 | 左云镇宁楼 | 153 |
| 第26站 | 右玉威远堡 | 159 |
| 第27站 | 神池八角镇长城 | 164 |
| 第28站 | 神池野猪口长城 | 171 |
| 第29站 | 宁武阳方口堡长城（一） | 176 |
| | 宁武阳方口堡长城（二） | 180 |
| 第30站 | 山阴旧广武城（一） | 184 |
| | 山阴旧广武城（二） | 188 |
| 第31站 | 代县白草口长城（一） | 191 |
| | 代县白草口长城（二） | 195 |
| 第32站 | 山阴新广武城（一） | 199 |
| | 山阴新广武城（二） | 203 |
| 第33站 | 代县边靖楼 | 207 |
| 第34站 | 代县赵杲观（一） | 211 |
| | 代县赵杲观（二） | 215 |
| 第35站 | 代县阳明堡（一） | 220 |
| | 代县阳明堡（二） | 224 |

| | | |
|---|---|---|
| 第36站 | 平型关 | 228 |
| 第37站 | 繁峙韩庄长城（一） | 233 |
| | 繁峙韩庄长城（二） | 238 |
| 第38站 | 应县北楼口长城（一） | 241 |
| | 应县北楼口长城（二） | 245 |
| 第39站 | 大同云冈堡（一） | 249 |
| | 大同云冈堡（二） | 255 |
| 第40站 | 新荣得胜堡（一） | 260 |
| | 新荣得胜堡（二） | 265 |
| 第41站 | 阳高守口堡 | 270 |
| 第42站 | 天镇李二口堡 | 275 |
| 第43站 | 天镇保平堡 | 280 |
| 第44站 | 大同新平堡（一） | 287 |
| | 大同新平堡（二） | 291 |
| 第45站 | 娘子关（一） | 296 |
| | 娘子关（二） | 302 |
| | 娘子关（三） | 307 |
| 第46站 | "太行一号旅游公路"上的长城 | 312 |
| 第47站 | 固关长城（一） | 317 |
| | 固关长城（二） | 322 |
| | 固关长城（三） | 328 |

## 第 1 站

SHANXI CHANGCHENG FANGGU

# 河曲旧县村古城

2020 年 9 月 16 日

山西河曲旧县村古城街口

　　九月，天高云淡，风清气爽，我约上朋友，开始了"明长城河曲段"之旅。同车朋友在圈内发出"带着一颗憧憬的心，崇山峻岭在所不辞，羊肠小道无畏艰辛。沐浴阳光，期待星光，又一次行走在拍长城的路上"。

　　从吴忠到河曲旧县村古城，沧榆高速 600 公里用时七八个小时。本应路过府谷至旧县村（府谷到河曲旧县村约29公里），快到府谷时驾车的大哥问道："下府谷吗？"昏昏欲睡的我随口答道："不下"，便又迷糊过去。一阵电话铃声把我吵醒，后车朋友电话追问原因，我一看导航驶向宁武方向，绕路300公里，肠子悔青的我只好接受批评，认错道歉。

对有对的直便，错有错的好处，绕到了一段上山的县乡道。偶遇羊群挡道，礼让行羊。路两边的景致十分不错，大家便下车欣赏。秋日的田野，天是那么蓝，云是那么白，高粱田、玉米田、谷子田，一片片种植在山梁之上，特别是谷穗的模样，还停留在我们儿时的印象之中。

现在看到的粗壮弯腰的谷穗，勾起了我无限的乡愁。童年时家中墙上挂的一幅毛主席站在金色的穗浪中的画，是我对谷穗最深的记忆。

当然，面对如此美景，朋友们兴奋起来，一扫绕路的沮丧，捧起谷穗拍起照来。我也深感欣慰，有幸观赏到了"地肥水美五谷香"的山西风光，也是对错误的一点补偿吧。

贪玩，时间过得很快，在催促中坐进车内向旧县村驶去。朋友问："我们要去的旧县村是个啥地方？"我开始介绍为什么把河曲段长城第一站选在旧县村古城。

山西河曲旧县村古城人家

旧县村成村于宋代，发展于明清，距今已有1000多年的历史。据清道光年间的《河曲县志》载，旧县在五代北汉时期曾置雄勇镇，宋太平兴国七年（982年）建火山军，治平四年（1067年）置火山县为军治，自此这里成为历代王朝抵抗漠北入侵、防御瓦剌等游牧民族进入中原的头道屏障。

元末明初，旧县村外面只有一圈土围子用来保护村庄，明代景泰、嘉靖两朝开始进行不同程度的修缮。到了明万历年间，朝廷对旧县进行了更为全面的修复，使得旧县不仅成为晋西北的头道要塞，还是当时的经济重镇，有"金汤要径"的美称。

在清道光年间的《河曲县志》中描述了当时旧县的气魄景象："其时城池规模大备，气势恢宏，人称凤凰城，北踞高坡，其三面皆临深沟，面阳背山，雄阔大哉，而街道井然、分区划界、民居错落、庙宇庄严。"这些资料都是书上介绍的，至今保存什么样的程度我也不知道，只能去了之后才能知晓。

黄昏，我们沿蜿蜒山路进入旧县村，穿过村口牌坊，停车于村部小广场，村部对面是个旧戏台，右侧为一小卖部，时间紧迫，寻问村民后开始步入左侧古老的巷道，紧张的游览活动开始了。

村内古宅飞檐翘脊，直指苍穹，巷道纵横交错，深若迷宫，还有官署、民居、水井、寺院、塔林错落有致。漫步在街道巷子里面，路面基本都是用古代的大长条青砖石块铺设而成。东面至西面一条大街弯弯曲曲，和街北面的多条巷道贯穿相连，很多的古旧房屋的砖石都是经过古代老艺人的精心雕刻而成，砖石上的图案花纹雕刻得非常精美。

居民院子大多都为四合头院，青砖灰瓦，飞檐斗拱，木质构架，雕龙画凤，气势恢宏。有的院子已久无人住，门前长满野草，有些院落的很多地方已经毁坏，但古朴典雅风格犹存。

不少的院子里面现在仍然有人们居住，木门轻掩，古树叶落，此时，夕阳西下，成片的古屋在金黄色的阳光照耀下熠熠生辉，显得别具风貌。在这里你能够感受到远离城市的喧嚣，感受农村生活的恬静淡雅。同行的朋友是历史系出身的老师，边看边赞，她为保存如此完整的、原汁原味的古村落而惊叹！

落日余晖，时光不够，我欲观城墙，路遇村民，引我至村南一石梯，下到十几米的墙根，古城墙壮观的全貌呈在眼前。

这个矗立在高丘台地上的古代城堡，面临黄河，北踞高岗。城墙下有百米的深沟绝壁，更显古城的雄伟及地势的险峻。城墙大约有三分之二还保留着。依着山势，古城平面很不规则地形成伸展单翼的鸟形，当地人称为凤凰城。城墙下临峭壁，县川河自东南方向流过，汇入黄河。

城墙包砖属于明代，已经有近500年历史了，这些被岁月侵蚀的砖，看上去很像蜂窝。下半截为了保护，用水泥修复成平面，上下强烈的反差，显得城墙苍老而悲壮。古城的某些地段已经坍塌，那些重要的角楼、望楼都已毁坏，只剩下这孤独的楼基挺立在峭壁之上。

暮色四合，站在墙头，远望前方，村前涧河水明清如镜，村外群山环抱连绵。一座边塞重镇，历经1000多年的风雨沧桑，作为历代兵家必争之地，这里曾上演杨家将浴血奋战抵御外敌的英雄事迹和明末官民共同抵御贼寇的悲壮故事。

村民告诉我：约370年前，河曲县守将，浙江绍兴人章国光决心抗清到底，死守河曲县，最终被清军围困至城东的天庆观。功败身死已成定局，章国光一把火将天庆观焚毁，如今村东头牲口棚里的《荧台郡重修天庆观碑》上，也许溅有章国光的血泪。曾经的"金汤要径"，胡马长嘶，烽烟弥漫，多少英雄事，尽化烟雨中。

华灯初上，回至巷道，一间明清风格的民宅引人注目，青砖灰瓦白线条，朱门雕窗古色古香。标准的四合院内中间是块小菜地，在屋内灯光映照下，西红柿又大又亮，葫芦盘枝犹如荷叶向上展开，下面葱地成排。多么温馨的农家小院啊！

我们的到来，惊动了屋内的老人，她热情地邀请我们进屋拍照。老人80多岁，更像60多岁的模样，说话清楚，精神健旺，神采奕奕，十分健谈，告诉我们这房子是祖产，已经有300年的历史，室内收拾得十分洁净，满墙的照片，显示着老太太子孙满堂。白砖的炕沿，被岁月磨得光亮如玉。两位美女坐炕留影，还真有点像串门的邻居在拉家常似的。

热情好客是古城人的传统，攀谈之中问起为什么叫旧县村时，老人告诉我们，这里是古时候的县城，宋代就已经建制了，到明初规划边防时，提高了军事地位，明代中期在土墙上包砖，建成了非常壮观的城堡。而现在的河曲县城，在明代只是一个河防要塞，属于河曲县区域内十来个堡塞之一。由于紧挨渡口，到了不再有北方外患的清朝，其交通、商业地位得以突出，成了商旅辐辏、人口稠密之地，据说当时的居民数量多出如今这个县城的十倍。

乾隆二十九年（1764年），务实的地方政府请求中央批准，把县治搬迁到人口远远增加了的河防堡，就是现在的河曲县城。这里从此就被称为旧县，现在变成了旧县镇旧县村了。自从迁城之后，移民新县城的人家就多了起来，到了现代，随着经济的发展，能进城的都进城了，不能进城的都搬到山下了，所以古城里住的人家越来越少了。

听完老人对旧县的介绍，我感慨道，历史历来都是公正的，"祸兮福所倚，福兮祸所伏"。旧城的格局和许多明清建筑及传统文化之所以能保存下来，与古县城建在这高岗之上有极大的关系。当年为了防御，这里是理想之地；现在要考虑发展经济和人民生活便利，这里就极不适合了。人们为了美好生活没有就地改造，而是搬迁出去，无形中起到了保护古城的作用。想想近年来的基建高潮，很多古城都被拆得面目全非。到现在为了复古建得不伦不类叫人痛心。而旧城却因祸得福地保留

山西河曲旧县古城村牌坊

了下来，随着旅游业的发展，慕名来旧县村古城旅游的人会越来越多。旧县村古城的辉煌虽然已是过去，但作为一个颇具历史、文化、建筑等价值的新兴旅游古城，旧县村古城的春天才刚刚到来。

聊到儿孙之时，老人家满满的自豪，现在儿孙及重孙都在外考学或工作。古城人重视教育，自古就有耕读并重、宣扬儒学、注重教化的文化传统。不但现在考出去的学生多，而且在历史上更是人才辈出：元曲四大家之一的白朴、明代兵科给谏苗朝阳、清道光年间大定府知府黄宅中都在中国历史上赫赫有名，更有白贲、白华、白有光、黄庭幹等进士举不胜举。

提到元曲四大家之一的白朴，使我想起了年轻的时候读过他的《墙头马上》，一个在墙头相遇一见钟情进而私奔后修得正果的爱情故事。唐代大诗人白居易在《井底引银瓶》诗中描述："妾弄青梅凭短墙，君骑白马傍垂杨。墙头马上遥相顾，一见知君即断肠。"强烈的浪漫主义色彩，使从古至今多少金童玉女对这种热烈表达爱意并奋不顾身追求爱情的精神所感动得泪如雨下。

聊得太多，已经满天繁星，告别时，老太太坚持送我们到大门口。她那样倚门而立的样子，让我产生了某种伤感。她就是这古城的象征，就是历史的见证，蕴含着中华民族的勤劳、智慧，缩写了耕读传家的文明史实，至今还恋恋不舍地坚守在这块她热爱的土地上。

回望旧县村，一座边塞重镇，历经1000多年的风雨沧桑，马蹄声渐去，浓缩了古代农耕文化、儒家文化、商业文化、宗教文化、建筑文化、边塞文化、军事文化。今天，它的模样似乎还像当年白朴老先生的《天净沙·秋》一样："孤村落日残霞，轻烟老树寒鸦，一点飞鸿影下。青山绿水，白草红叶黄花。"

山西河曲石梯子村

# 河曲石梯子村、阳面堡长城

2020 年 9 月 17 日

　　从旧县村向西沿 308 省道到黄河边右拐进入 249 省道，在约 15 公里处探访石梯子村烽台。从这个烽台开始，我们要走一段别样的长城——"河边"（即黄河"边墙"，亦称"石边"），这段长城被称为"双龙并行"。

　　《山西通志》载："河曲长城，从偏关寺沟沿黄河至石梯隘口止，全长 55 公里。"

也就是说，由东向西逶迤的古长城和由西向东奔腾而来的黄河宛如两条巨龙在老牛湾相会，双龙并行，绵延数百里，挟着历史的烟尘一路向南，一直到石梯子村（石梯隘口止）。这里是山西黄河"边墙"的最南端。

需要说明的是，河曲还有另一条长城，也就是我们一路走来的长城，这段长城从宁夏花马池（盐池县）延伸至陕西麻镇，又与府谷梁龙头村逐鹿台相接到隔河河曲水西门的延绥长城。从现在开始，我们进入了万里长城中最有灵气、最美丽的"双龙并行"的"河边"长城。

"河边"是长城沿线上的一个重要节点，起着捍卫山西、屏藩京师的防御作用。为什么这段长城如此重要？这主要是由河曲的地理位置决定的。黄河在这里呈一个大"几"字形，河对面就是游牧民族。古时，匈奴沿河道可以直驱内地，所以"河边"的战略意义，就是防止河套匈奴的进犯。尤其在黄河上冻时节，"河边"长城守军便加强防务，警惕匈奴骑兵踏冰渡河。因此这里自古号称"陕东重镇""晋右严疆"，是明九边重镇之一，历来处于防御匈奴、鞑靼、瓦剌的第一线。

从县川河到黄河（308省道）的路还好走些，当进入黄河（249省道）时，还没见到"双龙"而碰到了"车龙"。橘黄色的拉煤的大货车似长龙在公路上一眼望

山西河曲石梯子村阳面堡

不到尽头，我们矮小脆弱的小车在浩浩荡荡的"长龙"旁边行进得胆战心惊。本不远的路却走了很长时间，当到石梯村附近时，因小心驾驶错过了进村的路口，又无法折回，只能前进。遇一养路工人寻问，指前方大石上方便是烽台遗址。到巨石下方，竟无上山小路，又问说在前方。又行一里多路，路边有一采砂场地，停车寻一小路向烽台方向攀登。

钻进路边茂密的松树林内，踏着松软草垫铺着的林间小路上，大家的心情格外轻松自在。三三两两地唠着嗑向山上走去。

穿过这片树林，一条铁道线横呈在半山腰，风光可人。仔细观察，铁轨表面似有锈迹，不像常有火车穿行，在这人迹罕至的地方，几个年过半百的老人童心崛起，像孩子一样在铁轨上走着平衡，欢笑声、拍照声不绝于耳。

穿过铁路线，我们寻一羊肠小道拐着弯一层层地向山上爬着，半山腰上，怪石林立，可谓鬼斧神工。有一奇石，顶部大而圆，像蘑菇，人在其上，不论站与坐姿，拍照出来都如在悬崖绝壁，险象环生，朋友们在此又是一阵欢声笑语。

登上山顶，背面绝壁而下，十分险要，而寻找的烽台，却在对面山顶，与我们隔着一条深深的山崖，此时才知爬错了山头，但用长焦镜头还能观其形状。这就是石梯隘，坐落峭壁悬崖上，盘盘石径，道道险隘，旧名阴岭关，又称石梯隘口，明成化十二年（1476年）建堡。据说当年南北二门各建楼，官厅三间，耳房三间，民房二十所。可惜关楼等早已倒废，只有历经风霜的烽火台，依偎着弯曲的黄河，静静地经历着人世的沧桑。

站在山顶，回头一望，北边数里远山头有一古堡清晰可辨，那是我们下一个目标——阳面堡。行到古堡山下附近见一上山小路方向通向古堡，两车先后爬到山梁。却发现又上错了山头，古堡在对面的山上，中间横着一条山沟。

梁上遇一老者，寻问怎么能开车绕到古堡，老者说："从阳面能走到。"观察四周，发现半山腰的铁路桥搭在两山之间极为便捷，徒步即可翻越过去。便商议两车绕行，剩余四人借铁路桥而过。

虽不算千辛万苦，但还是颇费周折，穿过路桥，爬上山坡，阳面古堡耸立在山顶。阳面堡建于明正统元年（1436年），又称杨勉堡、阳沔堡。说是堡，其实并不大，只是一个烽堠，一座带兵营的小城堡。经过五百多年的风雨，从南侧直视，围墙与烽墩保存基本完整，只是墙下盖了排已被废弃没有门窗的简易砖房。南面草场上还残留一段包砖土墙的遗迹和一个小墩台。

堡门设西，直对黄河，门墙外侧用石块包砌，十分坚固。拱形门洞犹如废弃的农家小院，门道乱石铺地，院内杂草丛生。

此处形制和所有长城上的方形城堡一样，四周高墙围着院落中间一个高耸的烽堠，烽堠也风化成土柱，仰面而望，土柱高耸入天，与主体烽堠分离一尺间隙，能看到一线之天。

东侧有几间坍塌的营房，破砖烂瓦遍地。东侧围墙还挖有三孔砖窑洞，从整体的布局来看，当年驻军不少，依稀辨出曾是喧闹的兵营。烽堠南侧有一墙洞，进去观看不是墩内直通墩顶的洞，应当是后人所挖。

这就是现在的阳面堡。在《三关志》中这样记载："阳沔堡，周围一百步，高一丈五尺，南至石梯儿十里，守堡百户一员，旗军六名，军火器六十九件。"就是这样一座小军堡，却经历了崇祯初年府谷农民起义领袖王嘉胤由此进攻旧县城的大事件。

面对残垣断壁的城池，我静静地观望那些砖头、瓦片、烽堠、围墙，探索着历史的记忆。当年这里白天燃烟，夜间放火，传递军警，如今幽谷空旷，满目沧桑。耳边似乎响起了歌声：暗淡了刀光剑影，远去了鼓角争鸣。现在边墙悠悠，天地依旧，人们早已忘却了远古的硝烟和厮杀声。

出门面对黄河放眼望去，一条黄色的巨龙缓缓地自北向南而去，黄河两岸风光迥异，一界之隔，天空依然湛蓝、白云依然缭绕。山西这边，道路两旁疏密有致、参差错落、葱茏旺盛的绿色植被，河边良田千顷，稻花飘香，美丽富饶；内蒙古那边，山高草黄，植被稀少。一河之隔，差距如此鲜明。

沿古长城向南瞭望，沿着黄河岸边陡峭的悬崖山顶之上，一个个烽火台排列着蜿蜒而去，一眼望不到尽头。以河曲县城（旧县城）、石梯隘口堡、阳面堡、罗圈堡、楼子营堡、焦尾城堡、得马水堡等重要边堡，共同构成长城坚固的防御体系。长城与黄河一道结成的"双龙"保护着山西农耕文明上千年，如今这条防线的古堡已成为了历史的见证。

古堡北有一下山土路,就是对面山头老者所提的阳面村到古堡的道路,完全可以行车。但我们两车未能找到,所以一直在山下等候。下到村中遇一村民聊起村史,村民介绍,走过金戈铁马岁月的阳沔人古风古俗犹存,至今仍保持着少女能骑马、小儿学放牛的风尚。逢年过节仍能呈现出"营门闲射石,场圃戏抛球,鱼晒晴川网,人呼晚渡舟"的盎然生气。

阳面村还是河曲古八景之一"阳沔封冰"景点地。"阳沔封冰"虽然给敌人掠夺带来便利,但也有预示着来年庄稼将大获丰收之意。旧有咏河曲八景诗为证:"河曲城连陕右边,山川形胜自天然。天桥浪响知时雨,阳沔封冰大有年。光生迥谷千年火,彩出朝阳百尺烟,钟鼓遥连绿水处,翠峰山际白云巅。"

临走之时,回头再望这个保存较好的小军堡,犹如黄土高坡上的皇冠,屹立在高高的山梁上。曾经的这里烽烟弥漫,寇氛满满,胡马长嘶,兵戈相接。现在的阳面村表里山河、生态秀美,人民安居乐业。古堡上空是望不断的蓝天,看不够的祥云,使人真正感到"换了人间"。

山西河曲石梯子村阳面堡下黄河

山西河曲古城门

## 第3站

# 河曲西口古渡、护城楼

2020 年 9 月 17 日

　　从阳面堡到河曲县城，公路沿着山边紧贴黄河，山顶上夏营村烽台、五花城堡瞭远望着宽阔的河水，俯瞰高深的河谷，从下向上望去给人以壮美之感，此情此景，令人情不自禁地对河曲长城产生崇高的敬意，是它们保护着家园。古代的旅客，看到这星连的烽台，就像我们现在路边站着的武警战士一样，也足以产生满满的安全感。

当车进入河曲县城时，内心不由得激动起来。天下黄河九十九道弯，这个因为黄河曲折程度命名的小县城，因为一首民谣和一首歌闻名于晋西北甚至是全国。民谣中"河曲保德州，十年九不收，男人走口外，女人挖野菜"告诉人们河曲是苦寒荒寂、养活不了人的地方。而另一首"哥哥你走西口，小妹妹我泪长流……"以高亢、悲怆、真挚、缠绵之情著名的《走西口》，使我知道，黄河拐弯处，有一座叫河曲的古城。

这曲苍凉的《走西口》从山西唱到内蒙古，又从内蒙古唱到宁夏。我少年时在乡下就听大人们唱这首"宁夏版"的民歌。因为新奇，自己也悄悄地学唱了几句，现在看来，宁夏版的曲调不如流行的《走西口》音律精致，但比其更加悲怆、更加粗犷也更加震撼人的心灵，歌词也比现在多些，妹妹从走路要走大路开始，嘱咐到坐船、住店、吃饭等一系列的注意事项，一段一段演唱，那是一种揪人心肺的生命的歌声，一种牵肠挂肚的愁肠百结，一种生离死别的难离难舍的诉说，震撼了一个少年的心灵，至今记忆在心。

当知道《走西口》这首民歌就诞生在山西河曲时，一直有个小小的愿望，就是想来河曲看看，今天终于实现了自己的愿望，心情有点激动也是人之常情。当然，进城第一站——西口古渡！一个在脑海里想象了多年的地方。

西口古渡属于县城的标志性景点，位于黄河的东岸。导航直接引到一条漂亮的滨河大道上，在路边一个高戏台的下方墙壁上，"西口古渡"四个红色的大字格外醒目，路的对面有汉白玉雕刻的古渡简介，十分精美豪华，河边配着精致汉白玉的护河栏杆，一幅现代风格，哪有古渡的一丝丝气息？不免使人有些失落。

踏上台阶，进入美丽的西口古渡广场，首先映入眼帘的是渡口的禹王庙（河神庙），庙前坐有一金装佛像，佛像前立一香炉，香炉铸造有"河神庙"字样。再往前有三个旗杆，中间为国旗，两边旗帜不详。庙门挂一红色横幅"爱国爱党爱教……"。如果说一定要找古迹的话，恐怕只有这个河神庙了。此庙创建于清乾隆十六年（1751年），主体建筑是正殿及抱厅，但还是修建一新。对面筑有古戏台，崭新的雕栏画柱廊间挂一蓝底金字匾"太平神韵"。环视四周，这里已经形成了集禹王庙、古戏台、牌楼、广场、凉亭、音乐喷泉、健身器材、临陕大道为一体的城市景观，正午时刻，广场无人，已经难寻古渡遗迹了。

凭栏放眼阳光折射的河水，渡口彼岸右是内蒙古准格尔旗大口渡，左是陕西省府谷县之大汕渡。黄河把三个省挽在了一起，河曲也就成了鸡鸣三省的地方。这里是昔日的山西民众与商家西渡黄河前往内蒙古等地求生、经商的水路渡口之一，宁夏传唱的《走西口》的歌词有"坐船要坐大船，万不能坐小船，小船上的风浪大，哥哥你要平安"，妹妹嘱咐的话中所指的应该就是这段黄河吧。

自始至终没有看到一条船，和我印象里的黄河古渡相去甚远。又一想，当今黄河大桥代替了船渡，穿行河面的船只已经成为历史，黄河古渡口没有来回渡船也属正常，但失去了渡口的形象，还是徒生一丝悲伤。望着慢慢流淌的河面，心想，即便没有数船穿梭繁忙的渡河场面，也应摆个"野渡无人舟自横"的观景船吧，告诉人们，这里曾经是个古渡口。

抬头瞭望，天是那么蓝，云是那么白，水是那么清，山是那么绿，古渡广场与临陕大道和滔滔黄河共同勾勒出一幅绚丽的图景，河曲妩媚而清靓。只是可怜以后来此领略黄河风情，驻足渡口赏景怀古的文人墨客，怎么能品出古渡的情思？静静的黄河静静的人，不忧黄河忧后人！

移步换景，沿风光无限的临陕大道东南约一公里，便是北元护城楼。从临陕大道拐上坡，首先看到一个高大、方正、古朴、庄重的古建筑，顶部似新建庙宇，中

山西河曲西口古渡

部设有五个窑窗。绕到楼南，两个文保石碑标明：省、市级文物重点保护单位，护城楼。门前两棵松树中间立一站佛，楼顶匾额"玉皇阁"，不观石碑简介，真分不清是庙宇还是长城上的护城楼。

据城楼匾额记载，护城楼建于明万历年间（1573—1620年），南北长27米，东西宽21米，占地面积567平方米，坐北朝南，一层台基高3.5米，中部设拱券门，券脸石雕刻花卉，前有石砌台阶相连，券门门额石匾"镇虏"二字（明万历年，其后字迹漶漫不清），匾额上砌砖雕垂花门楼，檐下设斗栱三踩单昂，昂嘴卷云式，蚂蚱形耍头，券门两侧各设拱形小窗一孔，内券拱顶砖窑，置九窑十八洞，每窑洞皆有佛像，二层设有垛口、射孔。

二层玉皇阁面宽三间，进深五椽，六檩前出廊，单檐硬山筒板布瓦屋面，柱头斗栱为一斗二升交麻叶，明、次间装修均为六抹槅扇门四扇。其东西各建配殿一座，南侧东西为钟鼓楼，单檐十字歇山顶。

既来之，则进之，跟着络绎不绝的游人香客们鱼贯而入，首先来到的就是入口处的大窑洞。只见窑洞正中是金光闪闪的千手观音塑像，叩拜的人一个个依序上香、磕头、许愿、祭拜，以求得庇佑，确保全家健康平安、通顺如意。接着依次在东西两侧通道中所有的八个小窑洞中一一跪拜，敬供各路诸多神佛和罗汉。我关心的当然不是洞中的神佛和罗汉，而是这个敌台的内部结构：九窑十八洞（有大窑洞一孔，绕其四周有通道，又券东、西、南、北、东北、东南、西北、西南八孔）。十八洞是楼内四面墙壁向外所留窗洞（北、东、西三侧各有五窗，南面为二窗一门）。遇一高僧请教，方知其中含意。

所谓窑是指有门有窗的室，洞是指只有门没有窗的室。"九窑十八洞"，是一种解决顶部大面积跨度的古老拱券建筑方式。九个大型拱形砖窑横竖穿插居于中间，十八个小型砖洞与外部墙体相连，士卒在小洞里可直接观察到外面的情况。东部洞内有直达三层台顶的台阶，台顶与边墙顶部结构相同，四面环建垛口、瞭望口等墙体。

"九窑十八洞"是万里长城上设置功能最全的军事堡垒，既是戍边将士的住所和武器库，又是阻挡和打击敌人的极为险要的军事工程，九窑十八洞大回廊结构，东西北三面墙上各有四个箭窗，南墙有门居两箭窗中。

这个敌台是谁设计的呢？他就是明朝抗击倭寇的民族英雄戚继光！大家知道，戚继光在西南沿海抗击倭寇，怎么又到北方来修建设计长城的敌台呢？若了解这段历史，还得从隆庆年间蒙古部落首领俺答"封贡"说起，俺答虽称"封贡"，但和局能否持久，明廷之内谁都没有把握。为了加强防御，隆庆三年（1569年）正月，兵部左侍郎兼右佥都御史、蓟辽保定总督谭纶向朝廷建议修筑空心敌楼。

因为在此以前，边墙只有一面设防，经不起内外夹攻，鞑靼士卒往往以数十人在人们预想不到的地域攀缘而入，守墙明军见鞑靼人进入，不知人数多少，便全线崩溃，鞑靼士卒可以从容拆墙，大规模入侵。

建有空心敌楼，守墙士卒都住在楼里，能随时掌握边墙外的情况，而且墩台便于发挥佛郎机、鸟铳等火器的威力，使鞑靼兵的冷兵器威力大减。更主要的是，守墙士卒凭借空心敌楼掩护，不至于畏敌溃散，鞑靼兵也不敢肆无忌惮地拆墙。而且只要空心敌楼内藏有守墙的士卒，鞑靼军便不敢长驱直入，以防背后冷箭和前后夹攻。

谭纶计划修建空心敌楼3000座，朝廷批准1200座，拨银5万两，每座需银大约50两。墩台的修筑任务最后落在了谭纶的亲信戚继光身上。谭纶在总督蓟、辽、保定军务之前一直在福建东南沿海抗击倭寇，戚继光是他手下的一名得力干将。戚继光提出的募兵训练计划，得到谭纶的赞赏和支持，并得以在全国推广。

1568年谭纶升迁第二年，就提议戚继光出任蓟昌保定练兵事务总理，并节制总兵以下将领。戚继光亲自察看地形制定规划，以250人为一个工兵营，每营计划在一年内修筑墩台70座，后来空心敌楼建设延续数十年，除了在蓟辽地区修筑1300多座外，其他重镇也纷纷修筑空心敌楼。

需要说明的是，"九窑十八洞"建筑结构根据空心敌楼的大小可以变化。像长城上的"九孔楼"或"九眼楼"，每面墩体上有九个小洞，共计三十六孔，所谓"九孔楼"是"九窑十八洞"结构的扩大，内部拱券窑洞更多，其跨度也更大。

这种结构的楼内俱为砖砌窑洞，布局巧妙，造型美观，洞洞相通。不但用于军事敌台，民间大户人家也采用此结构建房院，有的地下建筑（藏金库）也采用九窑十八洞。九窑十八洞拱券结构和斗拱结构（榫卯结构）一样，是我国古代建筑史上不朽的瑰宝，已载入史册。

再说北元护城楼，始建于明万历三年（1575年），是戚继光在长城上加修的方形空心敌楼工程之一。明朝后期，北方农民经常小股起义，河保营战事频繁，常有守营戍兵500至800余名。河保营当时虽不是县城，但这里"商贾鳞集，官廨民居，崇墉比栉"，乃"巍然重镇"，"西域每市于此，盖西北要害"。建此楼旨在巩固城垣。

清乾隆二十九年（1764年），河曲县治由旧县迁至河保营，在动工修建县衙署及扩展城垣的同时，乾隆三十一年（1766年）重修了护城楼，城楼的规模与气势远非旧楼可比。扩建后的护城楼距城墙数十米，楼底长21米，宽20米，高12米。楼门坐北向南，门前有一长7米，宽4米，高3.3米的砖砌月台。台前垂带踏跺18阶，可登楼门。据河曲县护城楼石匾的记载，可驻守30至50名士兵。

再坚固的城堡也有被攻破的时候，据载，明嘉靖三十八年（1559年），瓦剌部自陕西溃边入犯，河保营守备王世臣及千总李虎战死。1928年，奉军白凤翔、康存良率部五千余众进占河曲南关，烧杀掠抢，无所不为，城外稍富者均被挖地三尺，洗劫一空。

站在三楼念着照壁上"东有青山护千载，西得黄河保万春"对联。眺望黄河古道，只见山川秀美，田舍井然，牛羊牧归，数处茅屋，几缕炊烟，篱笆小院，瓜棚豆架，野藤蔓侵，黄河农家，安然恬静……遇太平盛世，我辈欣然。

想起清同治年间知县金福增于丁卯年（1867年）春登北极阁远眺赋诗："北天雄镇峙巍峨，庐舍田园抱郭多。隔岸童山无绿树，出城官渡是黄河。一年似水流莺啭，百货如云瘦马驼。琴韵花光人散后，凭栏来听打鱼歌。"

## 第4站

# 河曲罗圈堡长城

2020 年 9 月 17 日

告别河曲护城楼，驶向罗圈堡，路程约十公里。沿着黄河边行进，都是风景。这条滨河大道，居高临下，背山面水，负阴抱阳，宛如一条黑色的腰带，随着黄河的弯曲缭绕在挺拔险峻的山崖之中。当然，拉煤的大货车依然很多，路牌不时出现龙口镇字样，地图搜索一下，龙口镇就在对岸，是属于内蒙古自治区鄂尔多斯市准

山西河曲罗圈堡烽火台

格尔旗。

　　临近罗圈堡，河面出现一座宏伟的大桥横跨黄河两岸，黄河之水东面来，浩瀚如烟海，清澈若玉带，黄河滩地被绿色染印得犹如画上图案。河边高耸的山顶之上映入眼帘的是一个高大雄伟的黄土墩台，我知道，罗圈堡到了。

　　顺着山路到了这个敌楼，其形制为方形，带围墙，从墙面上观察，过去应该外层包砖，现在只剩土墩了。从侧面观察，沿河墙面在削土为墙的基础上又夯土围墙好几米高，整个敌楼挺拔在河岸高高的山崖之上。

　　敌台的门很高，当年是用软梯上下的。敌台两侧连着城墙，这里的城墙特色明显，在崖徙处利用山崖地形削土为墙，在缓坡处夯土打墙。向西伸向另一个敌台，向东约 500 米连向一个城堡。这应该是罗圈堡的一个外围敌台。

　　移车堡门前，用夯土构筑的墙体基本完整，城门已成豁口，墙的高度约 10 米，外墙包砖全部被拆除，裸露出的内墙底部有条石基垫，上部有残砖砌护，一代古城，已经失去了往日的威严，实为可惜之至。

　　同行朋友非余以女性特有的视角记述道："17 日晚赶至罗圈堡，石径禅院，夜宿偏关县城。罗圈堡是长城沿线上重要村落遗址，整个村落在古代为防匪患，四面高高围起，一面环河，由于地处黄土高原深处，远离繁华，如被遗忘的世外桃园，走进村落，巷道清洁，房舍完好，老人围坐聊天，恍若时光倒流……"

　　如今村落虽保存完好，农植依旧，但仅剩留守老人，难掩寂寞衰败，赏其建筑景致，令人惊叹；观其现状，不仅唏嘘！这里建筑残旧，秋草葳蕤物是人非，恰似诗中的描述："朱雀桥边野草花，乌衣巷口夕阳斜。旧时王谢堂前燕，飞入寻常百姓家。"

　　漫步村中，高大的烽火台、明长城遗址随处可见，仿佛在无声地诉说着这里历史沧桑。罗圈堡是明朝初年建的兵营，镇守着北纬 37 度农耕文明线的边墙。大明王朝为了防止蒙古骑兵突破陕西外边之后在冬季踏冰强渡黄河进入山西，就在今天偏关县老牛湾经河曲县至保德县境内，沿黄河修筑了百公里的长城，同时建了四座大型驻兵屯粮的古堡军塞，分别是桦林堡、楼子营、罗圈堡、焦尾城，四座堡城互为掎角，前前后共一十六座营堡绵亘牵连，包括我们刚刚观赏过的阳面堡。

古城环山顶而建，略略估摸宽有 200 米，长应该 300 余米。可惜城砖都被剥去，有的地方被作为避雨的窑洞，有的地方被断成水渠，城中尚余为数不多的屋舍，可大都人去楼空。但此地居高临下，凭黄河天险扼守河曲北大门，地理位置十分重要。

史载：堡城始建于明弘治十七年（1504 年），兵使杨纶建。堡城全由青砖包彻，周围 460 步，高 3 丈 5 尺，正南有瓮城。官厅一座，仓厂一，草场一，守堡百户一员，旗兵 12 名，军火器 88 件。外有壕，设南门，上有楼。东连寨子，南有饮马泉沟、纸房沟，西有 8 墩台。堡城是控制整个河曲东西往来的咽喉。

而今，在正方形布局的堡城内，军事设施基本消逝，南北向和东西向两条大街在村堡中心十字交叉，主干道正对堡门。民居以堡门—戏台—鲁氏祖祠为主轴线呈丰字形分布。虽然村落残破但规制完备，祖祠、戏台、小庙一应俱全。

沿着村道逐条走着、看着，偌大的村庄规模，较为集中的民居，彰显出了当年的要塞重地风范，与边上的小村落明显有着格调上的与众不同。偶尔有几间颇显阔气的旧房，照壁上的"福"字及砖雕石像，无意中诉说了此处主人以往的尊贵和地位。在一院门匾看到"耕读"二字，传递了这里村风淳朴，村人秉承耕读传家的祖训，日出而作，日落而息，为人处世的原则。

在一门前台阶前，遇到几个老人在闲聊，热情好客的老人们给我们讲起来堡子下面黄河娘娘滩的传奇故事。娘娘滩——黄河河道上唯一有人居住的滩地，面积 0.16 平方公里，人居岛上，晋、陕、内蒙古三省（区）鸡犬相闻。相传，汉高祖崩，吕雉专权，将高祖妃薄娘娘逐至云中州，薄妃已孕，隐居黄河小岛，生汉文帝，惧吕后追杀其子，将文帝藏于不远的水寨峙圪台上，后人称此地为太子滩。后文帝登基，薄太后在岛上建娘娘庙，后人称此岛为娘娘滩。娘娘滩为河心台地，高出水面不过数米，但历代洪峰均未上滩，颇为神奇，故有水涨滩高的传说。

攀登到罗圈堡北墙头上，脚下就是九曲黄河第一岛的娘娘滩，以及与其互有传说的太子滩。远眺，晋、陕、内蒙古三省（区）形势尽收眼底，东望楼子营堡，西接焦尾城堡，在两滩上下沿黄河长城一线，密集地分布了十多座烽火台，烽火台墩遥相呼应，居高临下，严密地监视着对岸的动静。为什么这段长城防守如此严密？主要是由娘娘滩和太子滩的地理位置造成的。

娘娘滩和太子滩虽然有美丽的风光和神奇的传说，但从军事上不利于黄河天险的防守。这是因为娘娘滩、太子滩二水中分，大大缩短了渡河的距离，两座岛屿充当了游牧民族进入山西腹地的跳板，所以这里成了敌人进犯的首选之地，其战略意义可想而知。这就是此处设置如此密集的边墙、敌楼、烟墩、城堡、关隘等军事设施的原因所在。

在村北的堡墙下，探访了一户人家。院子很大，院门口一棵树上结满红红的果子，满株的海红果，给这个安静的农家院增添了无限生机。院落中间一个老人坐在化肥袋子铺的地垫上挑拣着绿豆堆里的外壳，整个家院呈现出特有的幽静而甜蜜、安逸而闲致、勤劳而淳朴的氛围。

只有老人一人在家，与老人攀谈得知：罗圈堡以前也叫鲁家堡，整个村堡内的住户都姓鲁，这里的村民是不是当年守边的将士的后裔不得而知。早年的堡子十分坚固，堡门上有城门楼，晚上堡门一关，外人是进不来的。

堡子在新中国成立初期还是保存得相当完整的，1958年时堡城上全是城砖，到了"大跃进"运动时，为了修水渠和造房，人们把城墙砖拆了。村里最多时有200多户人家，如今都已搬下山了，只有极少几户还住在这里。现在剩下的都是老人和孩子。

当然，堡子也有辉煌的时候，明景泰元年，罗圈堡曾点燃烽火三次，击败瓦剌部、也先部强敌，保卫了当地人民的生命财产安全。正德十三年（1518年）初，明皇帝朱厚照由楼子营堡经罗圈堡抵灰沟营最后落脚唐家会。万历间大将军林桐（太原人）

山西河曲罗圈堡守卫的黄河

守边八年，每天从楼子营往来于罗圈堡及集义城堡等处巡边，对内修缮边事，对外远涉包镇，北击瓦剌、鞑靼。

　　堡子也有悲壮的时刻，明末清初罗圈堡的军事色彩渐渐减退，农桑稼穑逐渐发展。清末至民国年间，堡下鲁家口河湾渡口河运发达，是河曲人走西口、外出经商、贸易远上包头的重要口岸，商船往来不绝。直到20世纪40年代罗圈堡成为富庶一方的河边富村，遭朱五美匪军抢掠，民兵英雄鲁高锁为抗击朱匪，英勇赴难。

　　了解了罗圈堡的历史，陷入了深深的沉思，罗圈堡作为河曲明长城边口上的一个重要据点，是明代九边重镇山西镇辖的重要边堡之一，自古就是游牧民族与农耕民族的搏击之地，历史上，始终处于民族交锋的前沿。它雄踞高岗，北临黄河，进可攻，退可守，在长城完善的防御体系中发挥着巨大的作用，在跌宕起伏的历史中也演绎了多少悲壮的故事，如今听来依然令人动容感慨。

　　出了村堡，有一条新修的柏油路通向在堡东约500米的地方，那里有矗立在黄河岸边的一个圆形大墩台，与西边的方形墩台对称，保卫着罗圈堡。围绕观察，其结构可分三段，最下面的底座已不复完整，中间是护城，高大的烽火台就坐落在正中。

　　最吸引人眼球的是烽台侧面有一个门洞从内部直通烽火台顶部。我们沿着小洞钻上去，台顶约数十平方米可同时容纳二三十人，这里应该是整个罗圈古堡或者河曲周边的制高点了。

　　此时正是黄河风光无限美的时刻，彩霞映红了西边的黄河。虽无大漠孤烟直，但有长河落日圆。当此时也，极目远望罗圈堡炊烟袅袅，披着金光。万里黄河第一岛的娘娘滩上绿树成荫，田园如画，岛上人家，环水临波，恰似蓬莱仙境，景色着实迷人。加以流传久远的美丽传说，更使人感觉万千风情、悠悠古韵。

　　西边晋蒙黄河大桥冲破古老的万里长城，横跨黄河，天堑变通途。对岸的内蒙古自治区鄂尔多斯市准格尔旗龙口镇高楼林立，依山傍水、犹如画中。大家在惊叹中流连忘返，久久不愿离去。

　　天色转暗，繁星升空，回望暮色中的罗圈堡，斗转星移，越过500多年历史沧桑的，依然留给我们长城横亘、土堡巍峨、烽台星列、大气磅礴、雄浑旷远、壮怀激烈的边塞风光和先人耕读传家的脉脉乡风，现如今又见证着岁月洗礼后的时代变迁。

## 第 5 站

# 偏头关护城楼

2020 年 9 月 18 日

  告别罗圈堡，经石径禅院后，夜宿偏关。次日清晨游览偏头关城楼。出人意料的是城楼前热闹非凡。楼前的空场上，各种早点摊、豆腐摊、蔬菜水果摊、日常用品的摊位混杂在一起。整个一个自由市场。

  老城楼两侧，新世纪大楼紧紧贴上，这组新老建筑堪称一绝，仿佛两个现代年轻人紧紧地夹着一个古装老人，看起来是那么的憋屈。只有那灰色厚重的躯体和那繁体字偏头关的匾额高傲地向世人证明：我是古代关隘。拿着相机拍照时才理解为什么之前所见的所有偏头关城楼的图片都是近景特写。如此杂乱的画面真的没法展示古关的雄姿和庄重。

  城门洞前是最喧闹的地方，城楼里面车水马龙，行人、摩托车、自行车、汽车混杂在一起。斑驳古老的城门洞，宽度只够汽车单向通过，门洞里也摆着叫卖的蔬菜。这种拥堵似乎不大适应这许多现代化的交通工具通过，各种车喇叭的声音不断响起，而过往的人们看似已经习惯了在这古老的街道上过着越来越现代的生活。

  这就是偏头关。与宁武关、雁门关合称中华三关，是明代长城外三关之首，为"三晋之屏藩""晋北之锁钥"。《方舆纪要》卷四十河曲县记载：偏头关"东连丫角山，西濒黄河，其地东仰西伏，因名偏头。宋置偏头寨，金因之，元升为关。明初属镇西卫守备，洪武二十二年始建土城。……万历二年复改筑关城，周五里余。"清于此置偏关县。

山西偏头关护城楼

　　始见关名时望文生义，误以为是因为地处偏僻才称偏关。经查阅文献，又据《天下郡国利病书》记载"偏头关东连丫角山，西通黄河，与套虏仅隔一水，其地东仰西伏，故名"，是说此处因地势东仰西伏，好像一个人偏头而视的样子而得名。出于好奇，请教当地一老人。老人说："站在城楼之上观眼前的山势，其地东仰西伏。"

　　我观察对面山势，一来楼顶不准上，高度不够；二来知识有限，怎么也看不出"其地东仰西伏，像一个人偏头而视"的状态来。感叹古人的学识和智慧，怎么就能看出宏观的山形呢！我们家乡有山名牛首山（牛头山），我咨询了许多有学问的人，从哪个方位地点能看出此山像牛头，没人告诉我，至今疑惑。这个山形看不出也在情理之中。当然，偏关之名还有一解，因"偏关突出雁门、宁武西北，如人首之偏隆，此偏头关之所由名也"。

　　偏关古城楼是明代为防御外侵而修建的关卡城楼。据民国四年（1915年）《偏关志》记载，它于明洪武二十三年（1390年）镇西冲指挥张贤始建。宣德、天顺、成化、弘治、嘉靖、隆庆、万历年间均有修建。万历二十六年（1598年）又于西关南关筑女城、水门各二。沿河筑堤，规模初备，始称"九塞屏藩"。

　　仰望城楼所思，古人都能历代修建，偏关城楼这么珍贵的古迹，放在现在以旅游经济为主的年代，这样难得的旅游资源，当地政府为什么不对周围环境进行改造，恢复气势雄伟的雄关景点呢？

城门的西侧仅有30余米砖墙残存，城墙高10米处包砖石，数百年来虽有自然及人为破坏，仅存墙体不长，但气势雄伟不减当年。从残存的断面能清楚地看到城墙为三层，内层为夯土，中层为碎石，外层为包砖。

据说当年其城墙内部夯土层遵守"十尺打三尺"的原则，把十尺厚的干土打压到三尺厚才算合格，坚实程度别说古代冷兵器，就是用现代炸药也难以摧毁。但现在残墙的缺口是偏关汽车站的车场入口，小商小贩很多，残墙也没有围栏和醒目的指示牌，保护措施尚不到位。

站在城墙瞭望，城东山巅文笔凌霄宝塔耸峙，城西虎头墩护城楼堡雄踞，周围九座山包环拱，六座望台坚守，关河曲流，绕城西下。长城与边墙依关蜿蜒，景色壮丽！诚然是一地险关雄，边防要冲，俗有"铜偏关，铁宁武，生铁铸成老营堡"之说。史称"九塞屏藩，三关首镇"。史载：明武宗朱厚照视察偏关时，曾言："此偏头关，创之不易，守之为难。"

城里进入一个农贸市场，不宽的街道两旁是各类摊贩，各种早点、豆腐、蔬菜水果、日常用品的摊点沿街摆放，当然还有特色的山西花馍。传统的农耕用具犁铧、镢头和马脖子上挂的铃铛生意很好，最吸引人的是城墙根下一个电动三轮车卖豆腐的摊位，"老路正宗浆水豆腐"热气腾腾，香味扑鼻。朋友怀旧，买了一大块儿，我们每人分了一小块儿生吃也很香甜。

距城楼不远，小巷子口有座阁楼，倚主街坊而建，二层上的木构是卷棚歇山顶，下有门洞，作为通道，一楼二用。朝东为财神庙，月洞门上有"兆盈"二字石刻。兆盈，量大充盈之意，拜财神，金银财宝滚滚而来。朝西为文昌庙，月洞门上有"启秀"二字石刻。启秀，打开人才道路之意，拜文昌，可祈金榜题名之福。建筑为飞檐翘角，黛瓦朱栏。向东可眺望城内人家，向西可眺望山上虎头墩。

阁楼两侧也被商铺所挤，右边一家是杨如如碗托。荞面碗托是偏关的一道著名凉菜（我看像西北的让皮子，看面像敦厚柔韧）。据说此店最好吃，饭点时需排队等候。我们进店后漂亮的女老板热情招呼，看在偏关第一品牌的分上，买了几袋作为午餐。

俗话说，一方水土养一方人。到偏关接触偏关人，体会一番当地的风俗民情，别有滋味。偏关老城里巷道众多，很多说不太清的古迹和美食散落在老巷深处，可惜我们时间有限，只能粗看一二，且记且摄且前行。如果时间不紧，不妨放慢脚步，多走多看多吃点。

走在偏关的街道上，历史的厚重和新时代的新花式使时光有些恍惚，像停在很久以前未曾流动，又像是打着旋儿扭结在一起，现代楼房和古建筑纠缠在一起。时髦的女人踩着摩登的步走在石板路上，素面朝天的农民蹲着挑选着原始的农具，他们都吃着传统的碗托，让人分不清是今朝还是过往。

这里有一种质朴天然的乡野味，它们没有经过修整，也没有如织游人，每个人脸上都是恬淡朴实自然地毫不走样地书写着岁月的痕迹，把人们带回到20年前的集镇状态。作为游客，我们体验了边塞小城的风貌，感受了昔日生活的情怀。可是从社会发展的今天来看，地处僻壤的偏关的确是我环游迄今所遇最贫寒落寞的县城之一，颇有"春风不度玉门关"的边塞悲凉感。

出了古城，便向偏关长城的另一个标志性景点护城楼寻去。护城楼坐落于县城西部，从城内就能看到。上山的路又窄又陡，两侧还拥挤着民房。心里暗想，偏关也真是落后，上山的路也不修一修。待到山上后才发现，从另一侧刚修了一条柏油大路，导航把我们从老路导了进来。

车行西山，一座雄伟壮观的护城楼耸立在高高的山岗之上，只见它雄伟壮观，遥望四方。它就称为偏头关护城楼，原名虎头墩——因其坐落于形似虎头的西山之上而得名。它是偏关掌握、传送警情的中枢。护城楼始建于明万历年间（1573—1620年），为偏头关2000多座烽堠的统领，负责传接四路烽火：东接平鲁卫、老营堡一带，东北接水泉堡一带，西北接老牛湾堡一带，西接河曲城、西关河口一带。护城楼是诸多烽火台中的情报中枢总传烽。发现外敌入侵，此楼遂发出山西镇的第一个信号。

停车观望，似乎还在建设之中，是座新仿古建筑。打听方知，此楼建于明清时期，造型为典型的明代长城工事九窑十八洞形制，上有较低矮的望楼，建筑雄伟，一直是偏关的地方标志性建筑，可惜20世纪中期，护城楼惨遭拆毁。2011—2012年偏关县政府斥巨资在原址上复建。现有护城楼南北长70米，东西宽36米，堡东开拱门，钢砼木仿古建筑，被辟为偏关的边塞文化博物馆。现在建设的是外围基础设施。

博物馆门开，前面有几名游客进入，我们也鱼贯而入，有讲解员接待。讲解员从长城的历史说起："明朝弘治年间，朝廷在北部边境沿长城防线设立了九个军事重镇，统称九边重镇，其中山西就有两镇，一处在大同，叫大同镇，一处即在偏关，称太原镇或山西镇。所以，偏关相当于山西省军区的司令部所在地。"

这我知道，不只是山西占了两镇，我们宁夏也占了两镇，一处宁夏镇，一处固原镇，固原当时也是三边总镇所在地。可见，宁夏和山西一样，在长城沿线上都是绝对重要的边塞重地。

走到偏关长城沙盘前，讲解员用激光灯指着用现代灯带装饰的长城走向沙盘，开始了偏关长城的介绍："明朝建立后，为有效防御元朝残余势力南侵，举全国之力大规模修筑长城，并将长城沿线划分为九个防御区，分别驻有重兵，称为九边或九镇。偏头关是全国九镇长城山西镇所在地，所辖有500余公里长城、50多座城堡、1000多座烽火台。虎头墩就是诸多烽火台中的情报中枢总传烽。偏关被誉为万里长城第一县。长城与黄河、内长城与外长城，都在偏关交汇。"

她继续说："偏关长城分为大边、二边、三边、四边、内边、黄河边六道长城。一边二边连三边，处处设关、步步设防，长城沿线三里一墩、五里一台、二十里一堡，墩台、城堡很多，城堡相望，营寨相接，形成一个非常庞大的军事防御体系，长城遗迹密度居全国各县之最。"但其长度有资料说，偏关是山西省长城长度最长的县。

"雄关鼎宁雁，山连紫塞长，地控黄河北，金城巩晋强。"这是古人对偏头关的赞誉。偏头关历史悠久，地处黄河入晋南流之转弯处，为历代兵家争夺重地。早在春秋战国时期，这里就是战场。"赵武灵王略中山破林胡，取其地置儋林郡。"偏关秦汉属雁门，隋属马邑，唐置唐隆镇，名将尉迟敬德在关东建九龙寺。宋代，潘美镇河东，杨延昭威镇三关（包括偏关），沙场奋战，家喻户晓。

请教讲解员，偏关都经历了几场大的战役，讲解员说："偏关有明六道长城，防御体系严密，虽然无大险可守，但是它沟壑纵横，在过去打仗，冷兵器作战，主

山西偏关鼓楼

要是大兵团布阵作战,它布不开阵,不能打大战。而像宁武关、阳方口,那里地势相当开阔,可以布置大量兵马对垒,打仗。敌人少了打不过去,多了施展不开。所以偏关打的大仗比较少。"

偏关还是红色革命根据地。1942年,中共绥蒙区委、绥蒙军区司令部,从北部边塞红门口进驻偏关。书记高克林、司令员姚吉等同志领导偏关人民进行了抗日斗争。偏关成为贺龙领导的晋绥抗日根据地之一。

登楼俯瞰整个偏关县城,偏关因黄河而美丽,因长城而壮观。烽烟、城墙、号角、关城、堡寨,都已成为这里的历史记忆,它们与黄河握手相拥、结伴而行。我们是沿着第六条长城黄河边而来,一路上,饱经历史沧桑的古长城沿着黄河两岸陡峭的悬崖蜿蜒盘旋,一眼望不到尽头,犹如一条金色的巨龙飞舞在黄河河畔,悬崖下流淌的河水缓缓地自北向南而去,承载着曾经的故事,积淀着历史的厚重。

"半壁孤城水一湾,万家烟火壮雄关。黄河曲曲涛南下,紫塞隆隆障北环",这是明朝诗人崔镛的《偏头关》对这座晋蒙边境小城的热情歌颂。

山西偏关老营堡城墙

## 偏关老营堡

2020 年 9 月 19 日

　　游览偏关护城楼时，在一个犄角旮旯处发现一块已断裂成三节的残石碑和几块残石雕像。引起我好奇的是这块残碑。阴刻三个大字：老营城。两侧题几行小字模糊不清。拍照后将照片放大仔细研读。

　　右侧：钦差总督宣大山西等处地方军务兵部右侍郎兼都察御史吴兑。钦差提督历门等处兼巡抚山西地方都察院右佥都御史高文荐。巡按山西监察御史田乐。钦差整饬岢岚偏老等处兵备山西提刑按察司副使萧大亨。西路管粮同知胡恪。

左侧：钦差镇守山西等处地方兼提督代州三关总兵官右军都督府都督。钦差协守山西等处地方副总兵官都指挥。钦差分守山西西路偏关等处地方右参将都指□。老营□。万历陆年秋来。

老营城在哪？为什么来了这些多钦差大臣？万历六年发生了什么事件？这块石碑怎么到了偏关的护城楼里？种种疑问涌入脑海，询问讲解员得知，老营堡位于偏关城东40公里，关河北岸，建筑规模为偏关县境仅次于偏关县城的第二大城堡。据《读史方舆纪要》载："正统末置，弘治十五年（1502年）、万历六年（1578年）增修，周四里有奇。"

至于此碑怎么到了护城楼里，应该是护城楼为立为偏关长城古城堡博物馆，此碑从老营城征集来展出的。现在还没修复好所以堆在犄角旮旯处。

这就对上了，这块碑应该是万历六年（1578年）增修工程完工后，这些人到老营城验收、巡察宣旨的事情记录。既然钦差宣旨，应该还有敕文的，查阅无果。但找到老营城的修建历史：始建于明正统末，都督杜忠筑。成化三年（1467年），太府郑同展修；成化十二年（1476年），侍郎杜铭置广积仓；弘治十五年（1502年），兵宪杨公纶再展修；嘉靖十五年（1536年），巡抚韩邦齐与兵使贾公启继续展修，城周五里十八步，纯以石料包砌，成为塞北金汤。这就是历史上著名的"三展老营城"。

"三展老营城"后，嘉靖十八年（1539年），巡抚陈讲奏设守御千户所。给事中刘云星奏称："老营，左控平鲁，右接偏头、阳方诸口，恃为耳目，最称要害。"即是要害地段，所以老营堡的防守，始终如临大敌、高度戒备，不敢稍有松懈。在军中的级别地位逐年提高。明初置参将，后改置游击。嘉靖二十年（1541年），又改置参将；二十一年（1542年），以参将移驻偏关，仍置游击。二十四年（1545年），设老营副总兵。

自设立副将后，所置属官坐营，有中军、千总、把总、守备等将领15员，所统奇兵3000暨守备营、千户所，共兵4800名，管理着64里的边墙、15座砖楼敌台、18座烽火台、32处要隘，战略位置十分重要。这时候的老营堡，有民谚亦云："铜偏关，铁宁武，生铁铸的老营堡。"

这样一座在偏关长城举足轻重的城堡,如今应该是个什么样子呢?我是学金属材料学的,铸铁的硬度一般是合金钢的 2~4 倍。虽然是比喻,但如何坚固到如此程度?带着疑问和好奇,踏上了去老营堡的道路。新修的柏油路很好,据说是长城一号线,40 公里路约半小时就到了老营堡。

　　首先入目的是公路边一个灰色新建的敌台,名曰:点将台。杨家在偏关一带打过仗,把穆桂英的点将台建在路边,昭示此地为边关古城,作为旅游的标示也不为过。还有一个仿古牌坊:国家卫生镇——老营,省级美丽宜居示范村。向人们介绍这里是新农村建设的一个典范村。还有一块绿色牌子:偏关县高寒高效反季节蔬菜,老营基地。说明老营今天的产业以设施农业为主。

　　沿此乡村道路下去为老营堡西门。所见现状,见不到古人描述的影子,未有高大壮观的城门。只有一个四柱彩壁黄瓦的骑街牌坊,上有四个金色大字:三关首镇。算是镇街口,牌坊两侧连接着残破的黄土古城墙。墙下立着一块大石头上刻:老营堡。

　　牌坊进去便是老营城主街道,路面宽阔,两旁有不少商店,日用百货、小吃、肉铺、蔬菜、水果,样样俱全。街道整洁干净,规划有序。有统一的垃圾桶、污水处理站,

山西偏关老营点将台

这应该是创建国家卫生镇所做的设施。这就是北方一个实实在在、平平静静的偏远乡镇。没有一座古建筑，看不出什么"古堡韵味"来。只是老城人在这古老的城堡内的新房子里过着平淡、安逸，属于自己节奏的生活。

沉思之时看到迎面走来的一群羊，那个放羊的吆喝声，回荡在古城墙边，当体魄健壮的羊群随着主人的羊鞭引领，走古堡豁口时，你才有点感觉这里曾经是边关要塞，感受了一点点边塞味道。

围城而转，城墙高大厚重，目测大概能有 12 米高，均为黄土夯筑，裸露出来的黄土被风雨侵蚀，不断剥落。但夯土层还是那么结实坚硬，这应该就是当时按照筑墙规定"十尺打一尺"严格操作，今天在包砖被拆后这么多年还能顽强地保存下来的结果。

城堡依山而建，有 3 座城门，被四周的山围成"凹"字形。整体城墙保持得很完整，部分位置还能看到遗留下的包砖。东门包括瓮城进行过重新修缮，南门、西门及瓮城还保持原貌。至于老营堡东西南都有门，为什么不开北门，也有一说。古人讲风水，

山西偏关老营堡瓮城

从方位上讲北方属水，它是玄武位，这个方位（地方）如果开门走的话古人认为这个门不吉利，所以就不开北门。但我认为敌人主要来自北方，避其锋芒，不设北门使城防更严密一些较为合理。

古时攻城以打城门为主，因为城门在城防中最为薄弱。所以游览中对城门建筑格外注意。看到东城门有五个拱洞，铺了五层砖，特别厚重结实。这样的城门别说不容易拆，就是拿炸药炸也不容易炸开的。从城墙的高度、厚度及城门的厚重来看，这些是老营堡固若金汤、犹如生铁的原因之一吧。

登上城墙，一览城堡曾经的宏伟规模。突然发现除了四方城墙处还有另外一道城墙，呈环形拱卫老营堡北墙，东西端正好与老营堡东西墙相衔接。这是怎么一回事呢？原来，明正统年间，老营堡的城是建在凹地。当时北边的山梁上还没修长城，黄河对岸的北元是瓦剌部也先执政，势力空前强大。尽管蒙古部族当时南侵犯的主攻方向不在偏关，但当时的山西总兵杜忠出于战略大势的需要，选择在城东80里外的关河北岸，修筑了这座老营堡来消除偏关东部的防守盲点。

修筑了这座老营堡后，蒙古部族兵进攻过来，站在北坡上可以伤及城头上的守兵。后来就加筑了北边这一圈城墙。把这个半圆形的城池叫"北邦城"。它的作用就是把防卫前线推前，把敌兵阻挡在北坡外，让他们接触不到城墙，加强了防守。而且在"北邦城"里做了三个敌台，可以驻兵，更加加强了防守能力。这就是老营堡固若金汤、犹如生铁的原因之二吧。

城墙、城门、北邦城这些硬件有了，那么守城的士兵战斗力如何呢？嘉靖十四年（1535年），山西巡抚韩邦奇巡视偏头关时，发现老营堡年久失修，又多为外地士兵，战斗力差。他见老营堡附近的本地人既适应本地气候，又熟悉游牧民族的生活习性，民风彪悍。于是提议整修老营堡，调遣本地士兵守城。试想，守城保家，谁不誓死而战，这样的守城将士，怎么能容许城破家亡呢。这是老营堡固若金汤、犹如生铁的原因之三吧。

军队数量也是守城的一个重要因素。老营堡有多少军人呢？嘉靖十五年（1536年）时，三关兵道贾启扩展老营堡，城周5里，城中有军舍1600间，驻扎4000多名官兵。并且堡内有29座所管周边小堡的军粮库。军中称为"老营常备"。"老营"

一名也由此得来。如此众多守城将士，又有充足的粮草。这是老营堡固若金汤、犹如生铁的原因之四吧。

从古到今，经济也是决定战争胜负的一个重要因素，一方要取得胜利，必须有强大的经济做后盾。城堡之战也是如此。老营堡的商业经济如何呢？当年老营堡极盛时期，城内有3000余户人家，43家商号。整个堡城内街道整洁、商铺林立，青砖碧瓦的民居鳞次栉比。街市上到处是客商，蒙古族商人的皮货和胡油、牛马等在此出售，而汉族商人的铁器、铜器、棉布及其他日用品纷纷运往蒙古地区。

特别是每年正月十五、五月初五、六月十八，是当地的庙会，也是商品交流大会。在外长城沿线的商埠中，老营堡可称得上是富甲一方的商业集镇。由于老营堡位于明代内、外长城的接合处，不仅在明代的长城防御史上具有重要的地位，同时在长城沿线蒙汉贸易中也占有一席之地，是明代中后期至清一代的长城边贸口岸之一。有这样的经济势力作后盾，守起城来军民众志成城同仇敌忾。这是老营堡固若金汤、犹如生铁的原因之五吧。

综合上述，老营城从地理位置及城墙、城门、城防、军人素质、军人数量、充足的粮草和富裕的经济来看，足以使老营城人自豪！因为自它建堡以来，明清几百年未曾被攻破过。这在长城沿线的城堡中也是少见的。

但是，就是这样一个坚不可摧、固若金汤的城堡，却在20世纪日本侵华战争中遭受过二次浩劫，长城重镇的风姿风貌被破坏殆尽。事件发生在1937年冬，日军从平鲁西犯，与骑二军和三十五军激战后，占领老营堡。撤退时，纵火焚烧，堡内多姿多彩美轮美奂的木质建筑和雕刻几乎全部化为灰烬，包括庙宇、道观、尼庵、戏台、楼宇等古建的廊柱、雕像、亭阁等。

当然，老营城人民具有抗御外侮的光荣传统。在抗日战争时期，偏头关一带是晋西北根据地。1938年6月，在抗日战争中，中国八路军一部在山西省平鲁县乃河堡和偏关县老营堡之间对日军进行了的袭击战斗，史称"老营堡乃河堡战斗"。

1938年四五月间，第2战区北路军总司令傅作义率所部反攻绥远失败。日本驻蒙军第二六师团一面由北向南，一面由平鲁、朔县向西追击，侧击南退的傅作义所部，企图消灭傅军，继而再次侵入晋西北。6月1日，井坪日军500余人攻占平鲁以南的乃河堡。傅部第三十五军第四二六团不战而退。2日，日军继续西进。

八路军第一二〇师为了打击向晋西北再次进攻的日军，并掩护傅军撤退、收容和整理，即令第三五八旅第七一六团和警备第六团，尾追平鲁西进日军，同时令位于五寨的第七一五团增援雁北。同日，当乃河堡日军向老营堡前进时，第七一六团即向其侧击，压迫日军龟缩在下土寨。

当日夜，第七一六团第三营袭击日军。3日，傅军第四二六团向西撤退，下土寨日军即进占老营堡。当日，第七一六团主力设伏在西坪口地区。上午10时，由乃河堡开来日军400余人。该团即向日军展开猛烈攻击，消灭日军200余人，其余日军进到老营堡。6日，老营堡日军进占偏关。由五寨驰援的第七一五团协同第七一六团对进入偏关的日军当即包围起来。日军随即自偏关撤退。其他日军也相继退回原据点。八路军取得了此战的胜利。

今天，当我们踏进这座闻名遐迩的古堡，滚滚的战云和滔滔商海早已褪逝怠尽，沧海桑田，展现在我们面前的是一个崭新的国家卫生镇、省级美丽宜居示范村。但是街上也时常会听到儿童所唱"铜偏关，铁宁武，生铁铸的老营堡"。

老营堡，这座当年西北边防线上的一座重要堡垒，它厚重的文化底蕴不但没有消逝，而在新时代的乡村振兴的大战略中不断创新发展。相信，随着中华文化的复兴，它的历史地位与被人们提起的频率也会越来越高。

## 第 7 站

# 偏关老牛湾望河楼

2020 年 9 月 19 日

　　明长城走过之处，留下了众多的关城与要塞，沿数百年时光走来，关城变成了县城，要塞变成了村庄。我们从老营堡镇走向另一个村庄——老牛湾村。

　　这个村子可不同寻常，长城到老牛湾之后，虽抵黄河岸边了，但并未跨黄河西去，而是顺黄河的东岸南下，经至河曲县，然后才越黄河进入保德县境内逶迤西去。

山西偏关老牛湾

黄河之水出河套至此拐弯，以这里为开端一路奔腾南下流入700公里蒙晋陕大峡谷，酷似长江三峡。

所以这里是长城与黄河握手的地方，并且从这里开始，两条巨龙携手飞舞并行向南，走了100多公里。这里还是偏关外长城的起点，西起老牛湾，东至教儿墕村柏杨岭，全长50公里，可谓是中华古堡第一线。

我们是逆流而上，从石梯子村、阳面堡、河曲西口古渡、罗圈堡上来的。一路走来，黄河与长城蜿蜒并行；悬崖绝壁上，烽火台、敌楼和城垣此起彼伏。大河落日，长城披霞，构成罕见而奇绝的人文和地理景观美不胜收。终于走到山西"黄河边"的源头——老牛湾。

老牛湾位于山西省和内蒙古自治区的交界处，以黄河为界，她南依山西的偏关县，北岸是内蒙古的清水河县，西邻鄂尔多斯高原的准格尔旗，是一个鸡鸣三市的地方。两省区的界河由北汇入黄河，因此在老牛湾形成了三面环水、一面连山的马面状。也就是说在这三面峡谷悬崖之上，是老牛湾的古村落。

当然，古村落现在变成了景区，买门票是不可少的环节（我们一路走的多是未开发的长城，很少买门票的）。进了景区后，一座古堡耸立在高高的山崖之上。第一眼望去古朴沧桑。堡墙底层为砌石板，上面夯土。在裸露的地方夯土层里夹杂着碎石板的混合墙体，坚固程度可想而知。

古堡不大，三面都是悬崖，只在南面平缓处开一南门进出，外有瓮城，瓮城门开在东侧。圈门残存，门上城墙及建筑全无。东门内吸引人眼球的是商业广告"院内有小吃、饮料、雪糕、烟酒"。在门侧不显眼处立着崇祯九年"老牛湾堡"碑。

据《山西通志》记载："明成化三年总兵王玺筑墙，崇祯九年兵备卢友竹建堡。堡周一百二十丈，高三丈九尺。"碑的时间和文献记载一致，碑是古堡建成那一年立的。从文献上看筑墙的时间要早于筑城的时间169年，也就是说老牛湾堡这个内长城著名三关（雁门关、宁武关和偏头关）中的第一堡，建筑时间要比它身边的长城晚上100多年。

身边的长城呢？站在古高处瞭望，两岸壁立千仞，气势不凡，一道长城残墙从东北方向西南走来，目前由于水位的升高，一部分城墙已经没入水中，看来好像长

山西偏关老牛湾村

城忽然消失在黄河岸边了。据《山西通志》载，老牛湾堡北至边墙一里，是所谓偏头关所属头道边，因建筑在河滩之上，被黄河冲刷废毁。

　　古堡当年非常坚固，据记载其：外墙用石块砌成。有城门洞和瓮城。内有青石板铺就的街道长300米，铺屋20多间，两座庙，还有戏楼，古堡有内、外两个城门洞，两个城门洞之间是瓮城。堡内原有守城器械16件、兵器147件、火炮8门、火筒20多件、弓箭若干。

　　现在进入瓮城，墙体虽尚存大部，但坍塌的也不少，步入南门，绕过影壁墙，有条小石阶路南北走向，路两侧是几座前几年在旧址上修复的砖石小庙。小古堡的小庙都是砖石质地的单体建筑，十分简陋，堡东侧的悬崖上还有豆王庙、奶奶庙。奶奶庙石屋内有明晚期的道教壁画，画工粗劣，已残破不堪。

　　据说小村曾有大小9座庙宇遗址，祭祀神灵丰富，这与当年村民的生活密不可分。这些古代传统乡村社会里比较常见的宗教场所，在老牛湾这个比较特殊的村落里显得尤其显著。战争、烽火、商业、水运这些背景叠加了几百年，人们的精神诉求也就更迫切些。

古村落建筑依山就势，错落有致，所有建筑就地取材，全部用当地的石头、石片堆砌而成。造型各异的民居古院因势向形，石墙、石院随形而就，石碾、石磨、石仓、石柜随处可见，整个村庄可算是一个经典的石头建筑博物馆。

关于村名为什么叫老牛湾，却有不同的说法。一是顾名思义，三面环水，一面连山，呈牛头状；二是蜿蜒的黄河从内蒙古的准格尔旗流经此处向东南拐了一个大弯，当地百姓形容这个弯拐得如老牛横身一般，故称老牛湾；三是传说太上老君扶牛驾车耕河，老牛受惊于对面明灯山神灯闪耀，于是耕出一弯而得名。本地村民最喜欢讲的还是"老君扶牛耕河"的故事。

传说上古时期天降大雨九九八十一天，吕梁山一带遍地山洪，石头踩上去都是软的，当地老百姓无法生活劳作，于是天天祈求玉帝，让玉帝停雨。玉帝在受感动之后命令太上老君赶着他的青牛坐骑前来更除水患。

等太上老君来到老牛湾一带时，天色已经暗下来了，天上的天兵天将担心老牛不识路，在明灯山上点了一盏灯，这老牛看到灯一闪一闪的受了惊吓，掉头就跑，犁出一个"S"形的弯道，叫老牛湾。信不信由你，但有民谣为证：九曲黄河十八弯，神牛开河到偏关。明灯一亮受惊吓，转身犁出个老牛湾。

带着怀古情思，移步到望河楼。望河楼亦称护水楼，明嘉靖二十三年（1544年）山西巡抚曾铣所建。明万历二十五年（1597年）兵宪赵彦又在旧基上增高加厚，此楼既有河防又兼有烽燧之功能。明史记载老牛湾"夏守边而冬守河即为寇卫"。

望河楼为方形，分二层，由长条石砌筑15层基础，大城砖砌墙，石灰勾缝，楼底边长12米、高22米。无梯道，上下只可乘绳梯。楼东墙约15米高处有一拱形小门。上层为一平台，台中间建楼橹，台的一角竖一旗杆，四周环以垛口。今楼橹、垛墙已被拆除。

明长城在清水河县段曾有许多称为望楼的军事设施。现多数被毁，保存较为好的还有三座，自东北向西南分别为盆地青的七墩楼、箭牌楼和老牛湾的望河楼。这些历史遗存建筑在《清水河县志》《偏关县志》里都有记载。

站在崖上，俯视黄河，黄河在老牛湾平静婉约，碧蓝如洗，完全不是古代描述的样子。古代的老牛湾的河水是个什么样子呢？这里从明代万家寨守备万恭的一个

山西偏关老牛湾望河楼

奏折里略为了解。奏折称："自老牛湾至于险崖，河急不冻，据强而防。自险崖至于阴湾，河缓始冰，废墙以守。"

从奏折里可看出，这里的黄河水裹着泥沙，翻滚着、咆哮着，水流急湍到即便严冬时节也从来不封冻。怎么现在几乎成为高峡平湖？询问得知，因为在下游不足10公里处就是万家寨水利枢纽，严格地说这里属于库区。黄河在此流速减慢，泥沙沉淀，所以，有了今日之一河秀水。

围绕望河楼转了一圈后，发现楼南侧有一四柱雨棚，棚内立一古石碑。上书"坤道其棠"，文为"四公主千岁千千岁德政碑老牛湾关属耕种草地人等公举"。原来这是一块四公主的德政碑。据说此碑原在河对岸清水河县单台子乡的老牛湾村，后来库区淹没，才移到堡里来。这块碑的出现，又从偏僻的老牛湾引出一段皇家的故事来。

原来，这位四公主就是康熙帝的和硕恪靖公主，当时清廷为联系漠北蒙古喀尔喀部，巩固关系，进行和亲。康熙三十六年（1697年）四公主时年19岁下嫁喀尔喀土谢图部郡王敦多布多尔济；康熙四十五年（1706年）受封和硕恪靖公主；雍正二年（1724年）晋封为固伦格靖公主；雍正十三年（1735年）去世，时年57岁。

公主出嫁初期，蒙古草原形势不稳，在清水河县驻扎多年，曾在当地开垦农田于走西口民众，普通百姓受益，史书中多有记载。据说现在黄河对岸内蒙古清水河县境内的类似内容的德政碑是此事的实物史料，而且古堡关帝庙雍正七年重修碑上捐助者有公主府侍卫黄忠。这也能佐证四公主确实在此住过。

黄河天险成就了老牛湾的雄伟，长城古堡增添了无限神韵。望河楼、码头、古庙、石屋都见证了汉蒙民族冲突与融合的历史进程。作为一个长城爱好者，追寻长城足迹，探访前人事迹，并在这里静静眺望河水，不只是感受这种古朴与苍凉，更享受的是内心宁静的满足。

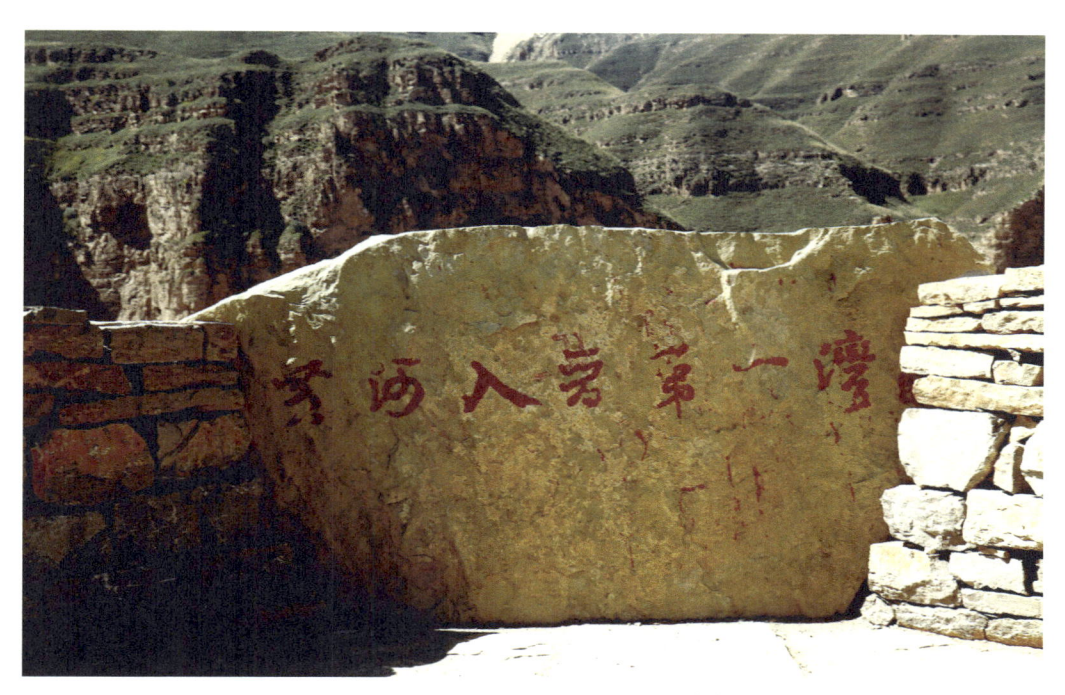

山西偏关老牛湾"黄河入晋第一湾"石碑

山西雁门关

# 雁门关

2020 年 9 月 20 日

　　出了老牛湾，住宿山阴县。早起计划探访这段长城的特色九窑十八洞，导航后沿 208 国道向南前行。一路上，山幽谷深，山峰迂回曲折、高低错落。奇怪的是越进山里，路旁边总是出现通往雁门关的路标。朋友分析到，九窑十八洞应该离雁门关不远。我们决定观后一定要探访雁门关。

　　行驶约 70 公里，山势更加挺拔雄伟、磅礴壮丽，峭崖险峻无比、奇秀越空。突然一道样式像龙门客栈的仿古山寨大门横建在公路上，正上方三个血红的草书大字"雁门关"。下方则是字号缩小的行书"后腰铺驿站"，黑色的木制哨楼上关旗招摇，下面门禁是先进的电子杆装置。

怎么到了雁门关了？下车一问，这里就雁门关景区。"天下九塞，雁门为首"，同车人兴奋不已，它在中国军事历史和古长城之上占据的位置和名声十分显赫。现在不管九窑十八洞了，先游雁门关。

知道雁门关，"50后"说它在古戏里，"60后"说它在唐诗、宋词里，"70后"说它在杨家将里，"80后"则说是在《天龙八部》里，"90后"说它在神话小说里，"00后"说它在电子游戏里。

从古至今，《辕门斩子》《穆桂英挂帅》《四郎探母》《昭君出塞》《杨家将》《雁门太守行》《雁门胡人歌》《关外吟古诗》《天龙八部》《萍踪侠影》《唐史演义》《木兰奇女传》等经久不衰、千古传唱的戏曲、诗歌、小说、影视剧等把雁门关塑造成人们神往和缅怀的英雄之地、传奇之地。

它所经历的战事和涉及的名人名将之多，跨时之长，文化的宣传力和影响力是长城沿线上任何一个关口无法比拟的。今天突然偶遇（原计划下次探访），误打正着，全车朋友的心情兴奋而复杂。既然来到这里，当然是向历史拜谒与致敬的绝佳机会。

这里是北大门。雁门关有南北两个大门，北门在后腰铺驿站，南门在前腰铺驿站。后腰铺是过关后的第一个村庄，也是商旅马队休整之所。过去这里客商云集、店铺林立，现已辟为蒙汉风情的景区服务区。

我是"60后"，认识雁门关当然是在诗词里。记得雁门关外的环境是这样的："雁门关外野人家，不植桑榆不种麻。百里并无梨枣树，三春哪得桃杏花。六月雨过山头雪，狂风遍地起黄沙。说与江南人不信，早穿皮袄午穿纱。"这首《雁门外》歌谣是描写雁门气候的，但是借用我国西北的"早穿皮袄午穿纱"的谚语，给我的印象特别深刻，所以在脑海中总把雁门关的气候与西北的沙漠恶劣环境相提并论。可是眼前的风景是青山绿水、花红柳绿，古村商铺林立，游人如织，别说江南人不信，我也不信呀。

坐上景区内的观光车，一条沥青大道直通山顶，山不算高，坡度不大。关口到谷口很平缓，延伸数公里，垂直落差在五六百米左右。坐在车内仰望山岭山峰层峦叠嶂，陡峭的山体砾石裸露，高峻难以攀行，遥见山脊之上有残缺的城墙、烽火台，边塞风貌逐渐显露出来。

到达谷口明月楼广场，对面是一座长63米、高28米的历代名人壁浮雕墙，有历朝历代与雁门关有着密切关系的历史人物59位，赵雍、刘邦、李贺、顾炎武、慈禧太后、光绪帝、毛泽东、周恩来、彭德怀、彭雪枫等赫然在列。

当然还有战国时期镇守雁门关的李牧，汉代的卫青、霍去病、李广，王昭君出雁门关和亲，唐代郭子仪出雁门关平定安史之乱，薛仁贵镇守雁门关，宋代杨家将镇守雁门关，明代重修雁门关等。壁上的草书"雁门关"大字为毛泽东手迹。

最近在学党史，新中国成立初期，毛主席应各地各部门请求题过许多刊名、地名。就想知道壁上的草书"雁门关"是毛主席何时所提，查阅党史，1948年毛泽东率领中共中央前敌委员会（简称中央前委）成员周恩来、任弼时及中央前委机关工作人员告别陕北，4月6日下午抵达代县，曾经在雁门关下榻。没有题写"雁门关"的记载。查阅资料，新中国成立后也无手书"雁门关"的记录。本人历史知识有限，至今没有搞清雁门关手书是毛主席何时何地所题，待以后遇到专家再请教吧！

当然，在中国革命的战争史上，雁门关也受到了抗日烽火的洗礼。1937年9月，为了团结抗日，周恩来、彭德怀和彭雪枫等同志，前来雁门山的太和岭口与国民党第二战区司令长官阎锡山会晤。在太和岭的山洞里，周恩来为阎锡山起草了一份第二战区作战计划和一份在沦陷区成立"战场动员委员会"的条例。

同年10月18日，就在阎锡山弃关南撤以后，八路军二二〇师七一六团，挺进雁门关大同公路附近，在此伏击了日军汽车运输队，一举摧毁敌人汽车400余辆，赢得了震惊中外的大捷。继而在10月10日晚，八路军一二九师七六九团，又在雁门关下袭击了日军阳明堡飞机场，炸毁敌机24架。这一曲抗战凯歌极大地增强了全国人民抗战的必胜信心。纵览雁门关兴衰的历史，自公元前4世纪至20世纪，发生在这里的战事，据不完全的统计就有1000多次，可见它确实是兵家必争之地。

浮雕墙的对面是进关的路口，路口左右是十几尊杨家将跃马驰骋的花岗石雕像，前为杨业及其八子，后一排为传说中的杨门女将。两队人马，携刃骑行，似乎要将人带入雄关那峥嵘岁月。杨业（杨令公）原是北汉将军，宋灭北汉后降宋，镇守雁门关。

山西雁门关长城

北宋初期，雁门关一带是宋辽激烈争夺的战场。980年辽军十万来犯，杨业以数千人退敌，"杨无敌"威名大震。雍熙三年（986年），杨业在雁门附近的战斗中，陷入重困，最后士卒全部覆没，自己负伤被俘，后宁死不屈，绝食而亡。正是杨家几代人为国前赴后继血洒疆场的故事让雁门关这一重要关隘鲜活起来。杨家将的故事世代相传，雁门关妇幼皆知。

穿过明月楼，走到半途，是御马泉。相传，李自成带兵路过此地，士兵们长途行军，携带的水已用尽，这时，李自成的战马突然仰天长啸，在地上刨出一个大坑，中间喷涌处一股清泉。士兵们得到了补充，为纪念此事，李自成亲笔题词"御马泉"。

走到边贸街，位于街中心有一座趵突泉，据明《代州志》载，之所以叫趵突泉，是因"平地突出，若猛兽然"，故名。泉水北出寨口，流入桑干河，旱不涸涝不溢，滋养了多少边关将士。

经过明月楼就是雁门关民俗村，这里有很多客栈和当地农家菜餐厅。今天，边贸街两边再现装裱行、剪纸行、工艺店、珠宝行等林林总总的商铺，还有琳琅满目的当地特产，还原了当时繁荣热闹的景象。

　　过了通南江的牌楼，就是雁门关。只见青灰色的长城从两边山岭巨龙般俯冲下来，在山凹处与一座巍峨的城楼连接在一起。城楼、城墙、护墙和烽火台连成一体，在青天白日下气势威严雄壮，城下摆置的各种武器样品和插在城楼之上在风中猎猎作响的旗帜，向游人昭示这就是名扬天下的雁门关。

　　雁门关的险要，从它的得名也能知其一二。雁门关得名于《山海经》："雁门，飞雁出于其门。"顾炎武《天下郡国利病书》中载："重峦迭叠，霞举云飞，两山对峙，其形如门，而蜚雁出于其间。"这就反映出一个问题，俗语说：天高任鸟飞，海阔凭鱼跃。大雁哪不能飞，为什么要从关门飞过？

　　原来雁门山群峰海拔1900米以上，周围群山峻岭环抱，只有过雁峰两旁有两道比较低矮的山峪。大雁不能从其他处飞过，只能从这里经过，雁门关正好坐落在这个山峪之上。试想，连南来北往的大雁都只能从这里飞过，何况南来北往的人马呢！

山西雁门关敌楼

雁门关为什么是兵家必争之地？从山西独特的地理环境来看，山西表里山河，西有吕梁山，东有太行山，两山之间由北至南依次是大同盆地、忻定盆地和太原盆地等。而大同盆地与忻定盆地之间则被恒山山脉阻隔。恒山山脉东接太行山，西连吕梁山，山岭高峻，只有雁门关附近可以通行，因此在这里设关，自然是把控南北。于是，忻定盆地便成为太原大门，一旦忻定有失，则太原必定不保，因此古人称雁门关"外壮大同之藩卫，内固太原之锁钥，根抵三关，咽喉全晋"。

游览雁门关，关城周长 10 公里，墙高 7 米，砖石砌筑。"天险"门上观雁楼，镇边祠祭李牧；"地利"门上怀六郎，瓮城里面拜关帝，门额石匾"雁门关"。"三边冲要无双地，九塞尊崇第一关。"

沿长城登上最高处的烽火台，放眼长城内外，遥看群山迷茫，霞走云飞；近览重峦叠嶂，峭壑阴森。两座大山对峙，形状犹如天造的两扇大门，护卫着山间的一条盘旋幽曲的穿城之路。史载，雁门关于唐代初设关城，后屡建屡毁，现存为明代所建，几百年来，历经战火风雨，现在仍然屹立在勾注山之中。

此时我仿佛进入了梦幻状态，历史场景像一本画册一幕幕出现在眼前。

第一页：关楼之上站着一个伟岸的将军李牧，"习射骑，谨烽火，多间谍"。并运筹帷幄，巧设奇阵，诱敌深入，"大破匈奴十余万骑。"其后十余年，匈奴不敢寇赵。

第二页：关城外的大道上，蒙恬大将率兵三十万，浩浩荡荡从雁门出塞，"北击胡，悉收河南之地"（即河套地区），把匈奴赶到阴山以北，并且修筑了万里长城。

第三页：关外草原上，汉朝名将卫青、霍去病、李广等都曾驰骋在雁门外漠北的草原上，多次大败匈奴，用鲜血捍卫了"犯我中华者，虽远必诛"的豪言壮语，立下汗马功劳。

第四页：秋风起、雁南飞，雁门关前的古道上，有胆有识的王昭君前簇后拥，浩浩荡荡，出塞和亲。从此以后，这一带出现了"遥城晏闭，牛马布野，三世无犬吠之警，黎庶无干戈之役"的安定局面。

第五页：关外两军阵前，年事已高的代州都督薛仁贵率兵出击。突厥人喝问，

"唐将是谁？"唐兵答曰"薛仁贵"。突厥人以为薛仁贵已死而不信。仁贵脱盔示面，突厥惊视失色，引兵而还。

第六页：诗人李贺高歌《雁门太守行》"黑云压城城欲摧，甲光向日金鳞开。角声满天秋色里，塞上燕脂凝夜紫。半卷红旗临易水，霜重鼓寒声不起。报君黄金台上意，提携玉龙为君死"，向你走来。

第七页：宋辽战场上。著名爱国将领杨业（又称杨继业）及其他杨家将士在这里大显身手，多次以少胜多，大败辽兵，为国立功。

第八页：在清末，八国联军侵入北京，辱国求存的慈禧太后狼狈出走。他们过居庸、宣化，经大同，又在雁门留下了逃跑的脚印。

第九页：1937年10月抗日战争期间，八路军第一二〇师七一六团在此伏击日军取得大胜。2015年9月3日，中国人民抗日战争暨世界反法西斯战争胜利70周年纪念大阅兵中走来的一个解放军方队就是"雁门关伏击战英雄连"英模部队方队。

"一座雁门关，半部华夏史。"这里，每一个人名都震耳欲聋，每一个故事都可泣可歌。它见证和参与了中华民族的兴衰过程，如今等待你来游览与追忆。

# 代县"九窑十八洞"与试刀石村

2020 年 9 月 20 日

观赏试刀石

　　游完雁门关，继续导航九窑十八洞。奇怪的是绕了三十几公里的山路，竟绕到了雁门关南门：前腰铺驿站。工作人员告之此门不开，游历雁门关请上北门后腰铺驿站。我们解释刚从北门出来寻找九窑十八洞而来，不知怎么回事被导航导到这里来了。想问问你们这九窑十八洞到底在哪呢？

工作人员回答："这九窑十八洞是景区里的一处窑洞房，靠近南门这边，你们游历时可能没有注意。这九窑十八洞它不是地名，是万里长城上设置功能最全的军事堡垒，既是戍边将士的住所和武器库，又是阻挡和打击敌人的极为险要的军事工程。九窑十八洞大回廊结构，东、西、北三面墙上各有四个箭窗，南墙有门居两箭窗中。"

试刀石村牌坊

工作人员继续解释："所谓的窑是指有门、有窗的室，洞是指只有门没有窗的室。九窑十八洞是一种解决顶部大面积跨度的古老拱券建筑方式。九个大型拱形砖窑横竖穿插居于中间，十八个小型砖洞与外部墙体相连，士卒在小洞里可直接观察到外面的情况。东部洞内有直达三层台顶的台阶，台顶与边墙顶部结构相同，四面环建垛口、瞭望口等墙体。需要说明的是九窑十八洞建筑结构根据空心敌楼的大小可以变化。像长城上的'九孔楼'或'九眼楼'，每面墩体上有九个小洞，共计三十六孔，所谓'九孔楼'是'九窑十八洞'结构的扩大，内部拱券窑洞更多，其跨度也更大。这种结构楼内俱为砖券窑洞，布局巧妙，造型美观，洞洞相通，不但用于军事敌台，民间大户人家也采用此结构建房院，有的地下建筑（藏金库）也采用九窑十八洞。

九窑十八洞拱券结构和斗拱结构（榫卯结构）一样是我国古代建筑史上不朽的瑰宝，已载入史册。山西长城线上九窑十八洞的长城敌楼很多，以后你们走长城时还会遇到，这次错过了，你们就等下一个长城景点再观赏吧。"

听君一席话，胜读十年书，心中暗自惭愧：一来游历时粗心错过景点，造成多跑30余公里山路；二来长城知识有限，未仔细研究九窑十八洞的内涵，才有这幼稚的表现，我们的心情不免有些失落。

沮丧之中返途，约2.5公里突遇一村名"试刀石"。好奇心骤起，兴趣盎然，这么特别的村子一定有故事。九窑十八洞没找到，探访这个以兵器石头命名的村子，也应该是对前面犯下错误的补偿吧。由此一想便停车询问。

村民说，这村前方有块被刀砍的大石头，相传它是300多年前李自成攻打北京前路经此地时试刀所留。当时明王朝已处于风雨飘摇之中，李自成攻破代州城后意欲出关。但行至村前时，获悉守将周遇吉已逃往宁武，李自成顿时犹豫不决。因为若先取雁门关，则义军后路可能被宁武明军切断，从而陷于两难境地。这时，李自成将目光投向了路边一顽石，手举利刃卜问苍天，若刀落石裂，就出关直捣北京；若不然，便回师先取宁武。结果刀锋落处，火星迸射，刀痕深陷而顽石未裂，于是李自成自叹天意所指，回军倒取宁武关。从此人们称这顽石为试刀石，而路边这个村庄也以石为名至今。

我们急问："此石在哪？"村民说："出村不远处有一石亭，石亭中放置的就是试刀石。"于是我们驾车慢行，边走边寻，出村不足一里处路边果然有一花岗岩石亭坐落在玉米田中。望着这块特殊的石头，上面赫然留有一道巨大的刀痕。这道神奇的刀痕也久久地在我脑海里盘桓着，闯王劈这块石头时用的什么宝剑？有多长？用多大的力量？这是一种什么样的英雄气概呢？……

我清楚，劈石之举也就是一个传说，但是闯王的这一刀，却劈出了一场血雨腥风的战事，劈出了一个铁打的宁武关，劈得一路所向无敌的闯王怀疑起人生。这可不是我给下的定义。我国京剧有一出传统名折，叫作《宁武关》。讲的是明末闯王李自成率大军攻打宁武关，守将周遇吉死守不降，并斩杀李自成义子李洪基。闯军最终攻下宁武关，周遇吉之妻刘氏出战阵亡，周母赵太夫人自杀，周遇吉感愤之下出战捐躯。不仅是京剧，包括昆曲、豫曲等很多曲目都有周遇吉死守宁武关的戏。民间给予其高度的评价，可见这场战事在历史上的影响有多大。

时间拉回到1644年，在陕北发动起义的李闯王亲率50万大军渡过黄河，直取山西，大军所到之处，势如破竹，先后攻下临汾、太原、忻州等重镇。但在攻打代州时，遇到雁门总兵周遇吉的顽强抵抗，交战中，李闯王的义子李洪基不幸被俘，周遇吉把李洪基绑在旗杆上，想用李洪基做交换，逼迫李自成退兵或投降。李自成强忍悲痛，拒绝了周遇吉的条件。周遇吉将李洪基杀害。

李洪基不仅是李自成的义子，也是军中的一员得力干将，痛失爱子，李自成悲痛万分。在《宁武关》这出戏中，他悲怆地唱道："怒气冲巾，五内如同烈火焚，寸寸肝肠断，点点泪珠淋，嗟睢眦裂双眼，天关摇振，跺足捶胸，咬定银牙根。"李自成的悲愤跃然纸上。随后，李自成挟愤而战，周遇吉等不到援军弃城而逃。

打下代州，闯王剑指雁门关，意欲出关直取北京。但此时探报得知周遇吉撤回宁武关，从军事角度上讲，此时背后有强敌，继续向前，则义军后路可能被宁武明军切断，从而陷于两难境地。这时便出现了把剑砍石卜问苍天的故事。石未裂断，闯王便回兵直取宁武，也就是民间传说的"倒取宁武"。

大军逼近宁武关，山西历史上一场惊天动地、惨烈悲壮的守卫战拉开了序幕。有记载：闯王向关内发出通牒，五日不下，屠城。周遇吉悉力拒守，炮伤万余人，火药尽，开门奋击，杀农民军千余人，又趁夜率壮士二百，缒城入农民军营，又大胜，农民军退二十里，周遇吉坚守半月，援军不至，开城门伪降，诱农民军万余人进城，关下门闸，杀死农民军四骁将，将进城农民军，全部杀死。

闯王轰塌东城墙，引兵再进，周遇吉的夫人刘氏，蒙古人，饶勇异常，率妇女二十余人登屋而射，被农民军纵火全体烧死。周遇吉徒步跳荡，徒手格杀数十人，矢如猬毛，被执，缚之高竿射杀，或说磔于市，也有说自刎而亡。宁武兵备副使王胤懋全家自杀，三月初一日宁武关陷，闯王屠城。史载："遂屠宁武，婴幼不遗。"

为什么说试刀石那一刀砍下去，砍得闯王一度怀疑人生！此战，号称百万的农民军，花了七天才攻下一座小小的宁武关。战后，闯王检前后死将士7万余人，对前进计划十分担忧地说："宁武虽破，死伤过多，自此达京师、大同、宣府、居庸关重兵数十万尽如宁武，吾辈岂有孑遗哉，不如还陕图后举。"当夜，李自成作出了明早掉头回陕西的命令。

可历史总是在不经意间由一个细节而发生了改变，宁武关被破，动摇了后面关隘守将的信心。半夜里大同总兵姜瓖和宣府总兵王承荫的降表送到了营寨。闯王大喜，遂改变主意继续北伐。抵达居庸关时，总兵唐通开门投降。京师已保无可保，最终陷于闯军，崇祯皇帝自缢。闯王拿下京师后，感叹说："如果各镇都像周遇吉那样，我岂能到此！"

宁武关一战，决定了一个朝代的命运。它不只是一个关口，它还是一种精神，是边卫的一个标杆。此关被破，后面的险关要隘竟不战而破，令人唏嘘不已。我们换个角度看，如果大同镇和宣府镇的总兵都能像死守宁武关的周遇吉那样顽强抵抗闯军，也许明朝不会亡于1644年，也许就不会有随后发生的清军入关，我国的历史也许就是另外一个样子了。

我是一名游客，不是历史学家，也不能更不会评价历史人物的对错。今天的试刀石，作为一个旅游景点，引发的历史传奇故事，告诉我们不管是闯王李自成还是守将周遇吉，在那个时代背景里，他们都处在既心怀家仇国恨，又肩负使命的非常时刻，他们的所作所为，都把满腔的悲愤化作冲天的勇气，以坚定不移的顽强意志，以气壮山河的英勇壮举，把决心展示给世人，把理想变为现实。

几百年来，人们传颂试刀石，正是在传颂英雄们在关键时刻义无反顾的顽强意志和成就大业时勇往直前的英雄气概。

## 第10站

## 右玉右卫古城

2020年9月21日

山西右卫城瓮城

观完宝宁寺，原计划走三十二长城。但既然到了右卫城，似乎这座有2700年历史的古城在等着我们，它在冥冥之中将我们引到这里，来了解飘散在这片土地上的历史烟云，认识这里曾经跌宕风雨中的豪杰英才，探索留存于古老建筑里的万千神秘。当然还有右玉人民的"植树造林，治理风沙"的精神也是我们留下参观游览的主要原因。

移步北门，门外是一片人工种植的绿化林。看着眼前这一片被绿色植物覆盖的土地，很难想象不久之前这里是被黄沙掩埋的不毛之地。在绿林丛中，一群美女在围着一个老人家听故事。我们凑上前去，才知道这是右玉干部学校的党员在举办党

山西右卫城楼

日活动，邀请了当年治沙队的女队长讲右玉的历史、古城的战事及当年治沙的艰苦奋斗的经历。

听完老人的讲解，游历了古城城楼，如今的右卫镇已不是当年的军事要塞，修葺一新的北门和南门，隐约可见当年的恢宏气象。踏进古城的老街，街道显得有些清净而略带荒凉，让人有一种时光倒流的感觉，灰色低矮的砖木结构民房让人仿佛回到改革开放前的年代。在老县委的街上，可能由于拍电影和开发旅游古城的需要，有的街面房屋进行了做旧装饰。但整个古城总体来说不失边塞小城那种古朴、荒凉而带有浓浓的古代边塞韵味。

经过了聆听到观赏的过程，我对右玉人民肃然起敬，这是一个英雄的城堡，有着英雄的人民。只是以前埋没在西北的风沙之中。2017年，一部电视剧《右玉和她的县委书记们》让一个名不见经传的小县声名鹊起，誉满全国。

右卫城建于战国时期，在明代又在原址重建，双城叠加，决定了它重要的战略位置，经历了有"睢阳之风"美誉的右卫保卫战的洗礼。历朝历代都有辉煌的篇章。下面就让我们走进历史，探索这个古城悠久而辉煌的前世今生，探知她卓越而不平凡的故事。

一、防风治沙，千秋功绩

右玉县位于晋西北边陲，地处毛乌素沙漠的风口地带，是一片风沙成患、山川贫瘠的不毛之地，历史上人民的生活极端困苦。"一年一场风，从春刮到冬；十山九秃头，风起黄沙飞"是过去右玉县生态环境的真实写照。

1949年10月23日，中华人民共和国成立23天后，第一任县委书记就在右玉的风神台主持召开了全县干部群众大会，在这次大会上他发出了"植树造林，治理风沙"的号召。这位刚刚从战场上走来的县委书记在风沙漫卷的风神台上铿锵有力地说道："右玉要想富，就得风沙住，要想风沙住，就得多栽树。"

这是右玉这块贫瘠的土地上第一次发出植树造林的号令，而这号令一经发出，就一直伴随着共和国的脚步响彻了70多个年头。右玉历任的18位县委书记将一张绿化蓝图绘到底。如今，右玉人民使昔日这块"白天点油灯，黑夜土堵门，人在墙上走，垫圈不用土"的地方，变为"苍河碧绿映照秀丽山川，水草肥美哺育遍地牛羊"的旅游胜地。

## 二、山无头、水倒流：长城与河流

历史上，苍头河名中陵川水，又名兔毛河。《水经注》记载："中陵川水，水出中陵县西南山下，北俗谓之大浴真山。"

苍头河发源于朔州市平鲁城北郭家窑，在燕家堡流入右玉县境，经刘家窑汇入李红河、石匣河、二道河及三道河，北流经杀虎口出右玉县境，入内蒙古称红河，再西流入黄河。

山无头、水倒流，人们称之为右玉县的两大奇观。山无头，是指河水沿着虎山线向北行进，看到两岸的山峰似丘陵，没有明显挺拔的山尖，便被称为"山无头"；水倒流，指的是苍头河的滔滔河水，不像其他河流那样东流或南流，而是向北流，流经内蒙古40里入洪河，又转向南入黄河。苍头河独特的流向，使其名声大振而远近知晓。

苍头河与长城又有什么关系呢？原来，有专家在考察苍头河的名称来源时，断定"苍头"所记之音应为"墙头"。长城，明称"边墙"。从一张光绪年间的右玉地图上看，长城在右玉县辖境的基本走向是：由庄窝向西北经破虎堡至残虎堡关口，然后转西南方向经海拔1666米的五台山至杀虎口。长城过杀虎口后，继续向西南行经二分关，过海拔1747米花林山与海拔1788米圣山抵大沙口。由大沙口继续向西南约2.5公里后，出右玉县境而入平鲁县界。

而苍头河恰恰从长城弯道的中心位置穿"城"而过。所以，古人将其叫作苍（墙）头河，意为从边墙转弯的地方流过。这个观点我也认同，我走长城第七十六站：府谷明长城墙头村游记中的"墙头村"就是以长城的墙头命名的。

## 三、两城叠加，历史悠久

今天的右卫城下还压着一座城，是春秋战国时期，著名的"胡服骑射"的倡导人赵武灵王所置的善无县，是秦汉时善无县城所在地。善无是个别致的名字。善无是无善的意思，就是善到此没有了。古时中原文明开化较早，讲究礼义廉耻，北方游牧民族还处在原始部落状态，常南下劫掠，被中原人视为"害"和"恶"，赵武灵王设善无县，是想将"害"拒之于外。

据考证善无城周长6～8公里，比现在的右卫城大一倍；城内曾大量出土汉代陶片云纹瓦当，有的带"千秋万岁"铭文和五铢钱。城周南梁等地大量分布汉墓群，充分表明这是一座规模很大的汉代古城。据史书记载善无县在北魏孝明帝时被废弃。

明洪武二十五年（1392年）开始，先后历时17年，在善无县故址上又筑了一座城，当时经济困难，采用夯土压筑。万历三年（1575年），经过隆庆皇帝的初步改革，东南沿海开关了，税收的银子来了；西北也不打仗，互市也开了。正是万历中兴之时，张居正力主改革，国家有钱了，把更多的钱投到了西北边防线的建设上来。把以前的土城又进行了包砖，右卫城从而更加坚固、壮观。

据记载，右卫镇平面基本呈正方形，周长9里8分，高连女墙4丈2尺，宽3丈5尺。四门东曰：和阳，南曰：永宁，西曰：武定，北曰：镇朔。四门之外各建有瓮城，门上各建有城楼，挂有厚木大匾，东曰：拱获燕云，西曰：屏藩河朔，南曰：紫塞金汤，北曰：严疆锁钥。西北、东北、东南各建有一个角楼，城墙上筑有敌台28座，垛口564个。城内府署、县衙、庙宇、店铺、民居、钟鼓楼布满30余条大街小巷。

至于右玉这个美丽的名字是怎么来的，是否含有诗意？答案是否定的。这里是烽火连天的边塞战地，当然不是文人墨客给起的雅名。而是明洪武二十五年（1392年）右玉设定边卫，卫城就建在善无古城废墟上。后定边卫迁走，正统十四年（1449年），大同右卫、玉林卫先后迁来，朝廷将长城外的玉林卫并入右卫，改称右玉林卫。清雍正三年（1725年），撤销右玉林卫和威远卫置右玉县，同时置朔平府，府、县同治右卫镇。

明代在边防实行的是军政合一为卫所制度。"卫所者，分屯设兵，控扼要塞"，"5600人为卫，1220人为守御千户所"。明洪武二十五年（1392年）设定边卫，城内设营守备1员，官军1630名（应该是所、营的级别）。永乐七年（1409年）设大同右卫，城内驻指挥使7名，指挥同知13名，指挥佥事29员，经历司1员，前、后、中、左、右5所千百户与镇抚总旗76员，驻城旗军6477名（这才真正达到卫的级别）。

一个县的县域跨越长城内外，并且级别升高，兵力加强。这充分说明右卫作为古代的军事重镇，特别是作为明代的九边之一的大同边卫的重要，离它10公里处就是地势险要的杀虎口关口，那里是北方游牧民族南下中原首选捷径。突破杀虎口，首当其冲的就是右玉城，所以右玉城注定在历史上不得不扮演战争的攻守角色。从周伐猃狁，秦击匈奴，唐征突厥、契丹，一直到宋战辽、金，明抗鞑靼，演绎了不知多少战争场面，书写了多少热血传奇。

嘉靖三十六年（1557年），俺答部族自家发生了一起"桃松寨事件"，俺答汗之子辛爱的小老婆偷人被发现后逃逸，却引起右玉一场长达八个月的血雨腥风。右玉人民付出了惨痛的代价，最终取得了守城的胜利。

右玉守将王德在作战中阵亡。在岌岌可危的形势下，右玉城军民团结一致，"悉力捍御"，"士卒无变志"（《明史·鞑靼列传》），誓死不投降，决心与城共存亡。守将王德战死后，众军无首，缺乏指挥。有一位在家休息的武将尚表，自愿担任了右玉城的临时指挥，继续战斗。

据明代《平云西碑》记载，从农历九月一直到第二年（1558年）的四月，城内将士与百姓断粮，靠吃树皮、皮带生存，右卫保卫战在左右无援、孤军奋战的情况下，坚守城池八个月之久（《明史·鞑靼列传》记载被围困六个月）。

在形势十分危急的时候，明廷派兵部尚书杨博亲率大军来解右玉之围。鞑靼兵见右玉城实难攻下，而明朝援军将至，便自动解除了对右玉城的包围，从杀虎口撤出长城。让人悲哀的是，右玉人民守边卫国、浴血奋战、弹尽粮绝，而朝廷的援军八个月以后才到！

当时，右玉城被围困的消息传到北京后，嘉靖皇帝让大臣们发表意见，专门讨论了这次战事。大学士严嵩与许论等妥协派，在鞑靼军队的威胁之下，主张放弃右玉城，反对出兵进行援助。但是，大多数官员驳斥了妥协派的种种谬论，主张让兵部尚书杨博带领明军亲自出征。宫廷里争论相当激烈，嘉靖帝也犹豫不决，曾几次放弃出兵的决定。最后，由于多数官员坚持，他才下决心对鞑靼宣战。

援军到时，右玉城中已经断粮多日，不少人奄奄一息。杨博出兵前，曾让士兵各带炒食三升，明军一入城，马上用炒食救济城内军民，使许多濒临死亡的人得救。随后，明朝又运来大批粮食，安定了城内军民，使他们免除饥饿的威胁。城内军民欢呼雀跃，共同庆贺这场艰苦保卫战的胜利。

这场保卫战的意义在于，鞑靼与明朝发生战争以来，明军常常失利，士气十分低落，有几次，明军见了鞑靼军队就不战而逃。而右玉城保卫战在左右无援、孤军奋战的情况下，以少胜多，坚持守城达八个月之久，这在当时来说，实属战争史上的奇迹。它坚定了朝廷和全国将士保家卫国的信心。所以，当时人们赞扬右玉城军民有常山、睢阳之风，并在右玉城立碑建坊，以示纪念。

读罢右玉的文史资料，掩卷沉思之余，心中常常感慨不已。一个千疮百孔的朝廷里有一个软弱的皇帝，再加一群妥协派的官员，连社稷都无法安抚，江山如何能保。可怜英勇的国民，誓死不投降，决心与城共存亡。这种精神感动得后人泪眼茫茫。明不亡，天理何在？

什么是"右玉精神"？一座古城的筋骨延续至今之所以没有消亡、钙化，必然有它卓然的精神内在。右玉人用他们的不屈精神，创造了一个个的奇迹。戍边军民，为保卫一方安宁，众志成城，同仇敌忾与入侵者作殊死战斗。这是中华民族的一种抵御外侮的爱国主义精神。70多年来，一任一任的右玉县委书记带领干部群众持续不断植树造林，将"不毛之地"变成"塞上绿洲"，以实际行动践行了"绿水青山就是金山银山"的生态文明理念。

今天，古代的御敌长城犹存，又拥有了一道锁定风沙的"绿色长城"。只要有"右玉精神"，英雄的右玉人民在任何时候都能战胜困难，创造出丰功佳绩来。右玉人民值得为先辈的战绩和今天的绿化而自豪！

山西右玉右卫城墙

山西右玉三十二长城

# 右玉三十二长城

2020 年 9 月 21 日

　　右玉长城属大同镇中路，全长 89 公里，东起庄窝村，沿山前一直西延，绕过马头山、穿行北岭梁、冲下杀虎口，扼险守关隘。爬上大堡山，急转向南，跨过二分关河谷，直上桦林山，曲折十三边、缓下云石堡、止于楼沟台，再走就到平鲁界。三十二长城就位于右卫镇西南大约 10 公里的桦林山上。为什么叫三十二长城？刚听到名字时感觉很好奇，当你经过询问和查阅有关资料得知其名字的来历时才感觉很有意思。

关于三十二长城名称的来历是这样的：外长城自进入右玉，以烽墩的顺序为地名，二十一就是第二十一座烽墩，三十二就是第三十二座烽墩，而旁边的村子也就叫三十二村，所以这些村子的名称都是以长城的烽墩来命名的。现在人们把三十二村一带的长城又称三十二长城。

三十二长城位于右玉县杨千河乡，为什么知名度这么高呢？因为这里现存较完整的边墙和烽火台，吸引着众多摄影家、画家、长城爱好者来此写生打卡，使得这一段长城频繁地出现在画家、摄影师的作品里，所以它是山西明长城遗址中一个很好的观赏点，成为右玉长城著名地。喜欢长城的人要是没有来过这里，都羞于启齿走过山西的长城。

通往三十二村的路属于山路，我们从右卫古镇西门出瓮城，道路在此分岔，往前走有三个方向，导航指示中间那条路向南，行近两公里后过桥，过桥后有路口右转，进入水泥路，虽然难度不大，但是路较窄，有的地方会车要提前让路，自驾前往一定要小心。沿水泥路行进 10 公里左右到达三十二村，水泥路所有岔路一律选择向左

山西右玉三十二长城烽火台

方向，翻过一个山头后，前方每个山头之上都有一座烽火台，一个接一个，十分壮观。水泥路修到山下，上山的土路因为积水，打滑难行，车子左拐右挪，终于上到山顶。

登高俯瞰，眼前的长城墙体完整，沿崎岖的山路蜿蜒而上，连续出现之字形曲折，犹如一条巨龙蜿蜒起伏，腾跃盘踞在高山云岭，山顶最高峰的那个烽火台犹如龙头，昂首向天，整个长城有在山巅飞舞的感觉，雄险壮观场面非常令人震撼。这种长城走势实为罕见，喜欢长城的人一见到长城就激动，特别是看到这么美丽的长城，那种苍凉的美是你在别的长城点段体会不到的。

每一高岗曲折点上有一座烽火台，连绵不断，朋友航拍一张画面总共有17座烽火台。宽厚的墙体没有包砖，呈土黄色，山体呈绿色，背景蓝天白云，再加上或明或暗的光景效果衬托，犹如黄色的苍龙爬行在绿色的地毯之上，暖阳高照，阳光打在城墙上好似镀了一层金色，宛如一条条金龙摇头摆尾、神采飞扬地游过绿海如茵的山峦，直奔苍茫的天际。

牛羊满坡，悠闲地吃着嫩草，人与自然的和谐共处，在绵延的长城上得到完美的诠释。这就是三十二长城，当你真正走近时，才能真切地感受到它的震撼和魅力，才能体验到什么叫窒息的美。

长城脚下，偶遇村上老两口在挖草药。明代长城管理实行的卫所制、屯兵法，长城沿线的村民，基本都是守卫长城兵士的后代。攀谈之中聊到长城，老人介绍道：这里的长城原为包砖的长城，那时更漂亮。为什么现在只剩裸露的夯土墙体了呢？当年为了盖学校，组织集体拆掉了长城的砖建起中心村的学校。中心学校？朋友问道。

老人解释道：当年中心村是四十二村，在那里建中心学校。这一带长城沿线以数字名字的村子很多，其他十八村、三十二村、三十八村住户都不多，只有几户人，孩子都要在四十二村集中上学。朋友惋惜道：假如当年没有拆毁，看看这密集的敌楼，蜿蜒的城墙，该是怎样的长城景观呢！

说起破坏长城的事，老人指着远处东北方向的白色山尖说，那里原来矗立着一座通体由汉白玉构成的山，它成为三十二长城的天然背景和绝佳观景台。每当夕阳的余晖照射，长城、白玉山景观那是十分的俊美。自开矿以后，长城无人管理，拉矿的车为进出方便，将长城拦腰斩断，桦林山已被采石场野蛮破坏，长城上到山顶也不怎么好看了。

我拍照取景时尽可能地避开矿区，但不能反映整体长城的宏观场面，令人遗憾。就看以后在"绿水青山就是金山银山"的改造中能不能尽快地恢复这里的生态环境呢？

寻问老人，这山上一棵树都没有，更不用说桦树了，怎么叫"桦林山"？老人答：相传在远古时期，此地有山有水，鸟语花香风景优美，是一片原始森林，多数为桦树，可谓是世外桃源，由此而得名"桦林"。后来可能是因为天旱和战争的原因，变成了如今这样吧。

老人继续介绍道，沿着桦林山再往西前行8公里，有个十三边村，那里的景色更美。这段长城边有一座著名的圣山，"拔地而起，奇峰突兀陡立，像一圆形石柱支撑苍穹，顶上一石坑水清见底，饮甘醇，不枯不溢，谓之神水"。圣山的岩石裂缝中有泓泉水，冬天也不结冰，传说这是仙女下凡的一滴泪水。在蒙汉相争的年代里，修筑边墙，日夜征战。人们将圣山围在边内，第二天圣山到了边外，于是再次修筑边墙将其围在长城内，但转天圣山还在边外，这样整整连筑十三次，但是圣山仍在边外，后来，长城脚下这一村得名"十三边"。

来时查过资料，略知十三边的圣山传说美丽，风景如画，现在听到老人介绍更是迫不及待。但是，两位司机大哥对视后对我说道："你看昨天这山里刚下过雨，山路泥泞打滑，我们刚上这段山时已经很艰难了。现在开的是两驱车，如果贸然进山，陷在山里无法脱困，后果不可想象，为了安全还是别进去了。"

这可是长城天路啊！是中国唯一可以在长城顶部穿梭两省、区的自然奇观，是全国长城爱好者向往的旅程。途经九个边塞村庄（三十二、四十八、前爱好、石咀、韭菜沟、云石堡、铁山堡等），六座有名的大山（团山、桦林山、虎头山、歪头山、黄花山、圣山），两座古堡遗址（云石堡、铁山堡），三块明长城界碑（大同中路分属西界，万历十七年吉秋）。全程只有18公里，就这样错过吗？望望不争气的车子，考虑到大家的安全，只好忍痛放弃了这段长城天路之行。但为了下次走长城，换越野车的决心暗暗坚定了起来。

聊完长城，聊到生计。两位老人说这里山路崎岖、人烟稀少、药材资源丰富，山中生长着板蓝根、党参、黄芪、黄芩、甘草、芍药等。后来国家的扶贫政策让这

山西右玉三十二长城城墙

里的山民离开了大山,过上了好日子。生态恢复后,地里的"宝贝"更多了,两人一天挖中药也能挣三四百元。

  站在高处,放眼瞭望,烽火台沿山相望,古长城静静蜿蜒起伏在山中,这里没有手机信号,却可静心聆听和感受长城的绝唱!遥想当年,这里曾是胡马长嘶、烽烟弥漫的战场,千百年来多少英雄在这里征战,多少多情男女在这里别离。

  三十二座烽燧犹如三十二个壮士、三十二个不死的老兵,岁月侵蚀,风雨沧桑,虽然正在慢慢凋零,但依旧坚强挺立,护卫着身后的大好河山,为后人留下永恒的记忆。现在厚厚的城墙颇有气势地耸立在山岗上,它的威严和沧桑还在挑动着我的心弦。长城天路,我会再来!

## 右玉杀虎口长城

2020 年 9 月 21 日

走长城团队进入右玉后，寻宝宁寺，游右卫古城，登三十二长城，最后一个探访的长城遗址就是大名鼎鼎的杀虎口。近几年的热播电视剧《乔家大院》《走西口》《大盛魁》，使杀虎口名声远扬，大得都要把"右玉"这个县城给掩盖了。

杀虎口，这个长城上的一代雄关，当年的"西口"（明清时期，北方中原民族进入蒙古族地区通商的交流孔道有"东口"和"西口"，"东口"为今河北省张家口。即所谓"东有张家口，西有杀虎口"）不只现在因电视剧而出名，它在长城沿线上

山西右玉杀虎口城楼

作为古代的军事要塞和边贸重镇及丰富的历史文化遗存，千年来的知名度之高是人人皆知的，也是长城爱好者心之向往的地方。

从三十二长城下来返回右卫城，向东 8 公里便到杀虎口。只见一个巨大的两边对称的门楼建筑横在国道上，左侧是停车场商业区，右边是一座康熙西征雕塑和一座博物馆。仔细瞅瞅，这哪是古代雄关啊？只是一个现代公园的小广场模式，只有拱门上面有罗哲文题的三个金黄色的大字"杀虎口"，标明这里曾经是个什么地方。

现在右楼阁上还有工人在搭着铁架子施工。城门是新的，长城是新的，原汁原味的古长城被拆除殆尽。这样改头换面的修缮把个古代雄关改动得不伦不类，没有一点历史原貌，使人失望至极。

与博物馆一工作人员攀谈此事，他说，在前些年发展旅游经济的大潮中，右玉县专门设立了"杀虎口旅游区"，负责相关开发项目，并邀请专家学者来参与项目规划。有的专家建议"大修大建，重新修一条漂亮壮观的长城墙"，有的专家则要求"保护原貌，不让改动"。最后不知哪位有"文化"的领导拍板就建成现在这个模样。惹得来这里的长城爱好者个个惋惜，伤心雄关旧景无，长城人一声长叹！

景致扫兴，没了怀古之情，但历史还是要了解的。进入右玉县博物馆，无需买票。

山西右玉县博物馆

漂亮的讲解员用标准的声调和历史图片向我们解说展示了右玉县独特的边塞文化、军事文化、晋商文化、西口文化。我们已经探访过宝宁寺、右卫古城、三十二长城，所以重点对杀虎口的边塞和军事文化进行了更深入的了解。

杀虎关古称参合口，唐朝称白狼关，宋朝称牙狼关。《朔平府志》载："长城以外，蒙古诸蕃，部落数百种，分为四十九旗……而杀虎口乃直北之要冲也，其地在云中之西，扼三关而控五原，自古称为险塞。"又云：杀虎口"其地内拱神京，外控大漠，实三晋之要冲，北门之扃钥也"，"扼三关而控五原，自古倚为要塞"。它经历了汉伐匈奴、唐战突厥、宋驱契丹、明御内蒙古等数千年的金戈铁马、烽火狼烟。

到明朝，杀虎口和右玉城作为军事要塞，先后多次被蒙古军入侵。特别是明世宗嘉靖年间（1522—1566年），鞑靼头领俺答吉囊曾多次与明朝发生战争，据《明史》记载，鞑靼贵族仅对雁北地区大的骚扰就有30多次，其中战争比较激烈的一次是右玉城保卫战。嘉靖三十六年（1557年），右玉城军民曾创下了孤军浴血奋战，坚守城池长达8个月之久的壮举。最终明廷派兵解围，蒙古兵才从杀虎口撤出长城。

这场战争之后，朝廷重新加固修缮了杀虎口和右玉城及杀虎口一带的长城。并增加了守备兵额，大大提高了杀虎口的防御能力。此后，明朝为了抵御蒙古瓦剌南侵，多次从此口出兵征战。这样的相互征战残杀引起了民族仇恨，故在明正统十四

山西右玉杀虎口城墙

年（1449年），就起了一个血腥的名字"杀胡口"。

为什么把"胡"又改成"虎"呢？因"胡"是汉族对北方游牧民族的统称，清朝入主中原后，因其也是北方游牧民族，所以在康熙三十五年（1696年）将"胡"改为"虎"。1925年冯玉祥率领的国民军进驻"杀胡口"，任命十三太保之一的韩多峰为杀胡关镇守使。韩多峰为了缓和民族矛盾，促进中原地区与塞外的贸易，遂依照自清朝以来惯用的俗称，正式改名为"杀虎关"，从此杀虎口一直沿用至今。

在博物馆参观了解历史背景后，出门左拐，沿乡间小路往南走，见到一座古城堡，西门上写着杀虎口三字，残存的"杀虎堡"门楼和倒塌残破的城墙是杀虎堡原址。心中一喜，这才是我要寻找的遗存的古迹。说实话，不是我喜欢满目荒凉和残破，而是这样的场面更真实地反映了历史，更能引起我的激动和兴奋。

这是当初杀虎堡三座城堡的中段中关的堡门，北边的杀虎堡已经不存在了。南面的平集堡较为完整，现存南门、北门、西门，也将改为影视基地。虽然堡中破破烂烂，但保存了西北的风情民俗。出了南门，瓮城已经残缺不全，"平集堡"三字也依稀不清。当年修筑杀虎口长城时故意把门洞关卡造得很低，这样，在过关时，胡人就必须单人牵马而过，从而减少了他们冲关的危险性。

据记载：明朝嘉靖二十三年（1544年）建土堡，万历二年（1574年）用砖包筑堡墙，方圆二里，高三丈五尺，南门一座。万历四十三年（1615年）又筑新堡一座，并于两堡中间，门东西筑墙，将新旧两堡合二为一，前后左右开门四座，周围五百四十丈，计三里。新旧两堡相依，北面通往内蒙古，设有栅门，恰与万里长城之城头堡相连，地势十分险要。

站在杀虎口关隘上，眺望长城内外，古长城蜿蜒逶迤，烽火台巍然屹立，远山连绵不绝。它东临塘子山，西侧大堡山，北依雷公山、庙头山，万里长城由东北向西南延伸而去，像个半圆形围墙将杀虎口围在里边，东西两侧山岭崖陡壁立，苍头河由南向北贯穿其中，构成一道宽200多米、长3000多米的天然关隘。

在两山之间开阔的苍头河谷地，就是通往蒙古草原、河套的关口（至今大同至呼和浩特的公路仍经由此地），此关口不但控扼着南、北，还绾毂东、西、南、北四个方向的交通，地形险峻，地缘位置不言而喻。

往前走，一座古桥保存得仍很完整，这是一座明代石桥名为广义桥，桥身为青石板铺就，桥栏望柱上雕有石兽，桥洞拱顶两侧现龙首、龙尾，桥头有农家旧宅，颓墙残瓦，荒庭衰草。桥下是断流的苍头河。两岸青杨绿柳，最亲切的是看到此地也生长有家乡六行盘山常见的可观不可触的荨麻和红色的野枸杞。

在进入西口古道前，先要经过一座小桥，名为通顺桥，建造年代不详，据文史资料记载，光绪二十二年（1896年）被洪水冲毁，光绪二十四年（1898年）重修，现存为清代遗构。桥呈南北走向，为孔石拱桥。拱顶上置扇形石匾一方，上刻"诵顺桥光绪戊戌年重修"。桥长14米、宽4.3米，拱券跨度2.46米、高2.3米。桥面中部拱起，块石铺面，现仍在使用。

从"诵顺桥"改为"通顺桥"，我想，一是"诵顺"的近义词是"通顺"，二是人们总是祈盼"走出西口，通通顺顺"，所以小桥改名为"通顺桥"。通顺桥灵巧隽秀，是西口古道的起点，走西口的人一过了桥就表示着已离开了故土，远走他乡。当年"妹妹送哥哥走西口"就是从这座小石桥上过去，一直送到"大路口"的。只有站在这个桥上才能体会到什么是悲欢离合。

在新建大门楼的西侧曾经还有一座桥值得一提，这是一座非常独特的桥，叫万全桥，现仅存遗址。穿过杀虎口的苍头河曾称为树颓水、兔毛河，明初河上曾建桥，常遭水毁，岁修岁溃，夷骑长驱多从此入。此桥一段（断），数百里之垣皆段（断）。尤其冬春季河上结冰时期和枯水期，敌骑更是如履平地。

万历年间，兵道张维枢上奏《请修兔毛河桥祥议》：建桥"东西长三十丈，中设瓮门九，窑十八洞，两头各建砖楼一座，神祠三间"。俗称九龙洞桥、兔毛河桥，可谓"万里长城第一桥"。瓮门指桥中间的九个大拱洞，窑指两侧各九个小拱洞。可惜现已无存，只能在遗址前追忆、在博物馆的图片上欣赏它的风采了。

沿着坎坷不平的石板路前行，这便是西口古道的官道，虽然有些简陋，但依稀可见当年的车迹辙痕。凹凸不平的石板路宽度可供一辆马车和几位行人并行。我漫步在古道敞路坡上，突发奇想，这条战道上成就了多少英雄豪杰呢？战国赵孝成王元年（前265年），赵国就派重兵驻守雁门一带，史上著名大将李牧曾多次从这里出击，攻败匈奴的进犯。汉代大将卫青、霍去病、李广也曾从这里挺进大漠，驰骋疆场。清康熙平定噶尔丹叛乱的兵马就是从这条路浩浩荡荡出发，通过"杀胡口"杀向关外平乱。

遥望古道尽头，通向塞北的西风瘦马、夕阳西下的古道，曾经是一个荒无人烟的战场厮杀地，演绎着烽火硝烟、剑戟刀枪的搏击和马嘶人亡的悲壮。如今，秋风瑟瑟，秋雨潇潇，古道犹在，却已物是人非。这里既没有了连天的烽火，也不见了守城的军民。只有残存的古堡、路边的老桥、残屋在秋风中述说着一段又一段战争的往事，而我在此重蹈古人的足迹，感受着他们的脉动。

### 第13站

## 偏关文笔塔

2021年9月16日

山西偏关文笔塔

　　每一个地方，都有自己特有的标志性建筑，那是地方的灵魂、地方的坐标、地方的主题。偏关县的标志性建筑自然就是文笔凌霄塔，简称文笔塔。而我去年探访偏关长城时却与文笔塔擦肩而过，因为我认为偏关的历史重点应该是边防重镇，晋之屏藩，在它的历史回放中，主旋律应该是刀光剑影、滚石檑木、人啸马嘶，怎么可能和一座叫文笔塔的建筑联系起来。于是，观偏关古城楼，游古城，探访虎头墩后便驶向了老牛湾望河楼。

　　今年计划探访山西外长城，第一站为偏关丫角山。从吴忠上京藏，走荣乌高速，全长700公里，早8点出发，全程冒雨前行。到偏关已经傍晚且还在雨中，无法上山，进入偏关县文笔大街住宿。而文笔塔就在隔壁，应朋友相邀早起一小时同游文笔峰公园。

公园入口在偏关宾馆门口前的广场上，清晨时分，广场上游人很少，向山上遥望，一条笔直的上山石梯道通向山顶，山顶上文笔塔凌空拔地而起，犹如一支巨大的文笔挺立于大地之间，笔尖剑指苍穹，呼光唤影，孤高迷离，婷婷伟岸，彰显着一种笔破长空的非凡气度。

公园门口首先映入眼帘的是耸立山门雕刻精美的两座石柱，古朴的文化气息扑面而来，图案有祥云、动物及丰收谷物，展示偏关自古悠久的历史。墙壁上有一幅大型浮雕，图案有长城、烽火台、战车等，展示偏关为历史上兵家争战之地。

历史上偏关就是军事重地，一个偏字显示出它独特的位置，因地控西北，近逼河套，与漠南仅一水之隔，此地历来战火纷飞。同时，它又是宣大门户，延绥通道，故历代王朝十分重视在偏关布防。早在五代北汉乾祐四年（951年），就在此处建立了兵寨。明代，全国设九边重镇，其中太原镇就驻防于偏头关。历史上一直把偏关与宁武、雁门合称为长城外三关。史载明武宗朱厚照视察偏关时，曾言："此偏头关，创之不易，守之为难。"

然而，就是在这样一个血迹斑斑的古战场上，却有一个文化的标志——文笔塔，显得似乎与这个曾经用鲜血洇湿的土地不适宜。在那个尚武轻文的情况下，当时的戍边将士，包括被战争席卷进去的偏关臣民在无休无止的打打杀杀中，建塔立志，他们想要寻找什么？等待什么？这就是我们上山观塔要找的答案。

令人生畏的是山太高，石梯道太长。当地老人说从偏关宾馆门口走488个台阶，旁边的老人有说走518个台阶。我没有确定准确的数字，既来之，则上之，感觉一气攀登会有困难。但是还好，在攀登过程中，台阶不是一直不歇地通至山顶，而是在四五十或七八十个之后，出现一个大的平台，让你在苦和累之后，总能喘一口气，稍作休憩，再行攀登。

平台上也不寂寞，安装的灯饰内装贴着偏关古八景、历代名人的诗文笔墨画图，向游人介绍着偏关的美好景致和历史文化。石梯路两侧园林中成排的松柏、碧绿的草毯，让人有回归自然、田园般的和谐享受，山下公园内那些新建的亭阁、长廊，既典雅又古朴。美景使人忘记了劳累，不长功夫便到了山顶。

登上山顶。仰慕的文笔塔一下子就矗立在眼前。这历经三百余年而不倒的历史巨笔，是那么古朴神奇。它依山而建，气势恢宏。它始建于明天启元年（1621年），是一座七层砖石结构的八角雁塔。崇祯八年（1635年）加高四层，共十一层，康熙十八年（1679年）重修，上书"文笔凌霄"字样。为砖石结构、八角形楼阁式。基座二层塔底部周长29米，塔高35米，外观形似文笔，从二层开始，每层四个窗洞，窗内壁隐筑楼梯。经200余年，文笔塔饱经风雨，剥蚀倾颓。当然到了如今太平盛世，国泰民安，文笔塔被重修后焕然一新，重新焕发了生机，为偏头关一大景观。

我们去年走长城到河曲县参观了河曲的文笔塔，该塔与河曲的文笔塔不同。河曲的文笔塔为实心笔状塔，而偏关的文笔塔全名为文笔凌霄塔，且为空心层级塔。河曲的文笔塔为清朝年间修建。而偏关的文笔塔则为明代建造。在这里我专门查阅了塔的资料：古塔是现存最多的建筑文物，大多都经历很长的历史时期，最早的塔是供奉佛骨、佛经的高耸建筑。随着佛教在东方的传播，逐步建起了许许多多塔形建筑，建造形式成多样化，赋予它的内涵也随之增加，兼有镇灾辟邪和特殊文化寄托之功能。老的府县几乎都有至少一座古塔，基本上都成为当时的地标性建筑，这也成了一种特殊的文化现象。每座古塔都有其不同的名称，代表建塔时期该地域的一种文化期冀，重名的也有但不是很多，然而有一塔名却例外，那就是"文笔塔"。有人统计在全国以文笔命名的古塔达到了138座，这实属罕见，也从一个方面揭示了人们崇尚文化和和平的基本价值取向。

从偏关文笔塔历史上的修建，也能说明这个问题。因为维修它的不是文人，而是一个武士。清咸丰七年（1857年），乡武士张秉全募化9000元，下余不足部分，张一人倾囊乐输加以维修。偏关县《古碑文集》记载："有武生张秉全者，意欲缉补而重修之。虽有是心，未敢造次，于是商榷于予……"我查不出张秉全的履历，但从他的作为来看，他虽是武生，一定颇有儒生风范，雅好读书，能修建培风脉、纪地灵、壮人文、正风俗的文峰塔，便在偏关县的历史上也青史留名了。

此塔位于县城东二里许的山梁上，俗称塔梁。塔坐东向西。前面说了，建塔是为了祈祷文运昌盛。所以古人建塔的位置很重要，为什么在县城的东南方呢？相传这与风水有关。古风水说人文不利,不发科甲者与甲巽丙丁四字方位有关,巽位则吉地,立一文笔峰高别山即发科甲。由于一般建在东南方也就是巽门,所以又叫巽峰塔,依山傍水临城是这种塔的绝佳位置。所以,偏关文笔塔都符合古风水的理论。

有道是,巽为风,风相随无所不顺。偏关文笔塔的奇妙之处在于,每到春分、秋分之时,太阳从东方升起,塔影正好在偏关城西山"虎头墩"上,太阳徐徐升高,塔影便移到偏关城西的偏关河,暴露的煤层将河映黑,恰如一池墨汁,塔影映于河面,似一支如椽毛笔吸吮浓墨,当塔影又逐渐映向偏关城之时,"虎头墩"成了笔架,偏关河为墨池,偏关城就是砚台。

还有一说,在每年的夏至这天清早,太阳一出山,文笔凌霄塔的塔尖会被照映到关河一支流水域里,称之为"洗笔"。到冬至这天清晨,随着太阳的出山,塔影又会被照映到偏关县城古楼上,称之为"蘸砚"。试想,在一年四季四个重要的节气春分、秋分、夏至、冬至时,"文笔凌霄"都产生奇特的自然景观,它所蕴含的哲理不是一般人所能认知的。中华文化博大精深,只能慢慢地学习体会了。掐指一算日子,离秋分只有几天时间了,本想一睹这神奇的景致,但团队的人要赶回去过中秋节,只好以后等机会再观了。

在塔的不远处,矗立着大儒先贤孔子的圣像。偏关人将中国优秀的传统文化艺术融入文笔塔上,赋予了文笔塔丰富的文化艺术内涵,以文笔塔之良好寓意引导大家尊重教育师祖孔子,重视教育,崇尚文化,使之成为培育学风、教化子弟努力学习以体现偏关尊师重教的良好风尚。祈祷偏关儿女每年考出好成绩。十年寒窗下苦功,一朝金榜题名时,出人头地耀祖宗。文笔塔寄托了多少偏关人的殷切期望!多少学子由此鱼跃龙门。它见证了偏关在起伏跌宕的年代,仍然崇文重教的坚守与坚持。反映了偏关先贤"文官提笔安天下,武将挥戈定太平"振邦兴文的美好心愿,寓意深远。

这里是全城的制高点,俯视全城,偏关城区的繁华亦尽收眼底。登此山既可俯视关河,又可远眺群山优美风景。清代诗人陆刚诗曰:"巍巍雁塔峙山巅,奎壁光腾映九天。沫泼黄河翻作浪,砚平紫塞润成天。雨挥电雷龙蛇舞,晴点星辰蝌蚪悬。谁是兴酣摇玉岳,巨灵神手满云烟。"

山西偏关文笔塔景区

　　文笔塔在偏关人的心目中，义重于形，它不单是一座真实可触的古塔，更是偏关人内心深处骄傲与优越感滋生的精神载体。岁月如梭，时光荏苒，睿智的先人用汗水和智慧铸就了文笔塔，历史也为偏关积淀了丰厚的传统文化宝藏，现代人把文笔塔视为索取智囊聪慧的净土，视为教人育子的精神源泉。文笔塔，已然成为偏关人继承传统的精神依托圣地之一。

山西偏关红门口地下长城

## 偏关红门口、水泉营、地下长城（一）

2021年9月17日

　　早游文笔塔公园后，便按计划导航丫角山下的柏杨岭村，当车驶出县城20多公里时，一丁字路口的一块大石碑引起了我们极大的关注。停车细看：红门口地下长城景区。向左15公里。地下长城？没听过。好奇心骤起，既然不远，便向左拐入探访一番了。

偏关县红门口地下长城景区位于水泉乡水泉村，水泉村古称水泉营，始建于明朝成化二年（1466年），是长城红门口的驻军堡，红门口是长城要塞，水泉营是镇守红门口的游击将军署，号称"三关前哨"。当地人说：水泉之紧要，在鸿门；水泉之名满长城内外，也在鸿门。红？鸿？脑子有点乱，原来古时叫鸿门口，后来写成红门口。

为什么起名鸿门口呢？据说每年春季南方大雁飞临鸿门口上空时，一圈圈反复盘旋鸣叫不肯飞离。当地人说大雁飞到鸿门口是飞一千里后退八百里。秋天时又经鸿门口越冬南方，鸿门便因此得名。我就在想，古边防人为什么对鸿雁如此情有独钟？前面我们刚游过雁门关，这里又叫鸿门口，想想，守边战士一年又一年望着南归北回的大雁，当然会生出数不尽的乡愁与相思。

唐代诗人钱起看到眼前飞过一行大雁，感慨道："帐望遥天处，乡愁满目生。"连汉武帝刘彻都不禁高声吟唱到"秋风起兮白云飞，草木黄落兮雁南归"，何况连年在这边关将士，用鸿门口的名字诠释了范仲淹的《渔家傲·秋思》："塞下秋来风景异，衡阳雁去无留意。四面边声连角起，千嶂里，长烟落日孤城闭。浊酒一杯家万里，燕然未勒归无计。羌管悠悠霜满地，人不寐，将军白发征夫泪。"

弄清楚名字后，知道红门口关隘紧要又誉满长城内外，当然首先探访红门口遗迹了。穿过水泉堡下的209国道，向前行约1公里在一"之"字形的公路上，迎面横在路上方的标语：驶出山西，欢迎再来！后面一个蓝色的标牌：内蒙古界。这里联结着山西的水泉和内蒙古川峁上两个村，据查，由呼和浩特至山西省阳方口的公路纵贯红门口南门，这个分界口应该就是古时的鸿门口关隘的南门了。如今古红门口建筑已荡然无存。

走长城，不只是用心去读领略其中的真谛，还有置身山水之间，呼吸清新的空气，感受"行至水穷处，坐看云起时"的潇洒与快乐。此时快到初秋，对面山上横立着几座烽火台，有圆形的，方形的；有的相聚在一起，有的隔山头而望。山下高粱、玉米已经成熟。山腰一层层梯田，谷子金黄，围绕着仙态神姿的烽火台。这山清水秀壮美的长城景观惊得朋友欢呼起来，他们拿着相机拍个不停。有时想想，走长城何尝不是人生乐事！美哉！快哉！

红门口曾经还有一个名字,叫明长城大同镇关隘。山西镇长城,东从丫角山来,攀上山巅,过红门口,西延至黄河岸边。红门隘口在偏关东北40余公里,为通往内蒙古之要隘,古称厂沟,这里旧无隘险。据《山西通志》载,红门口于"明宣德九年都督李谦以沟通塞外,建敌台、桥洞一座,外边设墙一道壕堑、品窖三层。万历二十六年(1598年)兵备道赵颜增左、右双翼砖台"。说的是,1434年都督李谦因其沟通塞外杨家川,大路平阔,不易防守,乃在红门口创建一大望台,外设边墙一道,拨兵28名,常年望。1598年兵宪赵彦复修,并增筑左、右翼台。

今赵彦复修的大望台尚在,位于红门口外,砖砌,俗称"红门楼",门楣上镌刻有"万历二十六年修筑"字样。楼内有窑九洞十八,俗称"九窑十八洞",并置有火炕和外通烟囱,今已倾圮。红门口北还有一座土筑方城,方城城外有敌楼和烽燧数座。

红门口还有一个名字,叫红门市。亦称红门口互市,位于明长城脚下,这是一处重要的贸易市场。《绥远省调查概要》称:"红门口在偏关东北(近)九十里,前明通市处也。"这座城堡就是当年明蒙互市的场所,故一称"红门市"。明后期,明王朝同蒙古地方政权经过谈判达成互市协议,互通有无,以加强经济联系,这就是著名的"隆庆议和"。

协议规定在宣府、大同、山西三镇长城沿线开辟互市场所多处,红门市就是其中之一。议定每年互市一次。还在靠近土默特和鄂尔多斯的地方进行每月一次的互市,称作"月市"。通过互市,蒙古族人民以牲畜毛皮换回粮食、布匹等生活用品,既促进了蒙汉人民的经济交流,又加强了地方政权与中央政府的联系。

红门口及长城沿边其他互市开放以来,明万历《宣府镇志》对此评价:长城沿线"六十年来,塞上物阜民安,商贾辐辏无异于中原"。而《宁武府志》形容红门口互市是"每到交易时,这里人嘶马喧,人来车往,帐篷遍布,胡汉杂处,热闹非凡"。汉蒙和谐,边市兴旺景象跃然纸上。

当你了解了红门口的历史,你就会感知什么是长城。长城,在军事家眼里是防御工事,在社会学家眼里是民族融合的象征,在经济学家眼里则是民族间贸易往来的重要枢纽,在我眼里就是集历史知识和大好河山为一体的学习历程。从这个意义

山西偏关水泉营城楼

上说，长城是人类文明的标志。

　　鸿门关隘既然这么重要，当然要有重兵把守才行。所以在鸿门口以南 1000 米（北至边墙二里）的山梁上设一军营——水泉堡，因该地泉水旺盛而得名。它是红门口地区的重要驻军营堡，并设有鸿门口游击将军署，号称"三关前哨"（山西外三关雁门关、宁武关、偏头关），始建于明成化二年。现在的位置在 209 国道和长城一号旅游公路相交的西北角的山梁上，山底下有块平地立有水泉堡练兵场。

　　水泉堡既然号称"三关前哨"，其地位的重要性在于"最当虏冲"，背靠长城与北方蒙古族呈胶着状。在漫长的明长城防御线上，万里长城自东向西蜿蜒而来，在水泉堡北山绕个大弯，又向西去。水泉营堡的两道城墙，是水泉堡的东西堡墙，与山顶上连缀的烽火台，是万里长城的外长城。长城以西，即是水泉堡村，属山西省。长城以东，叫川峁上村，属内蒙古自治区呼和浩特市清水河县北堡乡。

　　从 209 国道上能够看到水泉堡的南门城楼。新修了一条步行小道可以登上古堡。首先见到的第一个古建筑是半山腰的一个戏楼。这个上演了人间活剧五百年的古戏台，现在已经翻修一新，它坐落在原来的古道上，底部为门洞，上部为小戏台。

山西偏关水泉营古戏台

  2020年的春联依稀还在朱红的立柱上，右联为"推进水泉新农村建设"，左联为"整合红门古文化资源"，横批是"欣欣向荣"。这副对联寄托水泉村民的向往。

  穿过戏楼上到南城墙下的寺庙，路旁摆着两个石狮，石狮面部已残破不堪，这应该是明朝旧物。从背部那些精美的雕刻来看，石狮的面部也应该是威严与神圣，栩栩如生。作为辟邪驱恶、镇宅祈福的吉祥物，五百年前严阵以待敌人的侵犯。经过日月的磨难，两个石狮虽然面目全非，但还坚持地守着城门，叫人肃然起敬。

  向右一拐便是城楼正门对面的照壁，历经五六百年沧桑，墙面泛金黄，古色古香，但顶上戴的琉璃瓦，却是新安装的。壁上四个红色大字"祥光注照"。

  旁边立一汉白玉石碑有文字介绍：南门照壁，始建于清初，有碑文记载，光绪十二年驻水泉将领干总殷绿看到南门外照壁年久失修如塌毁，从城门流出的水会冲向城门下几十户人家，殷公组织水泉营所属老营、滑石、草垛山、五眼井、奈何堡、将军会等堡军事将领捐资重修了照壁正面镶嵌砖雕"祥光注照"四字，殷公本人施钱五千文。公元二〇一〇年乡政府组织维修。

  令我惊叹的是落款为摘自水泉村志。一个偏远村子竟有村志，可见山西的历史文化有多悠久，文化底蕴是多么深厚！

# 偏关红门口、水泉营、地下长城（二）

2021 年 9 月 17 日

  修葺一新的水泉堡正门。匾额仍然刻"水泉营"。与正门相连的南墙，砖虽破旧，却巍然不倒。右边与之相连的石墙显然是近年来新砌的。

  门旁边也立一块花岗石碑文："水泉营堡明宣德四年太原镇总兵李谦建水泉与桦林滑石同为偏头左中右三营宣德九年扩建初为土堡周二里零一百二十步高三丈五尺万历三年岢岚兵备副使蔡可贤主持砖石包砌并书写南门水泉营石匾万历二十四年兵备道赵彦乐附堡二十八年砖包主附堡共计周三里余。"摘自明万历癸卯《宣大山西三镇图说》。碑文没有标点符号，阅读时要耐心仔细才是。

  既为重要的名堡，史料定多有记载，我查了下资料，明、清、民国均有记载。据《方

山西偏关水泉营街道

舆纪要》卷四十河曲县记载：水泉营堡"明宣德九年置，万历三年增修，周二里有奇。二十四年又创筑附堡一座，二十八年增修。一面连旧城，三面周一里零。其北为红门隘口"。

据《清一统志·宁武府》记载：水泉营堡"在偏关县东北六十里，北至边墙二里。明宣德九年筑，广三里一百七十步，北至边墙二里。为明、清时通北要地。明设营于堡城东。清初设游击防守，乾隆二十八年改设守备于此"。

据民国四年（1915年）增订版《偏关县志·兵马志·营堡》记载：水泉营堡"明初置防守官兵五百名。隆庆三年（1569年）改设守备、中军、把总各一员，益其兵为一千名，马驴三百匹头，所辖边长三十六里。崇祯八年改设参将，以马站堡游击全营兵二千五百名守之，置中军、千、把总、坐堡官、防守官各一员。至明末，全营犹存兵丁一千一百四十名"。

从历代记载来看，为守红门口关隘及周边长城，水泉营不断增修，驻防官兵不断增多，从初建时28名士兵的小望台到全营兵2500名守之的边关要地，主要是它"最当虏冲"，经历了不少的战争。

嘉靖四十三年（1555年），蒙古部族由水泉犯偏头，大掠神池、五寨。第二年秋，俺答由丫角山至老营；别部由红门口入，杀掠甚众，及于保德。隆庆元年（1567

山西偏关红门口烽火台

年）俺答数万众三路入寇。东路由井坪、朔州破阳方口，抵宁武关；中路由老营，西路由红门口，长驱直入，官军无挡。隆庆三年（1569年）八月，俺答入寇时，奸民赵全为虏向导，自好汉山攻入老营。以上蒙古部族四次入犯，三次都从红门口打入。可见，嘉靖末、隆庆初，红门口水泉堡战事有多频繁、多激烈！嘉靖一朝四十五年（1522—1567年），是蒙古部族进攻大明最猛烈的时期。俺答汗自从嘉靖九年（1530年）取得偏头关草垛山围困战大胜之后，不断突破明边入掠。水泉堡的地位不断升高，防务当然要逐年加强起来。

穿过南门楼便进入古堡为了，现在是水泉镇所在地，街道窄小，街面的铺房是山西窑洞风格，底部绿石，白墙灰瓦。红色标语不时出现。看样子是为了发展旅游刚刚整修一新，街道干净整洁，村民善良热情，指起路来认真负责。在搜集古堡历史文化时，村民讲了这样一个故事：水泉堡的传说之老爷腿粗。

由于水泉堡是块风水宝地，所以许多人都抢着到这里做官，就连皇帝的亲戚都不例外。传说，光绪帝听到水泉是个聚宝盆后，便派他的舅舅到水泉堡任守军守备。目的就是借机发财。临走时，光绪帝特地赐给他舅舅一件四爪龙马褂。

按理说，水泉堡守备，是个很不起眼的小小职位。可要是皇帝的舅舅当这个守备，那情况就大不相同了。有一次，大同镇总兵到水泉堡视察，其中，就有一项阅兵仪式。阅兵仪式在水泉堡的校场坪举行。按一般的规矩，水泉堡的所有人马，都到了校场后，总兵才到。可是，这一次却截然不同。总兵和他的随从早已到了校场，守备却迟迟不来。已经看了一阵士兵的操练，见守备还没有到场，总兵便派人去请守备。可好一会儿，守备还是未到。

总兵忍着火气，问守备的部下："你家老爷怎么还未到场？"这位部下回答说："我家老爷的鞋子太小，穿不上去，所以不能按时到场。"总兵冷冷一笑："我看，不是你家老爷脚大，而是你家老爷腿粗。"

从这个传说故事里不但能看出水泉堡过去的军事地位，它的政治地位也是相当高的，水泉堡的人到现在都在自豪水泉堡曾经辉煌的历史。对我来说，想看看这个明代游击将军署衙门是个什么样子。一打听，说在水泉镇政府的上面，那里就是地下长城的景区。

到了镇政府门前，外墙上挂一"明代游击将军署旧址"。看样子将军署如今是镇政府办公地了。往北上坡约 50 米左侧一个院子便是地下长城进口，门处墙上贴着一张因疫情"关于红门口地下长城临时关闭的通知"，时间是 8 月 5 日。我们只能在院子里参观了解地下长城的历史由来了。

20 世纪六七十年代，响应毛主席"备战、备荒、为人民""深挖洞，广积粮，不称霸"的号召，水泉堡成为原北京军区"长城沿线战斗村"建设工程之一，明代地上长城搬到地下，成为现存全国规模最大的战备地道。

当时，战备地道分两期挖掘而成，第一期（1968—1969 年）是水泉民兵和当地老百姓全民动员挖掘土洞，长度约为 4400 米；第二期（1970—1980 年）由县人民武装部指挥，利用原先的部分土洞，完成了后来的砖砌地洞，长约 4500 米。当时战备地道挖掘由全县 15 个公社的民兵一月轮换一批施工，断断续续历时 13 年，总长约 8900 米。

水泉战备地道的主体功能是藏运兵员，设有指挥部、供粮处、医疗室、饮水源、瞭望台、会议作战室、伙房、广播站等设施，上下三层，出口众多，四通八达，又因为其主体部分由明长城砖砌成，更增加了历史文化价值，在全国现存战备地道中首屈一指，名副其实。

在明代游击将军署侧院库房的第三间房内，工作人员给我们指说那里面有地道口，院内有红门口地下长城碑记、修建地下长城雕塑组像、八路军将士的塑像、男女民兵站岗的塑像、古代戍边将士的塑像等。据介绍，当年修地道，就地取材，拆毁了附近长城外围的砖石。直到 20 世纪 70 年代末，驻军才撤走。

目前，战备地道改造完善 2600 米，适合开放的有 1650 米。战备地道虽然现在已经被开发成了旅游区，但对于这项工程的历史以及作用，依然可以纳入城乡发展一体化进程，纳入生态文明建设，纳入应急管理服务体系。构筑好人民防空的"地下长城"，为国防建设和经济社会服务。

红门口、水泉堡、地下长城，在古代是阻止蒙古部族入侵的"前哨阵地"，在抗日战争时是抗击日寇的"前哨阵地"，它的历史文化价值将永远保存下去。

## 第15站

## 长城一号线马头山、好汉山

2021年9月17日

山西长城一号线马头山、好汉山长城烽火台

　　从水泉堡下来，我们无意中发现山西长城一号公路偏关段就在眼前，标示直通丫角山方向。真是踏破铁鞋无觅处，得来全不费工夫。于是，我们沐浴着初秋和煦的阳光，踏上了偏关县"长城一号"旅游公路。

　　偏关县"长城一号"旅游公路全长80余公里，起点位于老牛湾东侧，从西而来到达水泉营。然后再经小元峁，过马头山、好汉山首墩，爬上丫角山。与我们此次走山西外长城的计划线路基本相符。

　　先说下"长城一号"旅游公路，它的建设标准为山区三级公路，路面宽度7.5米，路面采用全覆盖沥青混凝土面层，路两边留有方便骑行游客的骑行道。中线为黄，边线为白，自行道为绛红色，两侧种的波斯菊、格桑花，有些段落种着油菜花等，十分漂亮。

旅游公路沿着长城主线基本贯通，路况非常好，但来往车辆极少。对于长城"发烧友"的我们来说，静静地行进在这条线路上走走看看，来感受这段长城厚重的历史，去领略山西长城的浑厚与苍凉，真是难得的时光。

刚进山路，山势缓慢上升，而长城随山势盘旋而上，在崇山峻岭间蜿蜒，犹如一幅壮美画卷。小元卯段长城烽墩一个接一个地不断出现在公路旁边的山丘之上，在初秋丰硕的田野之上，显得更加美丽雄壮，一个烽墩一个美景，吸引着我们走走停停，爬山欣赏。

在这段长城上，有三种形态的墩台：方形墩台基本上都是骑墙而建；带围院的圆形墩台则修建于长城内侧十几米，形似北京涮羊肉的"铜火锅"；还有一单独的圆形墩台，高耸于制高点上。三种形态布局严谨，层次分明。长城从一个山顶下山、上山蜿蜒在山岭之间，每个山头均有数量不同的烽墩从近向远伸向远山的天际。

综合史料记载，这一线长城始筑于成化，完备于嘉靖中期。万历年间，又对该段长城进行了包砖包石。《宣大山西三镇图说》载，万历时边墙"依山而就，外虽高耸，内实卑薄，山头障蔽，声信难通"，所以"陆续议修，加帮高厚，又增建空心砖楼，土墩数座"。据报道：文物工作者在抢修加固时棫木塔村山上的小元峁1号敌台中发现了修建边墙"城工碑"残碑，所载内容同前面史料记载基本吻合。

再往前行，路牌出现马头山烽火台字样，只见山顶出现一幅难得的长城壮观场景，惊喜中大家停车欣赏观望，在红色的秋草衬托下，密集的长城烽墩布满山坡，粗数之下竟有十四五个之多，长城千回百转，烽墩相间，堡寨静谧。

忻州新闻网报道时是这样描述的：此地长城墙体纵横交错曲折环互，蜿蜒于山脊，迷离若龙蛇横卧。烽堠墩台林立，密密如点棋局，洒铺于群山之间。在多若繁星的烽台中，最有魅力的是马头山首墩，坐落于马头山的制高点，为高约10米的圆台形建筑，黏土夯筑，虽未包砖但十分坚固，数百年风采依旧。

它是长城内侧陪伴方墩的系列圆台中的一座，但此处的地形是长城和方墩在其山脚，圆台坐于山峰，首墩比长城墙体和方墩高30余米。脚下的方墩是一座花楼，是北向两个箭窗、东西各一个箭窗、南向一个门洞的十字穿心结构的小型空心敌楼。首墩因坐落于最高峰，脚下群山连绵，所有长城墩台尽收眼底，是此段长城防御的指挥中心。马头山尽管地处山脊，但是是重要的军事隘口，经历了许多战事。嘉靖十五年（1536年）八月，俺答分道从马头山、红门口入寇，合兵南掠。

马头山的墩台为何如此密集呢？据长城专家分析，马头山山势平缓视野空旷，利于攻而不利于守，所以，为防守需要墩台距离很近。守军在山脊的长城防御中排布有不同的火路，虽说密集乱布但自有规律，墩台间各自有传递信息的"上下线"，亦有布局交叉火路的说法。

马头山长城距小元峁村最近，是偏头关二边长城中最为壮观的一处，也是偏头关长城最有代表性的一处，有偏关长城的八达岭之誉。马头山因山形似马而得名，它位于内蒙古凉城县与山西省新荣区、左云县交界处，它的主峰在明长城的外侧，形似一匹卧于苍茫大地的骏马，身向北，头朝南，昂首问天。

这么重要的大山为什么雄踞长城之外，而没有圈在长城之内，这里还有一个传说。据说秦始皇在修筑山西与内蒙古之间的长城时，共修了三道长城。当地的老百姓把这三道长城叫作三道边。那么，秦始皇为什么要修筑这三道长城呢？

相传，秦始皇在筑好第一道长城后，他手下的一位大臣巡边时发现，把一座雄峙内蒙古山西的大山——马头山圈到了内蒙古一边。这座山从远处望去，犹如一匹整装待发、英俊雄壮的马头，所以人们便给它起名为马头山。巡边大臣在马头山下站立良久，回去后向秦始皇禀告说："吾皇万岁！雁门郡北部一段长城把一座马头山围在边外，臣以为有些不妥。此由拔地而起，乃军事重地，如若把它圈在长城之内，居高临下抗击北方敌寇，必能使这一带边关居民安居乐业，四方平安。请吾皇定夺。"听了他的话，秦始皇一声令下："速速修筑第二道长城，把马头山圈到长城之内！"

很快，第二道长城筑起来了，马头山圈了回来。可就在筑好它的第二天，人们一早起来，便惊奇地发现，马头山又移到了长城之外。秦始皇得知后，大为震怒，又下令修筑了第三道长城。不料第三道长城刚一修好，马头山又移到了长城的北面。当消息再次传入皇宫之时，秦始皇无可奈何地说道："天意难违，非人力所为。"

可见，骏马是离不开生它、养它的草原的啊。据传马头山是匹名马的化身。从秦始皇筑长城时起，天下的名马便都出自"天苍苍，野茫茫，风吹草低见牛羊"的内蒙古大草原。马头山如一匹整装待发的骏马，雄踞长城之外。

观完马头山长城，继续沿路慢行一段路程后，路边出现前方200米好汉山首墩观景台指示牌。下车观察，停车场新建，场内立一设计新颖的标牌，艺术造型非常别致。咖啡色，上方当然是长城垛口状，下匾：偏头关。正面白字竖写：好汉山首墩风景区。侧题小字：明代·外长城·极边（明长城分为外长城和内长城，外长城又称大边或极边，它曾经是农耕文明与游牧文明的分界线，如今又成为山西与内蒙古的省区界）。右侧有条刚修好的条石小路通向山顶，山顶上有一烽火台耸立在蓝天白云之中。

坐落于山巅的好汉山首墩是好汉山长城段的制高点，海拔1650米，墩为一座规模宏大的实心砖砌敌楼，长、宽各15米，高12米，东侧砖石被扒，夯土裸露。从裸露的抛面看出内筑夯土，外砌石块。北墙面已经被扒一半，剩余西南墙保存尚好。

首墩高大结实，从断墙侧面目测，包砖厚度有1米左右，这在长城烽墩里面也不多见。史书记载，永乐十一年（1413年），皇帝朱棣敕喻大同镇守吴高等于边界修筑烟墩，作为预警，要求烟墩高五丈，四围城高一丈，外开壕堑、吊桥、门道，上置水柜，暖月盛水，寒月积冰。每墩置官军31名守护，以绳梯上下。

从朱棣的要求来看，当时修筑的烟墩巨大，同时还有堡墙包围，一个烟墩实际上就是一座墩堡。从储备和人数来看，烟墩不仅具有预警功能，同时也具有防御和作战功能，一座烟墩就是一座对敌作战的堡垒。这个烽火台是不是按皇帝的要求所建不得而知，但如此规模质量，应该是坚固无比的。

站在首墩上，左右长城墙体与各墩台历历在目，明代好汉山长城防御段落的指挥中心，现在是观赏外长城极边的最佳位置。西南方向松林茂密，长城在绿色的山脊上蜿蜒，这样秀美的长城在山西长城中并不多见；东北方向，山无树木，一望无极，长城墙体连绵的曲线、优美的造型，加上错落有致的墩台散布，真感叹为观止、心旷神怡，顿生"不登长城非好汉，不来此处真遗憾"之感。

提起"好汉山"的名字，我原想是源于毛泽东的那句"不到长城非好汉"的诗句。其实不是，它的名字自有来历。好汉山是明清时期的古地名，现已失其所在，但好

山西长城一号线马头山、好汉山长城烽火台

汉山之名的来历传说却一直流传了下来。

好汉山南北走向，紧邻长城，山不伟岸，其名在外。它是为纪念明代一位修长城的砖窑工，因其累死在工地上并埋葬在此山而得名。据传在修建长城时，烧砖工匠中有位姓郝的民工，长得是脚大而身高，饭量惊人，力大无穷。在繁重的烧窑劳动中，别人挑一担泥，他挑两担，别人背一桶水而他背两桶。窑里出砖时别人背8块，他能背15块。他还常常帮助身体有病的其他工友背水、担土、背砖，整天忙个不停，因为他姓郝，所以众人都叫他"好汉"。

当年明廷规定，所烧之砖要在砖上刻上烧砖人姓名，以备检验。可好汉他们这伙工友都不识字，大伙烧好一批砖后就让好汉将他的手印印在城砖上，并取了个名字叫好汉砖。20世纪70年代至80年代，人们在长城沿线劳动时还能发现这种印有大手印的好汉砖。

由于过度劳累，好汉染上了病，一天到晚咳嗽个不停，常常咳得吐血。工友们劝他回家治病，他却摇头不肯回家。工友问他为什么？好汉说，他是孤身一人，父母早亡没有家，走到哪儿哪儿就是家。就这样，好汉带病坚持劳动。一天他背着砖走出窑口，眼前一黑晕倒在地，口吐鲜血。工友们慌作一团，赶快抢救。好不容易醒了，又说不出话来。好汉指指脚下的砖，又指指远处的长城，大伙明白了好汉的意思。是让他们好好烧砖修长城。工友们含泪默默地点了点头。好汉脸上露出了满意的笑容，然后慢慢地闭上了眼睛。

好汉死后，工友们就把好汉葬在了长城旁的山上，为了让后世的人记住他，还给他竖了一块碑，埋葬他的山就叫成了"好汉山"。好汉山，在《三关志》里有记载。2020年长城巡查员李铁柱在巡查柏杨岭长城时，在柏杨岭堡城墙上发现了印有手印的城砖。

当然，好汉山得名还有一种说法，好汉山的山体为土岭，迎敌方向的山坡又长又缓，长城内侧是沟深坡陡，易攻难守，没有战术回旋余地，守卫此山真需好汉，因此古人把此地称作好汉山。另外好汉山松林茂密，是偏头关森林长城的一个标志。

我们在好汉山贪玩儿了，下山后已到下午5点，当了一回"好汉"后，继续寻找两道长城握手的地方。这个季节夜长日短，下午6点天就灰暗。当我们行走一段路程后，发现了丫角山风景停车场。但丫角山驿站就在不远之处，想先住驿站，明早再观山西"长城结"，便向驿站驶去。谁知丫角山驿站正在建设之中，山高风冷难以扎营。为了安全只能急驶至老营堡，这一走竟与"长城结"失之交臂。

一次"长城结"的圆梦之旅，情怀之行竟擦肩而过。但探索长城的魅力本身就在于他的未知性，留点遗憾待明年春暖花开之时，再来了结"长城结"的心愿吧！

## 第16站

## 偏关老营堡重游

2021 年 9 月 17 日

为什么说偏关老营堡重游？因为去年走长城时来过，当时行进到老营堡也是傍晚，粗略观赏古堡后便要赶到偏关县寻宿，望着老营堡北山上的长城和烽火台遗憾而去。这次有备而来，带着户外帐篷，虽然也在这个时间点到达，但扎营后便迅速向北山爬去，以便居高临下观赏老营堡全景。

老营堡北山上有个烽火台极有特色，从山下仰望，它如一座虎头，眼盯古堡全景，

山西偏关老营堡

两耳高高竖起，警觉地守卫着这座营盘。特别是高高竖起的两耳烽火台，应该是偏关老营堡的标志性建筑，所以瞄准方向，向山上爬去。

爬了近 200 米的高度，这座烽火台近在眼前，它耸立在山坡之上，应该是个实体墩台，上方砌有四面围墙，目测高度有 8～9 米，南北围墙坍塌已成斜坡，只有东西两侧墙体虽已残破还坚守在岗位，保存着一点当年威武的尊严。横向西隔个沟梁上也有个烽火台，形体四方，没这个虎墩（我起的名）的沧桑残破的美。

顺着城墙上到山顶，骑墙一墩台较完整地耸立在此。墩台正南下方有人挖地洞，不知是放羊人躲雨所用还是盗洞，我所见的好多烽火台都有这样的情况。在墩台墙体之下有个石块箍的墙洞，这应该是古时候打墙时给守军留的使用的地方。

这里是老营堡的最高点，回望古堡，全城轮廓清晰可见。老营堡布局与众不同，分三部分组成：老营城、北帮城、南帮城。为什么老营堡比一常规古堡多了两个帮城呢？这要从老营堡的地形和战略位置说起。

从北山向下观察，老营堡全景尽收眼底。古堡地处关河河谷平坦处，被四周的山围成"凹"字形，离北山根仅隔十几米，现在是长城一号公路。与南山隔关河（关河现无水，古河岸有南帮城墙遗址）。城北山顶北边是古长城，长城外便是今日的内蒙古清水河县。

先说老营堡，始建于明正统末，都督杜忠筑。成化三年（1467 年），太府郑同展修；成化十二年（1476 年），侍郎杜铭置广积仓；弘治十五年（1502 年），兵宪杨公纶再展修；嘉靖十五年（1536 年），巡抚韩邦齐与兵使贾公启继续展修，城周五里十八步，纯以石料包砌，成为塞北金汤。这就是历史上著名的"三展老营城"。

现在来看，古堡平面呈东西向长方形，墙体内为夯筑，外下砌条石，上包青砖、设东、南、西三座城门和瓮城，墙外俱设马面，四角设有角楼。根据文物考察测量，东、南、西三侧有护城壕。老营堡东墙长 427 米、高 10.2 米；南墙长 887 米；西墙长 510 米，残长 484 米。

这个形制和一般的古堡是一样的，是正方形或长方形，有城门、瓮城、马面、角楼。关于门的数量民间有一种说法，四门者为"城"，三门者为"堡"，二门者为"寨"。老营堡开东、南、西三座城门，当然是叫堡了。

老营堡未建时，附近也没有修筑长城，黄河对岸的蒙古部族瓦剌此时势力正强大。尽管瓦剌当时的南犯主攻方向不在偏头关，但当时的山西总兵杜忠未雨绸缪，出于战略大势的考虑与需要，选择在偏头关东40公里的关河北岸修筑了这座老营堡，以此来消除东部防守盲点。

1449年土木之变，英宗被掳。1550年庚戌之变，蒙古部族兵临京师，北部边防日紧，明王朝更为重视长城的修筑。《读史方舆纪要》也有记载："正统末置，弘治十五年、万历六年增修。周四里有奇。"正统为明朝第六位皇帝明英宗朱祁镇的年号，起止时间为正统元年（1436年）至正统十四年（1449年）。正统十四年九月明英宗于土木堡之变被俘，明代宗即位后次年改年号为景泰。老营堡正统末置，也是形势所迫。

此时老营堡的防守，始终如临大敌、高度戒备，不敢稍有松懈。为什么后来又加筑的北帮城呢？据《边防考》："本堡设在极边，与大同接壤，山坡平漫，寇骑易逞。嘉、隆间，数从马头山、好汉山入犯河曲，是也。而堡城东北去山止数十步，敌若登山，下射城中，则守陴者危矣。此不可不虑。"

此话是从地形上来说，北元兵进攻过来，站在北坡上可以伤及至城头上的守兵。后来就加筑了北边这一圈城墙。把这个半圆形的城池叫"北邦城"。它的作用就是把防卫前线推前，把敌兵阻挡在北坡外，让他们接触不到城墙，加强了防守。而且在"北邦城"里做了三个敌台，左烽、中烽、徐家卯烽都可以驻兵。现在竖起两耳的那个似虎头墩就是左烽遗址。这样就更加加强了防守能力，老营城固若金汤。这就有了"铜宁武，铁偏关，生铁铸成老营盘"的说法。

那南帮城又是怎么建的呢？南帮城的建设是明末清初的事了，1644年，清军入关，占领老营堡，500余名八旗兵于城外另筑此城坚守。随着南方战事的结束，八旗兵入城驻守。渐渐满汉通婚，民族融合，民族矛盾缓和。因为是土筑城墙，现在东西两侧几乎无存，只有关河岸边还能看出有残墙体存在。

关河，现无水，河床石存，全名为偏关河，明朝称"官河"。发源于老营南约一里的吕红沟，流经偏关城区，在关河口村注入黄河，全长约60公里。为什么没水呢？当地流传这么一个说法：关河水干三十年，流三十年，是水母娘娘的闺女在作怪。

相传在清咸丰某年，关河水干了整整三十年。一天，老营堡赵来从朔县回老营，遇了一少妇，骑着一头毛驴。赵来问少妇去什么地方，她说去吕红沟，俩人就一路同行。赵来又问："你去吕红沟做什么？"少妇说："住娘家。"赵来觉得奇怪，当时吕红沟根本就没有人家呀，就又问："甚会儿回？"少妇说："三十年后。"赵来又问："你婆家在什么地方？"少妇说："在黄河畔。"到了黄昏时分走到老营，两人分了手，少妇果然进了吕红沟。

第二天，突然从吕红沟又流出了一股水。水一天比一天大，越流越旺，直到流满了河床。水一直流到第三十年，突然又没了。后来人们说，那个少妇就是水母娘娘的闺女。现在，这段关河又干了，人们说，水母娘娘的闺女又回婆家去了，三十年后她会回来的。

目光过关河继续向南寻视，关河的南岸便是南山，山顶似乎有两个长城烽墩建筑，一个瘦高，一个圆墩。用长镜头瞭望，最让人惊讶的是山梁上竖一石塔，问本地人说那是"石笔"，也称"文笔塔"。它的建筑材料为花岗岩石块，底部为条石六棱边塔基，上部为圆锥体状。塔身东西两侧各嵌一石匾。在笔西边不远处有一圆形土墩高台，不能确定是不是烽火台，本地人说这个圆形土台是"砚"，以笔北河谷，潺潺关河水作墨，来描绘老营堡的美好山河。

山西偏关老营堡烽火台

我们一路走来，河曲有文笔塔，偏关有文笔塔，可是那都是县城，而老营堡这个偏远的地方也有文笔塔，说明了老营堡人文化底蕴是多么深厚，在起伏跌宕的战火年代，仍然有崇文重育的传统。反映了老营堡这个用武之地不光是会打仗，他们的先贤们也有"文官提笔安天下，武将挥戈定太平"振邦兴文的美好心愿，寓意深远。

这个文笔塔是何人所建，我没看到。但查老营堡历史记载，在老营堡内，有最显要的军事世家孙氏家族。他们原籍安徽，祖上大概是随朱元璋打天下，后又跟着徐达北上，世代驻守于此，成为世袭百户。孙杰因功授予老营正千户，儿子孙吴为武进士，任协守老营副总兵官。孙吴有胆有识，不仅大修城垣，而且请建学校。在两任山西巡抚支持下，老营堡建起了庙学，城里军人的子弟，不仅个个能上马拉弓射箭，还在文墨的熏陶下懂明伦、尊君亲、养和气。这文笔塔是不是那时所修建，就由文物部门考察去吧！

看完了从北到南的地势，再看左右的战略位置，《偏关志》曾写道："宣大以蔽京师，偏头以蔽全晋"，以此说明偏头关当年的重要战略地位。而偏关的老营一带，乃山西偏头与大同平鲁之交界处。明代给事中刘东星曾疏云："老营左控平鲁、右接偏头、阳方诸口，视为耳目，最为要害。"当然，对地理不太熟的我来说为了理解便查地图。这么说，如果把联结朔州市平鲁区和忻州市偏关县两县县城之间的

山西偏关老营堡敌台

公路当作一条线段的话,老营堡正好大致位于线段的中点,即西去县城 40 公里,东抵平鲁区政府所在地 40 公里稍多点,老营则坐落在中间位置。

关河自平鲁东入,经老营、八柳树、马站、偏头、关河口西泻黄河。北虏若南下抵河川,可西犯偏头、东掠平鲁、南寇神池、宁武。所以老营堡城之设,偏头东之保障、平鲁西之屏蔽、神池北之玄武。嘉靖十八年(1539 年),巡抚都御史陈讲亦云:"三关形势,宁武为中路,莫要于神池,偏头为西路,莫要于老营堡。"

老营堡这么重要,当然是内长城中一个最为重要的古堡,从城池规模到军事建置,都是全国在县城之外建设的最大古堡,堪称中华长城第一堡。内长城,起于老营堡东北的丫角山,走到老营堡北山,南下与堡西墙相连,戛然而止;而堡正北之坡上,西北—东南走向另起一边,西北端与内长城相接,整体呈丁字;东南跨关河,越南山,连宁武、雁门二关,直抵北京。

内长城从丫角山南来,走到老营堡北山,忽然拐个弯复东去。这样,老营堡北山,实际上就有两重长城拱卫。这还不算,在堡北墙外山坡上,又专修一道岔边,把东墙与内长城连接起来,更使老营堡固若金汤。

站在北山遥望外侧内长城,天空是一望无际的蓝天,夕阳透过一朵一朵的白云,把阳光一块块地洒在初秋绿色的山岗上,更让土黄色长城清晰可见。它如同一条巨龙,一动不动地卧在远处的山顶上,警觉地休憩着,又好像随时准备跃起,扑向来犯的敌人。那一座座烽火烟墩、敌楼将台在秋风中迎风傲立,尽显险峻巍峨。

望着向东而去的长城,按资料记载内长城"东南跨关河,越南山,连宁武雁门二关,直抵北京"。长城如何过河?地点在那?带着疑问咨询本地人,他们说,堡东外长城过河时,于河床中建一座三拱石桥,俗称"三眼洞",桥下流水,桥上筑墙。可惜这一胜景古迹至今无存,无法观赏了。

宏观了老营堡的形制及山川地理的战略态势,那么历史上老营堡发生了那些著名战事呢?据当地史料载,仅明嘉靖年间蒙古俺答部就数度侵入老营堡,并以老营堡为突破口,南下山西腹地。如嘉靖十六年(1537 年)八月,俺答由平鲁卫入老营堡,一路烧杀劫掠,对老营堡的破坏尤为严重。嘉靖四十一年(1562 年),俺答从鸦角山、五眼井入犯老营堡,然后,南下直至宁武关一带。这是明嘉靖年间规模较大的几次入侵。

在整个明中叶及以后相当长的一个时期内，老营堡一直是蒙古俺答部虎视眈眈的地方，时时刻刻都想攻破。但是有"铜宁武，铁偏关，生铁铸成老营盘"之称的老营堡也不徒有虚名，它是固若金汤的。所以，俺答想到只能智取、不能强攻。

嘉靖四十二年（1563年），俺答首领用赵全计谋，欲夜袭老营堡，以汉奸张辉等诸贼为内应。就在夜袭的前一天，水泉营守备陈一言侦知此事，驰报总兵郭琥。"琥衔枚疾驰堡上，倏易置守门将士以亲丁。部置甫定而俺答至，举火为号，中无应者。叩城中何人。回郭大将军，惧而宵遁。"（《山西通志》）

我就在想，既然得知敌人偷袭，为何不设伏打他个人仰马翻呢？翻开史书看到，明王朝天下得自元朝，双方在长城内外对峙厮杀近200年，蒙古部族曾几度打到北京城下，但终究也奈何不了这个庞大的王朝，明王朝虽也几次征伐漠北，但游牧民族的特性也决定了你也怎么不了他，你来了他跑了，你走了他又回来了。到了战争相持阶段，攻守双方战力持平，老营堡固若金汤的防守，俺答对它是无可奈何的。但守城兵力也有限，反击强大的俺答部落也是力不从心的。除了敌人耍阴谋以计取胜，正常情况下是打不下老营城的。

当然，生铁铸成的老营盘是综合的防守势力，它包括城防布局、坚不可摧的城墙、足够的兵力、将军的指挥能力及军民众志成城的战斗意志等等，我已在前文偏关老营堡游记里有所记述，这里就不再多述了，只是把上次未游的地方加以补充。

## 第 17 站

# 宁武关（一）

2021 年 9 月 18 日

因对中国的万里长城的无限热爱，便对长城的重要组件情有独钟，在探寻万里长城的路上，看到每个山头的烽墩都激动地喊叫"墩儿，墩儿"，要是碰到古堡，便是欣喜若狂，碰到古关隘更是像过年一样欢天喜地，像撞大运了一般喜悦。

说来也怪，山西内长城的外三关偏头关、雁门关、宁武关，有两关都是走错路线不期而遇的。去年导航九窑十八洞时与雁门关相遇；今年导航大河堡时，鬼使神差地又到了宁武关。看样子这三关还真和我们有缘分。

从老营堡出来，本来走的是外长城线上的平鲁大河堡，导航后便驾车向东驶去。由于近两天见到了许多长城美景，同伴们在车里兴高采烈地畅谈，当过了平鲁之后便是一段在修的公路，缓慢行驶之中感觉方向不对，可是导的大河堡啊。当艰难地走出在修路段后到达一个镇子，阳方堡。好熟悉的一个名字，似乎在哪本书里见过？

仔细回想当年看姚雪垠所著长篇历史小说《李自成》，书上介绍阳方堡位于宁武以北 12.5 公里，古人称之为"宁武关口"，坐落在恒山与管涔山结合部陉口地带万寿山上，为恢河北去出山的最后一个地形隘口，是宁武关的门户所在，当年李自成就是从此进入攻打宁武关城的。难道到了宁武关了？

疑问之间车已进城，在城里一个热闹的十字路口时导航告之大河堡到了，下车巡视，大街上一个巷道门口建有一个仿古门廊，廊上标有"大河堡村"。仔细询问才知，此大河堡村不是彼大河堡村。我们要去的是外长城平鲁县大河堡村，这里是

山西宁武关城楼

内长城宁武县大河堡村，心情多少有点沮丧。

　　转眼一想，既然到了宁武关，也是值得一件庆幸的事情，因为内长城外三关我们已经走了偏头关和雁门关，宁武关也是下次计划要来的地方，不过这次机缘巧合，就先探访宁武关了。询问门前几位老人宁武关在哪？老人不知，再问路人也无人知晓，在村门口侧旁边的一个商店里，有个年轻人似乎知道一点，说我们找的宁武关可能就是城中的一个鼓楼，我们找的长城可能就是城北新建的公园，并发定位给我们。

　　在我们这些长城控眼中，外三关那是多么著名、何等威武的呀！可宁武县城的人民似乎都没有把这座关城当回事儿，什么内长城外长城，什么外三关内三关的。想来也是，在我没有对长城感兴趣时，也对这些知识不了解，怎么能怪别人呢。说到这里，也先把山西的内长城、外长城、外三关、内三关简单介绍一下才是。

　　外长城：长约450公里，由河北省怀安县延入晋北的天镇县，向西再向西南，经阳高、大同新荣区、左云、右玉、平鲁、偏关，直达黄河东岸。

　　内长城：长约400公里，由河北省涞源县延入灵丘县，向西再向西北，经繁峙、浑源、应县、山阴、代县、原平、宁武、神池、朔州朔城区，至偏关白羊岭（古称

山西宁武关城墙

丫角山）与外长城会合。

外三关：内长城沿线在山西境内设置的偏头关、宁武关和雁门关，被人们称作"外三关"。

内三关：内长城河北境内的紫荆关、倒马关、居庸关被称为"内三关"。

宁武关城楼就坐落在宁武县城中，外观为三层三檐歇山式建筑，底部为石券十字穿心洞式建筑，南北横跨在县城里的人民大街上。楼高20余米，东门洞外嵌有一石匾，上刻"含阳"二字；西门洞外也有一方石匾，上刻"凤仪"二字。洞旁立有一黑色文保石碑，上刻"宁武关"三个大字，落款是宁武县人民政府。

我围绕宁武鼓楼绕了一圈，楼的东西两侧均为居民住宅。除鼓楼自身保存尚完好外，其周边的城墙几乎损毁殆尽，仅存的几段也大多成了当地居民的院墙或屋壁，怎么也看不出当年雄关的模样了。

这就是赫赫有名的我久仰的宁武关吗？我怎么也无法将眼前这座关楼与威镇漠北、令胡人望而却步的关隘联系在一起，总觉得眼前这座建筑更像是一座旧式鼓楼。但是，一想到偏头关城楼，也是夹在闹市中的一个古楼，心里也就释然了许多。一座经历了几百年战火的古城，如今能剩一个城楼供世人凭吊瞻仰，已经是万幸了，还能要求什么呢？

为什么要在这里设关呢？这就要从宁武的战略位置说起了，宁武关在吕梁山脉北支芦芽山和云中山交会的谷口。谷口宽广，敞向北面的朔县盆地。三面环山，北倚内长城，深居于四面屏蔽的腹地，形势稳固，易守难攻。这里处于大同、朔县联合盆地的南缘，地形高亢。山西省内两条大河桑干河和汾河即源于此，分流南北。东西两面又有滹沱河、黄河的支流由此流出。因此，这里虽是山区，却具路通四方之利，交通方便。由此北上可到大同，南下可达太原。

前面说了，宁武关是内长城上的一个重要关口，内长城是保卫北京的重要防线，明朝在这条防线上，创关设堡，驻守军队。在河北境内，沿线设紫荆、倒马、居庸三关，称为内三关；在山西境内，设偏头、宁武、雁门三关，称为外三关。外三关之中，偏头为极边，雁门为冲要，而宁武介二关之中，控扼内边之首，形势尤为重要。故《边防考》上说："以重兵驻此，东可以卫雁门，西可以援偏关，北可以应云朔，盖地利得势。"

当时北方游牧民族南下，必经三关。三关中，最险要、战争最多的就是宁武关了，这是由宁武关的地势所决定的。将外三关地理位置比较后你就会发现，偏头关所守卫的地方濒临黄河。有此天险可据，想那匈奴、突厥、契丹、蒙古等游牧民族多依靠战马作为战争的主要助力，或承载运送军需，或冲锋陷阵，马匹不适宜涉水作战，只有冬季他们的骑兵才可以踏冰而过。而雁门关则为依山据险，居高临下，在冷兵器时代也是难以攻克的。

宁武关依托的是山西境内的两条河流，即汾河和恢河，而恢河是属于季节性河流，一入旱季便成了一片开阔无水的河床，当时恢河河谷可容"十骑并进"，这样的自然条件十分有利于擅长使用骑兵的游牧民族。进而此地成了北方少数民族侵扰中原的首选突破口，所以在很多历史时期，这里战争频发，几乎连年不断。

从宁武的名字来看，也是因战事而起。宁武历史悠久，地处晋北楼烦（古部落名）故地。战国时，赵武灵王曾在此置楼烦关，以防匈奴。秦汉为楼烦县地，置有楼烦关。今县南的宁化村，即为楼烦关南口；县北的阳方口，即为楼烦关北口。北魏时广宁、神武二郡先后治此，合称宁武。唐置宁武郡，始用宁武之称，取广宁、神武二郡尾

山西宁武关长城公园

字而得。在隋朝大业年间就发生一起隋炀帝被围事件。

在宁武县城西南25公里处有一风光秀美的地方叫管涔山，当年隋炀帝在此建有一处行宫——汾阳宫。大业十一年（615年），隋炀帝正在汾阳宫行乐，忽接突厥大军偷袭宁武的消息，吓得他连夜逃往雁门关。不想突厥大军势如破竹，转眼之间就将雁门郡的41处城池攻破了39个，只剩下雁门关和原平两处城池尚在坚守。突厥军的攻势猛烈，杀声震天，旌旗蔽日，声势浩大，隋炀帝一时手足无措，号啕大哭。

眼泪当然是吓不退突厥兵的，隋炀帝急中生智，一面下发告急文书要求各地火速驰援，一面给雁门守军开空头支票，允诺救驾有功者升官发财。重赏之下必有勇夫，在内外同心协力之下，隋炀帝大难不死，逃过了一劫，李世民父子也因救驾有功从而获得了隋炀帝的信任，但这也为后来隋王朝的灭亡埋下了伏笔。

从关楼出来，便寻找宁武关城遗址，县城东北部城墙遗迹明显，北部部分段落近年重修建成公园。距离不远，约有2公里路程，也位于宁武县城关镇境内。据查，关址原有新旧两座，旧关建于明成化三年（1467年），时名子城，新关城扩建于明弘治十一年（1498年）。现在，公园新城墙内可见旧城墙夯土遗迹。

宁武关是三关镇守总兵驻所所在地。关城始建于明景泰元年（1450年），在明成化、正德、隆庆年间，均有修缮。关城雄踞于恒山余脉的华盖山之上，临恢河，俯瞰东、西、南三面，周长2公里，开东、西、南三门。成化二年（1466年）增修之后，关城周长约2公里，基宽15米，顶宽7.5米，墙高约10米，城东、西、南三面开门。

成化十一年（1475年），由巡抚魏绅主持，拓广关城，周长约3.5公里，加辟北门，建飞楼于其上，起名为镇朔城，南北较狭，东西为长，关城周长七里，呈长方形，城墙高大坚固，四周炮台、敌楼星罗棋布。到弘治十一年（1498年），关城又被扩展为周围约3.5公里。城墙增高了1.5米，并加开了北门，不过这时的城墙仍为黄土夯筑，砖城墙是万历三十四年（1606年）包砌的。

## 宁武关（二）

2021 年 9 月 18 日

  万历年间，宁武关在全部用青砖包砌城墙的同时，还修建了东、西 2 座城门楼，在城北华盖山顶修筑了一座巍峨耸峙的护城墩，墩上筑有一座三层重楼，名为华盖楼。关城不仅与内长城相连，而且还在城北修筑了一条长达 20 公里的边墙。

  从建城到逐年扩建、加固维修，逐步建设成一个固若金汤的坚固堡垒。明正德

山西宁武关城楼

八年（1513年），蒙古骑兵从大同南下，进攻宁武关，企图由此进入晋中。守关官兵奋起抵抗，打败蒙古兵，保卫了晋中的安全。宁武关的创设、加固以及沿关防戍的修筑，将偏头、雁门、宁武三关连为一线，有效地加强了明朝北部边防，在相当时期内，保障了三晋人民的安全。

在城墙下面的公园内，立着一尊汉白玉雕像，身披战袍，手扶长剑，威武雄壮，俯视下方。基座下用红字写着一个伟大的名字——周遇吉。提起这位英雄，宁武人无人不知无人不晓。据《明史·列传》第一百五十六说："周遇吉，锦州卫人。少有勇力，好射生，后入行伍，战辄先登，积功至京营游击。京营将多勋戚中官子弟，见遇吉质鲁，意轻之。遇吉曰：'公等皆纨绔子，岂足当大敌。何不于无事时练胆勇，为异日用，而徒縻廪禄为！'同辈咸目笑之。"

当我查阅史书时感动得热泪盈眶。当你了解了此战的过程，你都会有断肠的感觉。他以赤胆忠心，悲壮的战绩报效国家，不但使他名留青史，也创造出一个英雄的城市——宁武关。

后世京剧《宁武关》又名《别母乱箭》《一门忠烈》予以传颂。不仅是京剧，昆曲、豫剧等很多曲目都有周遇吉死守宁武关的戏，影响非常大。对于周遇吉这个人物，原刻于他墓前的一副对联，很能代表后世人们对周遇吉的评价：生不与流寇共戴天，内无饷，外无援，血战沙场气壮山河寒逆胆；死当为厉鬼以杀贼，臣尽忠，子尽节，梅花岭上相逢应遇史公魂。

合上史书，感慨万分，我是一名游客，不是历史学家，也不能更不会评价历史人物的对错。周遇吉忠骨埋枯冢，李自成身没九宫山，他们是失败的英雄，留下许多悲壮的传奇让我们感慨叹息！留下一座残破的关城让我们凭吊追忆！

宁武关之战，我有个不解之处：总兵周遇吉在代州凭城固守，连战十余日，杀敌万余，积尸几乎与城墙平，宁武关战后闯王检前后死将士7万余人。虽然宁武防卫严密，有天险地利，周遇吉勇猛善战，且将士一心，但区区不满万人的武装怎能抵挡50万人数日之久？仔细研读之后发现火炮在此次宁武战役中发挥了巨大的作用。

我本军工出身，对武器装备颇有兴趣，为此查了一下专业资料，古代战争都属冷兵器战争，在攻城中，守城一方用滚木礌石等，攻城一方用云梯木槌等。即使有炮，也多属类似于投石机的石炮。到南宋末年，元攻襄阳的战役，火炮才首次出现在战场上，但仍未普及。而到明朝中后期，军中已配发了射程可达1000余米的火炮。万历年间，红夷铁炮从西方传入，长两丈余，重三千斤，《明史》中说，它"能洞裂石城，震数十里"。明末，这种炮在太原、宁武等战役中多有使用，李自成也缴获了一些。

宁武战役中，周遇吉架炮于城上，四面射击，对农民军造成极大杀伤，炮伤万余人。而在火药使用完后，再无利器可凭，城破已是必然。更何况，农民军将缴获于明政府军的火炮搬到城前，向城里击发，轰塌了东门，守城的兵力本来就少，左右难支，顾此失彼，农民军乘势而入，宁武遂陷。

此战役以区区几千士兵能杀敌数万之众，与周遇吉精心备战有关。他上任后效仿汉大将军卫青的做法，淘汰老弱残兵，仅留壮勇之士，又修缮火炮弓矛，所以在战斗中火炮凶猛，致使农民军伤亡惨重。

抛过明王朝终将覆灭的历史大趋势不提，具体到此次战役中，我们可以说火炮成为胜负的决定性因素。而在此前，我国古代史上尚无先例。靳生禾、谢鸿喜在《李自成宁武关之战古战场考察报告》中说："是役可以认为是我国历史上由冷兵器向热兵器过渡时代攻坚战的典型战例，在我国战争史上具有划时代的意义。"

宁武这座英雄之城，不仅在古代是战略要冲，在近现代战争中，也是战略要地。抗日战争时期，宁武为晋西北抗日根据地的一部分。1938年，日伪军1万余人分四路围攻晋西北根据地，并占领了宁武等七县城。八路军第一二〇采取集中兵力各个击破的策略，首先击败其他各地的敌人，然后以主力在宁武外围活动，切断敌军归路，并以一部分紧逼宁武城。这时宁武之敌便在从阳方口南下敌人的接应下，弃城北窜，第一二〇师予以沉重打击，终于收复了宁武城。

在1940年的百团大战中，八路军第一二〇师曾以截断同蒲路北段交通为目的，以主力破击宁武至轩岗段，在宁武、忻州展开破击战，有力地打击了日本侵略军。现今山西南北交通大动脉同蒲铁路从宁武关穿过，又有公路通向四方。这里仍为晋北的交通要地。

观完宁武关，又导航平鲁大河堡，出北门因修路导航把车又导进阳方口古镇，

山西宁武关城楼

发现正在重新修复的阳方口关楼，上悬挂有曾任中国人民解放军总参谋长的傅全有上将题写的"宁武关"牌匾。回想一下，城中宁武关城楼上东门洞外嵌有一石匾，上刻"含阳"二字，西门洞外也有一方石匾，上刻"凤仪"二字。只有洞旁立有一黑色文保石碑，上刻"宁武关"。整个一个楼上还真没有"宁武关"三字，这"宁武关"城楼到底在哪呢？

查阅了相关资料，城里的城楼不是宁武关关楼，而是建于明代的宁武城鼓楼；阳方口堡也不是宁武关楼，它是宁武关北的前沿阵地。那么真正的宁武关城楼到底在哪里呢？据记载，旧宁武关关楼建于明成化三年（1467年），位于今县城东部，可惜已毁于战火，无物可寻。久而久之，当地的许多人也错将这明代鼓楼当成了宁武关的关楼。

清《读史方舆纪要》中论述阳方口堡战略地位时说阳方口，东靠长方山，西傍恢河，为明嘉靖十八年（1539年）巡抚陈讲所筑，万历四年（1576年）增修。堡城周长1公里左右。有"山西镇中路第一冲口"之称。"大同有事，以重兵驻此，东可以卫雁门，西可以援偏关，北可以应云朔，盖地利得也。"注意，这和描述宁武关的战略地位是一样的。因为它是宁武关的前沿阵地,是宁武关防御的组成部分,它破宁武关也会不保,所以现在把这里称为宁武关楼也不为过的。

　　我认为,不必拘于宁武关到底是哪个形式,它是一种精神,长城的防御功能,不仅在于城墙的坚固,更在于守卫者的士气人心。古代的敌人只要打不下来,哪点都是宁武关;今天的游人到了宁武关,不管哪个楼,它都是宁武关城楼。

山西朔州古城楼

## 朔州古城

2021 年 9 月 19 日

  从宁武关出来，继续向平鲁大河堡进发。因为修路行速缓慢，待到朔州市区时已经傍晚，夜宿朔州，晨游古城。朔州古城是由北齐和元宋明初遗留下来的，算是山西保存比较完好的古城之一了。现在的朔州古城经过了重新修建，恢复了往日的光彩，在当地也是非常出名的。地址又在市中心，稍一打听便到了古城南门——承恩门。

站在南大门前，我就感受到了古城的气势磅礴。它飞阁流丹，气势恢宏。新修的城楼檐角飞翘，延至天边。高大坚固、碧瓦飞甍的样子使人感觉自己很是渺小。怎么有这么高的城楼呢？这是按古制复原的，还是现代人为了宏大又加高了呢？城楼上还有人施工，悬在城头上施工的工人穿着黄色马甲，小得像玩具似的，使人提心吊胆。城门洞没有大门，似乎还能通车，我瞅着点空，穿过车水马龙的大街，走进了瓮城。

从南门走进瓮城的腹地，仰望城墙，巍然屹立，顿觉承恩门瓮城之浩大。进城的原门墙壁有块呈黄砖色，那应该是古址遗留下来的，剩下的青砖色是现在修复的。门额上"承恩门"三字已经残缺。门前左右两侧各立一石碑，一曰：承恩门修复题记，二曰：朔州城墙。全是山西省重点文物保护单位。

石碑承恩门修复题记："始皇帝三十二年，蒙恬筑城，首名马邑，两汉因之。北齐天保八年，文宣帝高洋于马邑故城重筑州城，每边长2公里，更名朔州。元末，姚枢副缩小城防于城之东南重筑州城，每边长1公里，墙高12米，堞高2米，底宽26.6米，顶阔13.3米。明洪武十年，指挥史郑遇春砖包'镇塞''文德''承恩''武定'四门，洪武20年，筑城楼4座，箭楼4座，角楼4座，敌楼12座。清后，城墙屡遭战火侵袭，且修缮不及，现仅存南门及四周夯土城墙。2013年，区委、区政府斥资修复承恩门，砖包部分城墙，2015年竣工。朔州市朔城区委、区政府，二零一五年九月。"

石碑简明扼要，短短百余字把一个古城的历史及建设过程介绍了一下，我想这么大的古城，应该更深入和详细的了解才是。经查资料，《朔州志》记载，朔州古城的形成最早可追溯到战国晚期，据载："始皇三十二年（前215年）使将军蒙恬发兵三十万人，北击匈奴，在朔州筑城养马。"这就是"始皇三十二年，蒙恬筑城，首名马邑"。

朔州古城城垣的确切建筑年代，据《朔州志》记载，创建于北齐天保八年（557年），其周长九里十三步，为土城夯筑城垣。隋、唐、辽、金各代沿用，距今已有1500余年的历史。它是在秦汉马邑城旧址上扩建而成的。这应该是"文宣帝高洋于马邑故城重筑州城"。

到元朝至正年间（1341—1367年）因防务需要缩小古城，在北齐古城的东南兴建城池，后因战乱停工，明洪武三年（1370年）土城续建完工，并砖券四座城门：东曰文德门、南曰承恩门、西曰武定门、北曰镇塞门。东门文德门，北门镇塞门，两座城门相继于20世纪80年代拆除；西门武定门，于21世纪初拆除；南门承恩门，现保存比较完整。《朔州志》记有："元至正末年，右丞相勃罗帖木耳驻兵大同，使其将姚枢副守朔州，姚因兵少城阔，省去西北，筑东南一隅。"当时城墙高12米，堞高2米，总高14米，周长4000米，有瓮城4座，角楼4座，敌楼12座，门楼4座，烟墩4座及烽火台16座，形体壮观，高大雄伟，固若金汤。

明洪武二十年（1387年）城墙全用砖包，附属设施有城堞、城池、瓮城、敌楼、门楼、角楼、铺楼、弓桥等。以后历代多次维修，城池颇为雄壮，为雁门关外的要塞。"文化大革命"期间，城砖被拆除殆尽。这是元、明续建筑州城的来由。

现在朔州党和政府为保护文物，倾力打造彰显塞上特色历史文化的标志性古城区，全方位展示古城魅力，提升知名度，扩大影响力。从2013年至今不断改善老城环境面貌，提升老城人文品质的古城修复建设改造工程还未完工。可以看出这个古城自建设以来经常被修复。

这座古城在中国历史上闻名遐迩的原因就是它是马邑古城，千百年来，人们只要提到朔州，毫无疑问都会提到马邑，以至于在不少故老的眼里，马邑就是朔州的一个文化代名。翻开唐太宗李世民的《饮马长城窟行》的诗句，其中一句是："都尉反龙堆，将军旋马邑。"能够进入一代帝王李世民的诗文中，马邑可谓不同凡响。

历史上著名的汉朝诱灭匈奴的"马邑之谋"事件就发生在这里。西汉元光元年（前134年），雁门马邑一带的豪商聂壹出于对匈奴的熟悉和对西汉王朝边患不息的焦虑，透过王恢向武帝建议，和亲之后汉朝已经取信于匈奴，只要诱之以利，必定能将之击溃。计划本来顺利进行，谁料单于在行军之际，发现城野之间只见牲畜，不见一人，于是起了疑心。他派兵攻下一个碉堡，俘虏了一名尉史。该尉史揭穿了早已有30多万汉军埋伏在马邑附近的真相，识破阴谋的单于大惊退军，汉军设伏全无用武之地。王恢判断形势后，认为已经错过了袭击匈奴军辎重的最佳时机，于是决定收兵回师，"马邑之谋"遂以失败告终。据《史记》中记载："当是时，汉伏兵三十余万，匿马邑旁谷中。……单于顾谓左右曰：'几为汉所卖！'乃引兵还。"

"马邑之谋"彻底破坏了汉匈之间以和亲维持的信任关系，双方陷入了连绵的战争，这些政治和军事的原因我们不去讨论，但马邑之城能吸引匈奴十万大军而来，就能看出它的战略地位和富庶程度。古马邑之城，雄踞雁门关外内、外长城之间，北连内蒙古，南控雁门、偏关、宁武三关，有通达忻、代、原平诸县之道，古为边陲之要塞，既可应援大同，又能拒防全晋，是历代兵家必争之地。

对匈奴来说，占领了马邑，越过句注山就进入太原郡了。马邑又是南来北往的贸易运转中心，骏马牛羊成群、粮食布匹如山。自刘邦与冒顿和亲以来，多年没有再经战争洗礼，其兴旺达到巅峰，这种诱饵才可匹配单于的胃口。对汉朝来说，大同盆地是个南北狭长的大平原，只有几处出入口，其他地方都是高山，插翅难飞，是绝佳的伏击场。当初李牧大破匈奴，伏击点也在大同盆地的马邑附近。只是天不遂人愿，双方各自遗憾而归。但是，马邑的战略地位以及在历史上的知名度因为这一事件而闻名于世。

山西朔州古城街道

话说回来，朔州是历史名城，它所发生的历史故事不只"马邑之谋"这一件事。历史上，匈奴、突厥、回纥、鲜卑、契丹、女真、蒙古等民族统治者南犯取晋，多先围守朔州，而后入雁门，直取晋阳。西汉韩王信于马邑叛汉降匈奴，大将周勃血洗马邑城；汉朝诱灭匈奴的"马邑之谋"；隋末刘武周于马邑起事斩太守；唐武德年间唐军与突厥的马邑争夺战；宋杨业在寰朔二州与契丹的激战中，在陈家谷失利被俘；明代俺答族的不时袭掠朔州；清代的农民熊六起义；等等，均发生在朔州之地。这些故事都能写出一本书来，在此仅以"马邑之谋"举例而已。

出了南门便进入古城区，古城区现已经过改造，不大的城区中有古城墙公园、东门书卷广场、筑城养马广场、雁鱼灯广场等多个旅游景点。崇福寺、尉迟敬德庙、文昌阁及基督教堂建筑周围掺杂着现代的楼堂馆所，街道两侧仿古的特色美食楼显得不伦不类。在我看来整个古城已经没有了古城的样子。旅游不仅长见识，也是很有趣味的，人们可以从各个角度来研读理解，广而泛的蜻蜓点水不如专注自己感兴趣的事物。我选择了朔州历史上大名鼎鼎，而且中华民族家喻户晓的门神的庙宇——尉迟敬德庙而去。

山西朔州古城文昌阁

门神，最早传说是能捉鬼的神荼、郁垒。在班固的《汉书·广川王传》中还记载了一位门神：广川王（刘去疾）的殿门上曾画有古勇士成庆的画像，短衣大裤长剑。到了唐代，门神的位置便被秦叔宝和尉迟恭所取代。

出生在朔州的唐朝名将尉迟恭是秦王李世民的大将，受到所有华人普遍尊崇的门神尉迟恭，与我的家乡宁夏有着极深的渊源，这与他怎样当上门神有关。宁夏泾源县有个地方叫老龙潭，它是泾河的源头，从这里流经陕、甘、宁3个省（自治区）、28个市县，蜿蜒530公里，于陕西高陵区汇入渭河，因此就有"泾渭分明"的说法，也就是"泾清渭浊"的出处。老龙潭不仅以湍湍清澈之态、百泉汇流之势而闻名，相传这里是《西游记》里魏征梦斩泾河龙王发生的地方。

相传，一天，唐太宗梦见一位大将军来向他求救。那位将军说："我是东海的龙王，玉帝命令我到人间降雨，唉！我去迟了，以致河水干了，土地裂了，全国各地都闹旱灾，玉帝知道后大怒，判我死刑，明天午时由你的大臣魏征监斩。到时候，您如果能想办法让魏征不来，我就能活命。"太宗很同情龙王，就答应了他的请求。第二天一大早太宗就叫魏征来陪他下棋，从早上一直下到中午，魏征实在太累了想打个盹儿，太宗一想：我坐在这里看着他不出去就行了，谁知他竟然在梦中喊了一声"斩"，一个龙头从天下掉了下来，掉在了泾源县的山里，那里就变成了老龙潭。这就是魏征梦斩泾河龙王的故事。

从此以后，龙王的冤魂每晚都来找太宗，抱怨他言而无信，日夜在宫外呼号讨命。太宗告知群臣，大将秦叔宝道：愿同尉迟恭戎装立门外以待。太宗答应了。那一夜果然无事。太宗因不忍二将辛苦，遂命巧手丹青，画二将真容，贴于门上。一位手执钢鞭，另一位手执铁锏。执鞭者是尉迟恭，执锏者是秦叔宝即秦琼。

朔州的名人不只有尉迟恭一人，朔州人杰地灵，英雄辈出，三国时期的张辽，是曹操手下的大将，威震逍遥津，当时"闻张辽大名，小儿夜不敢啼"。此外，据史料记载，历史上诸如赫赫有名的李广、霍去病、王昭君，诸如唱着《敕勒歌》的朔州敕勒部的斛律金、一门忠烈的杨家将，乃至大唐太宗李世民、大清的康熙大帝，当然还有数不胜数的英雄豪杰，都在马邑留下过他们的足迹。特别值得一提的是我们这代人特有的记忆——著名作家丁玲的长篇小说《太阳照在桑干河上》就产生在这块热土上。

朔州，自远古而来，这座古城升起在桑干河上。1946年夏天，著名的现代作家丁玲参加了晋察冀中央局组织的土改工作队，去桑干河两岸的怀来、涿鹿一带进行土改，获得了丰富的素材，后来她创作了长篇小说《太阳照在桑干河上》，具体地、真实地表现了20世纪40年代土改运动时期我国农村社会生活的复杂面貌。绵长的桑干河见证了土地上政治、经济和文化的延续和变革。小说以河命名，河因书而出名。我们从小对桑干河印象特别深，充满着好奇，向往着美好。因为桑干河在人们的记忆里成为一个永远不朽的文化符号。现在的年轻人恐怕不是太理解了。

在敬德庙对面广场的西边，有一个古刹也值得一转。它就是崇福禅寺。它由唐代大将军、朔州人鄂国公尉迟敬德奉旨建造，建于唐代麟德二年（665年）。到辽代，寺被改为林太师府衙，后又改为寺庙，取名林衙寺。金代熙宗年间，寺庙扩建，大兴土木。金代天德二年（1150年），金朝海陵王完颜亮题额"崇福禅寺"，此名沿用至今。

寺院坐北面南，规模宏大，南北长200米，东西宽117米，占地面积23400多平方米，五进院落，十座殿宇，布局严整，构造壮观，殿内塑像、壁画、琉璃脊饰、雕花门窗荟萃一堂，是一座不可多得的古建艺术殿堂。

崇福寺门口有两个石狮，有山门、金刚殿、千佛阁、文殊堂、地藏堂、大雄宝殿、弥陀殿、观音殿等建筑，寺为的金代建筑、塑像、壁画保存完好，是一座历史价值较高的古代寺庙。

朔州，古马邑，是一座英雄的城市，这里是忠信之壤、贤武之乡。在这片传奇的土地上，处处流传着传奇的故事。不是谁能走马观花地就能了解它的。我只是以我的视角来展现我所看到的一点历史，有兴趣的朋友若能深入这块热土，必将有意想不到的收获。

## 第 19 站

# 平鲁大河堡

2021 年 9 月 19 日

山西平鲁大河堡

  几经周折，终于找到了平鲁的大河堡村。四周瞭望，在村的东山上有一古堡遗址，应该就是那里了。经询问，老乡说：车子向北穿过村庄向东有条山路可径直到达堡前。

  堡前的西山坡上，立着七个血红的大字"大河堡影视基地"。堡的西墙南有一豁口，用石块垒的门柱，铁艺门，半园形门廊镶有"三民小学校"字样，这应该是拍电影的杰作。门前立一阴刻石碑：大河堡址，山西省重点文物保护单位。原红色字迹脱落，现与石碑颜色相同，不仔细看还真分辨不出。应该是时间长了无人护理的结果吧！

  我们从小学门口进入荒凉并废弃多年的古堡，空荡苍茫的堡内似乎一个巨大的草场，四周高耸的堡墙嵯岈陡立夜叉般地环绕，堡墙内一个个黑黢黢的破窑洞似"幽灵"般地瞪着眼望着我们，似乎每个洞内都有妖魔鬼怪，让人没有安全感。有记载："四面黄土夯筑残墙尚存，砖石几乎被拆光，内无人居住。"

不过堡院中心有个石头房屋，朋友们奔那而去。我便提着相机沿着堡墙兜了一圈，对古堡现状拍照留存。每当独自探视窑洞时还真有点害怕，回头看看约百米外院中心的朋友们，便放心大胆地观察起来。

该堡平面呈倒"凸"字形，由堡、瓮城、关三部分组成。堡到底有多大呢？《三

山西平鲁大河堡仓库

关志校注》（卢银柱校注）："周一里六分七步，高三丈五尺，只留东门，原有门楼。"

说实话，古人的记载是里、步、丈、尺的，给人不直观的感觉。我查了一下明代一里约等于576米，一步约等于0.32米。按"周一里六分七步"换算，周长共923.84米。经步量目测，堡墙东西长280米，南北宽180米，周长920米，与古人记载基本相符。

堡墙现状是基宽5～9米，残高8～10米，墙体夯筑，夯层厚0.15～0.2米，东北西三面有马面三座，南墙中部设门，南门外设瓮城，瓮城呈正方形，边长30米，瓮城外设关，南关平面呈方形，边长约80米，关墙基宽4～8米，残高9米，墙

体夯筑，夯层厚 0.15～0.20 米，南关门设在东侧，现已毁坏成豁口。

《三关志校注》（卢银柱校注）中记载："大河堡原名大水口堡，明崇祯十三年（1640 年，平鲁卫指挥郑一元筑）砖包。"从记载上来看，此堡原名为大水口堡。最初是指挥郑一元为了完善北方的战略防御体系，奏准明朝廷在此修筑军堡，派兵屯垦戍守。

为什么叫大水口堡呢？原来与它的地理位置有关，大河堡所处的地理位置颇为独特，大河堡位于平鲁西北部，西北距明长城约二里，与内蒙古的清水河为界，距井坪约六十里，堡四面环山，坐落于群山环绕的一块低洼地上，两条季节性小河在这里交汇，合流之后穿越长城向西北方向奔涌而去，最终汇入了内蒙古的清水河，大河堡就矗立在两河交汇点的内侧，镇守着大水口。固而起名为大水口堡。

据平鲁县志记载，崇祯十三年（1640 年），征丁役筑大河堡，驻军守防。清光绪《山西通志》提到"大水口堡营分管边""自威虎堡界起，至败虎堡十六墩止"，明设守备 1 员，座堡 1 员，把总 1 员。驻军 400 多人，辖边墩 25 座，火路墩 17 座，每边墩派守兵 5 名。

追溯建堡的时期挺有意思的。大水口堡是大同镇军堡中最后一个建造的，1644 年大明倾。也就是说，在大明王朝摇摇欲坠的前四年才建的堡，四年后天下就改朝换代了。可见当时大明王朝的内忧外患严重到什么程度，这个时期人们只注意了国内农民起义，边患也是非常严重的，否则不会在这个时候还在建堡守边。可能是由于建造年代太迟，未被后人列入大同镇七十二堡，只被看作是大同镇普通边堡之一。

明清易代，随着国家的统一，民族矛盾的缓和，原来的军事聚落逐渐失去了其军事意义。但也不能说大河堡以后就没有存在的意义了，换代后清政府又在村北修筑了一出入内蒙古的关口，派兵驻守，严格禁止汉人前往内蒙古。设操守 1 员，守兵 100 名，并派税吏征收过往商旅的关税，因此大河堡又有了"塞外商栈"之美誉。民国时期，废军堡改为民堡，隶属山西雁门道管辖。政府在此派驻稽查队，防止清水河县国民军袭扰。新中国成立后，设立了自然村，沿用清时名称大河堡村。直到 20 世纪 80 年代，随着百姓陆续搬到生活更加便利的山下居住，大河堡才废弃，无人居住，成了耕地。

大河堡矗立在两河交汇点的内侧，它的西下方就是汤溪河谷。谷口叫大水口，是明代大同西路防御线上的重要隘口。隘口附近的溪流河水是汇聚了大新窑、詹家窑、八墩、九墩沟、响水营等5个村庄的天然地下泉水，形成了古志书上记载的"汤溪河"，属平鲁古八景之一。

这一景观的名字叫"众派汇流"。两岸群山连绵，河滩平阔，草木茂盛，鸟语花香。边墙、边堡、边口、边村和淙淙清流相映成景，自然风光优美。汤溪河与苍头河、兔毛河三条河流，一向西，一向东，一向北，最后都汇入黄河，所以称"众派汇流"。

大河堡村西两山对峙，中有豁口，泉流逶迤西去流入清水河，沿途水草丰茂，也是古代南人进入北方草地、北人南下雁门的重要古道。明代嘉靖年间（1522—1567年），驻帐于呼和浩特市附近的蒙古大汗俺答及军队无数次从这里进入长城，深入内地。隆庆四年（1570年）九月，俺答的孙子把汗那吉南下平鲁败虎堡投明，走的就是这条古道。这里自古就是清水河平鲁交汇之边塞要冲。

堡西北约二里处就是明长城，长城由新墩村经平鲁蒋家坪村，穿过平鲁区到清水河县级公路，过九墩沟村至大河堡村。这段长城基本筑于海拔1700米以上的山脊上，到大河堡下至汤溪河谷。河谷、长城、城堡形成多重防御体系，牢牢守卫着长城内侧的百姓。

站在高低宽窄不一的古堡墙上，向西北眺望，眼前的景色着实让人眼前一亮。长城外山连着山，川连着川，沟连着沟。在蜿蜒的万里长城之间，烽火台连着烽火台，长城则像一排排风力发电的风车，不停转动着。历史和现代就这样交相辉映，完美融合在一起，形成一道独特的风景线。古长城+古堡城墙+风车，历史与现代的完美交融。

说到这里，不得不说说现在的大河堡村，由于大河堡当年为防卫设置的军堡，要居高临下地建在山坡之上，特殊的地理环境，使村民长期以来饱受吃水困难和寒冷之苦。从1976年开始，大河堡村村民自力更生，艰苦奋斗，齐心协力，苦战三年，在位于村西600米处的大庙坡新建了新农村，举村乔迁。

大庙坡是边墙口里的一个村子，边墙口外是内蒙古清水河县十七坡村。口里、口外的村民互相走动都通过这个边墙上的豁口。豁口的形成年代无人知晓，但据说在清朝时这里就设成一处税口，直至民国年间，行商通过税口时仍需交税。

大庙坡，顾名思义是坡上有庙的地方。早年大庙坡曾建有4座庙，即龙王庙、奶奶庙、老爷庙、马王庙。又由于位于村河口子（原大水口）中间，地势东高西低，所以叫大庙坡。据传说，奶奶庙特别灵，每年农历四月初八，周边村民都要去奶奶庙供拜、烧香祭奠，有许愿求子求孙的，也有还愿全家平安健康的。为纪念这个庙，当地人在每年的农历六月廿六日举行盛大庙会，长城内外的人民相互交流兑换各种农副产品，一直流传至今。

在村里，村民给我们讲了在抗日战争时期发生的"大庙坡惨案"。抗战初期，由于日寇侵略，大庙坡庙会被迫停办。大约1940年，边墙里外村民酝酿恢复庙会活动，经过筹备于农历四月初八正式起会。毕竟好多年不办庙会了，起会这天便是人山人海。除了唱戏，做买卖的比往年多了许多。第二天正唱，赶会人更多了，庙会上还来了几个八路军，站在戏台上对民众宣传抗日主张，讲完之后便走了。不想从平鲁来了俩流氓混混（大概是特务）以此威胁庙会的会首，敲诈油水。几个会首不吃他那套，把两个家伙轰出了会场。没想到他们跑回平鲁城报告日寇说，大庙坡办庙会，请来了八路军做宣传。名义上是庙会，实际上是给八路军筹措物资。日寇立即调集人马向大庙坡奔来。下午的戏还没开演，俩特务领着日寇包围了会场。人们开始惊慌失措地想办法逃跑。可一阵机枪扫射，人们被打得四散而逃。当时就打死打伤许多人。无辜的群众倒在血泊中。大庙坡惨案是抗战以来清水河与平鲁两地较大的一次惨案，死19人，伤几十人。可悲的是新中国成立后捉住那俩告密者，经审讯，其供述动机竟然是见了庙会上的钱物而见财起意，索要不成便通敌报复。悲哉！

村民们大多是大河堡守军的后代，提起大河堡感情很深。现在村里还保存着一方庙碑，仅可辨认为"大同平鲁路""大水口堡"等字样。还有一块石匾，阴刻楷书"汤永固"三个大字。据说原嵌在关门匾额上。

岁月侵蚀，风雨沧桑，堡中空寂，村民搬进大庙坡新居后过着幸福而平静的生活，只是到农忙的季节才到堡中劳作，稍息之时望着以前的家园回忆儿时的时光。令村民没有想到的是，这个荒凉并废弃多年的古堡，在2015年春节后，因电影《驴得水》在这里取景拍摄而走进了大众视野。该电影作为开心麻花由一部舞台话剧改编的中小成本电影，最终获得 1.7 亿元的票房。不少专业评论更是称其为 2016 年华语影坛最值得一看的喜剧电影。

这就是古堡前立着"大河堡影视基地"的来由。摄制组为拍电影，在堡的西墙豁口建了一个小学的铁艺门，在堡中心搭了个雨神庙。吸引来的游客重点来看的不是古堡，而是《驴得水》电影的道具。这部电影的成功使名不见经传的大河堡声名鹊起，再度引起了世人的目光。

《驴得水》的情节很简单：1942 年，几个心怀梦想的教师，为了改变当时中国落后愚昧的环境，来到一个缺水的乡村，他们养了一头驴挑水，可是教育部不同意

山西平鲁大河堡影视基地

出养驴的钱，于是校长将这头驴虚报成了一名叫"吕得水"的老师，用这个虚假老师的工资来养驴。最后教育部特派员来视察的时候，大家只能拉来一名铜匠凑数，编造各种借口，没想到为了圆一个谎，不得不撒更多的谎，最后局面变得一发不可收拾。

这样一部影片怎么会选中大河堡这个地方为拍摄基地呢？据说，2014 年的某一冬日，北京电影制片厂的剧组沿清水河地区寻找理想中的拍摄地。当剧组走到这里看到长城古堡和长城下的窑洞时，被眼前这处散发着浓烈历史沧桑的景观吸引。这

种历史与现实交错，带有寓言性质且又不失现实主义风格的外景，正是他们梦寐以求的理想外景地。

他们是这样描述的："一圈古堡墙包围着一个封闭环境，堡墙内侧有老百姓曾经生活过的窑洞，给人一种时空错乱和一种荒诞、魔幻的感觉，这跟我们的电影的风格很接近。我们这部电影想要追求的一种画面的风格，是以一种弱化或者虚化时代特征。虽然是在讲 1942 年的故事，但我们希望弱化他，讲述的故事接近寓言。不管是从视觉的美术效果上，还是从最后的整体呈现上，我们都希望去奔向这样一个统一的风格。所以就决定在这个地方拍摄。"

电影是成功了，大河堡也出名了，这似乎给当地人带来了更加美好的生活向往。当地政府抓住时机想建设一处影视基地，将文化旅游业培育成当地的战略性支柱产业。但是，愿望很美好，现实很骨感，在市场经济面前，单凭一部电影或者一部电视剧建起来的文化基地难以具备持续性，这种小型影视基地盈利模式相对单一且同质化竞争日趋严重。这就造成了我们看到的现象，堡内除了我们再无游客。大河堡似乎又恢复了往日的寂静。

## 第20站

# 右玉云石堡（一）

2021年9月19日

山西右玉新云石堡

由大河堡沿长城前行25公里，长城内侧建有云石堡。云石堡又分新旧两堡，我们到的是新堡。新云石堡的地理环境和地形地貌，与大河堡基本一致，犹如原址克隆。

新云石堡在王石匠河的东岸，西至边墙1.5公里。镇守着王石匠河四台水口、十八台水口。大河堡就矗立在两河交汇点的内侧，离长城一公里，镇守着汤溪河大水口。两个堡下的长城内外都有边关贸易市场，堡的大小形制基本相同。新云石堡"周长一郾七里，高（连女墙）四丈一尺，全部砖包。东墙开门"。大河堡"周一里六分七步，高三丈五尺，只留东门，原有门楼"。驻军守关级别也基本相同，新云石堡"设守备一员，守军543名"；大河堡"设守备1员，驻军400多人"。现在两堡堡内都无人居住，变为耕田。

从两堡设置的地理风格、地形地貌就能看出古人"因地形，用险制塞"是修筑长城的一条重要经验，在秦始皇的时候已经把它肯定下来，司马迁把它写入《史记》之中。以后每一个朝代修筑长城都是按照这一原则进行的。凡是修筑关城隘口都是选择在两山峡谷之间，或是河流转折之处，或是平川往来必经之地，这样既能控制险要，又可节约人力和材料，以达"一夫当关，万夫莫开"的效果。

当然，两堡身处异地，不同的地方还是很多的，一是两堡建造年代不同。前面提到，云石堡分新旧两堡，我们先说旧堡，据《宣大山西三镇图说》："本堡设自嘉靖三十八年，故土筑也。万历十年因山高无水，离边尚远，不便市场，故改建于王石匠河，砖包焉。"还有《三云筹俎考》载，云石旧堡为嘉靖三十八年（1559年）土筑，后因山高无水，防守为难，且离边太远，不便防守，于万历十年（1582年）移建云石新堡。从时间上来看，旧堡建立23年后由于各种弊病的产生，迫使云石迁到新址。

为什么一个经营了23年的营堡说废弃就废弃？这主要是旧堡在防守上硬伤太明显。大家都知道三国孔明挥泪斩马谡的故事。三国时诸葛亮派马谡镇守街亭，街亭因被司马懿围困，缺水而导致失守。旧云石堡坐落在孤山秃峰之上，四五里之外才见河水，若是敌人切断水源，山顶上的城堡不几天就会成为马谡的街亭。因而该营堡在明朝万历十年被废弃了，成为右卫古城堡建筑中的一处败笔。

新云石堡建于万历十年（1582年），大河堡建于明崇祯十三年（1640年）。也就是说在新云石堡建后58年才建的大河堡，虽然谓之"新"字，但也要比大河堡"旧"很多，所以新云石堡是大同镇七十二堡之一，而大河堡未被后人列入大同镇七十二堡，是大同镇普通边堡之一。这样就能看出新云石堡在大同镇地位的高低了。

现在的大河堡和云石堡均被破坏严重，大河堡仅余断土残垣，云石堡除夯土堡墙外，还有部分包砖墙体。别小看这部分包砖墙体，有四分之一还相当完整，这么

山西右玉云石堡烽火台

一大片包砖城墙，遥见当年之气势。仔细观察，这应该是村民借助城墙开凿窑洞而保存下来的，即便是这一小片包砖堡墙，在现存山西大同镇所辖军堡中也是比较少见的。

而今云石堡南墙完整的遗存的石条、城砖在年久的时光深深镌刻进精致雕琢的城池，呈现出赤黄的颜色，一切都是岁月侵蚀和风雨打磨的痕迹！沧桑而雄伟，这是村民们给我们留下的不可多得的宝贵财富。

新云石堡四墙基本完整，墙台与角台矗立，东门遗迹明显，只是绝大部分墙体的砖面剥离，人工破坏痕迹较严重。东墙最高处10.4米，上宽5.2米，下宽6～7米，内层8～10米。西墙与北墙的墙面、墙台都较完整，墙高8～10米。最完整的是南墙，墙面整齐，墙台与角台矗立，有80～90米长的砖面，墙高11～12米，底宽8～9米，上宽4～5米。砖面厚1～1.7米。砖面底部是红石条所砌，离地面高1.2～1.5米。红石条长1米，宽45厘米，厚15厘米。墙砖长43厘米，宽22厘米，厚10厘米。墙体为黄土夯筑，夯土层厚15～20厘米，夯层明显，土质较硬。原堡关门额"永安"石刻残存，长80厘米，宽65厘米。堡内无住户，全部为耕地。

当年的云石堡营可是十分重要的，分管边墙一道，北自铁山堡边界起，南至威远堡边界止，长14.3里。驻军守关，设守备一员，守军543名，操骑马27匹。有互市砖楼1座，沿边设边墩7座，每座设边军5名，每名给瞻军地1顷；设火路墩14座，每座设火路军2名，每名给瞻军地1顷。本边险要有2处：四台水口，设营兵5名防守；十八台水口，设营兵10名防守。

云石堡西曾有在长城沿线非常著名的马市，是边关贸易的历史见证。云石堡马市也是明朝众多马市之一，初设置于嘉靖三十八年（1559年），有意思的是这也是新堡建设之年。也就是说，刚开始马市是建在旧堡的，当运行交易时发现除了"山高无水"，还"离边尚远，不便市场"。蒙古人来赶成群的马匹过边这么远来此交易，一来不方便，二来对守边防务来说也是隐患。

所以为便于蒙古马市，后于王石匠河四台水口长城内侧设有市场一处。现在遗址还在，一个土围的圈地。对蒙古部落而言，选择马市地址也是根据蒙古各部落地理远近实际出发。对大明而言，在此处设军堡能更便捷地保障边防和马市的安全。明蒙双方协商决定的新云石堡就具备了明朝在此建立马市贸易的必要条件，这样市有口、有定部，有利于互市贸易的顺利进行，在长城马市中首屈一指。明代"隆庆议和"开放马市以后，大大缓解了口外大漠蒙古民族物资单一、生活单调的局面，纷纷入口求市贸易，云石堡一度繁盛红火。相传，该地商业十分发达，曾有过人山人海、车水马龙的盛景。城里住着明军，起着防止游牧民族入侵和保卫马市治安的作用。频繁交易，也给这座边塞之城带来了文化融合的盛景，各民族的习俗碰撞间，也将云石堡的盛名传往了各处。

云石堡地处沟通蒙古与明朝的要道上，明蒙关系史上最著名事件"隆庆议和"，就发生在这里。隆庆议和是明朝隆庆年间，在内阁大臣高拱、张居正等人的筹划下，明朝与蒙古达成了对俺答汗封王、通贡和互市的协议。大明与蒙古互派使者在云石堡议和，云石这个边塞城堡成为万里长城的"破冰之地"。

"隆庆议和"其起因是隆庆四年（1570年）十月发生俺答汗的孙子把汉那吉投明事件。时任宣大总督翁万达、大同巡抚方逢时妥善处理此事，而当年的谈判就是在云石堡里进行的，经过双方多次磋商，俺答汗与明朝大臣达成协议，愿"执叛易孙，请封输贡"，于是他命令"其麾下哈台吉、伍奴柱袭捕众贼。二人固俺答嬖幸，自全等用事，二人者日见疏，遂擒赵全与其弟赵龙，及李自馨、六四儿、猛谷王、吕西川、吕老十、马西川之属，凡八人，面缚械系抵边城外。是日入云石堡，十九日送大同左卫"。

"隆庆议和"后，俺答召集诸部首领严定规矩："如果哪一部落的台吉（首领）擅自率兵进入内地为非作歹，就削减他部落的兵马，并革除其首领身份；如果有哪户人家擅自入边的，就将该户的人丁及牛羊马匹尽数给赏别家。"同时，明朝也进一步作出规定，约束将士严禁出边攻扰。

"隆庆议和"是隆庆皇帝下诏，封蒙古鞑靼部首领俺答为顺义王，并批准了在长城沿线多处开辟市场同蒙古族进行贸易，结束了在长城沿线燃烧了几十年的战火，直到明末长达 70 多年的时间里蒙古族和明王朝始终保持着和好的关系，没有发生过重大的军事冲突。这一事件的影响在中国古代民族关系史上是不言而喻的。云石堡就是这一重要事件的见证之地。所以它在长城沿线军堡中的地位是不可动摇的。这一历史遗产和文化影响力是其他军堡无法比拟的。

山西右玉云石堡村史馆

# 右玉云石堡（二）

2021 年 9 月 19 日

　　虽然新云石堡地理便捷，但其防守也有劣势。《宣大山西三镇图说》记载："边外马耳山、长沟一带，多罗土蛮等部落驻牧。本堡旧堡凭山为险，缓急可守，改建新堡，密市，防御抚处虽视旧为便，但地势平旷，险非所。且距威远四十里而遥，孤悬一隅，道路崎岖，转输不便，有警似为可患。议者谓旧堡亦当存留以便应援，不为无见云。"

　　《三云筹俎考》也云："改建于王石匠河，密迩市口，但地势平旷，险非所凭。

且东南北三面近山，虏登之，我虚实悉见。虽籍本路援兵，而相距（拒）颇遥，道路崎岖，转输未易。边外虏酋宋银儿、板升等部落住牧，有警殊可寒心。议者欲于堡外东南高冈之处，添筑一台为孤堡一臂之助。又堡外居人无关可恃，特增筑关厢以备趋避之所，即今承平亦弥盗之一策矣。"两部文献都说明新云石堡常有警情袭扰，而且是与"边外虏酋宋银儿、板升等部落"有关。

在查阅文献时，"板升"二字首次接触，这是人名还是部落名称呢？经查，"板升"（bǎnshēng），蒙语"房舍"之意，源于汉语。明朝后期中原的汉族兵民迁徙到俺答汗统治的土默特地区，在那里修筑房舍，开垦荒地，建立村落，从事农、副、手工业生产，向俺答汗等领主交纳租税。当地蒙古族将这些房舍、村落和汉族百姓称为"板升"。后亦泛指土木建筑的房舍、城堡及周围的园田。明末，后金与明交接地带汉人建立的村舍也被称作"板升"。

板升城在哪里呢？文献记载：当大同右卫大边之外，由玉林旧城而北，经黑河、二灰河，一历三百余里，有地曰：丰州，崇山环合，水草甘美，中国叛人丘富、赵全、李自馨等居之，筑城建墩，构宫殿甚宏丽，开良田数千顷，接于东胜川，虏人号曰：板升。

这下我才弄明白，板升城是一群中原人在蒙古地界上居住的城堡，主要位于今天呼和浩特的前身——丰州。板升帮助蒙古人打击中原人，对明边疆进行烧杀抢掠，给人民带来沉重灾难。文献记载："板升者，华言城也，富等先年皆以白莲教妖术诱虏，导之入寇，教以制钩杆攻城堡之法，中国甚被其害。"

"中国甚被其害"，多么痛的领悟啊！试想，有这群汉奸引路，加上蒙古铁骑的武力，进入长城关内攻城掠物，长城沿线军民防不胜防，新云石堡也是受害之一，所以对赵全、李自馨为首的汉奸痛恨之极。在云石堡谈判的条件之一就是拿俺答汗的孙子把汉那吉换回这群汉奸。隆庆四年（1570年）十一月，俺答汗将赵全、李自馨等人从云石堡引渡明朝，明朝将把汉那吉送出境。赵全等人被执送京师，凌迟处死，明政府终于雪耻除凶。

在这个大事件中，赵全、李自馨是何许人也？让我们来认识认识这两个人吧。赵全，白莲教会首，明朝大同左卫余丁。李自馨，白莲教会首，明朝大同浑源县秀才。

据说，赵全等人初到丰州，正逢俺答腿疾，略懂医术的赵全冒死入应州买药，治好了俺答的病，俺答因此与赵亲近，渐渐视其为心腹。知道了板升这段历史，就能更好地理解为什么在"隆庆议和"这么重要的历史事件谈判中，把这8个汉人作为引渡归来的重要条件之一了。所以当隆庆四年（1570年）俺答之孙把汉那吉降明，明朝方面提出以赵全等人交换时，俺答汗毫不犹豫地予以交换。他说："今天使我孙投顺南朝，乃不杀，又加官，又赏衣服。恩厚若此，我今始知中国有道，悔我前日所为，若果肯与我孙，我愿执献赵全等赎罪。我今年老，若天朝封我一王子掌管北边，各酋长谁敢不服？再与我些锅布等物为生，我永不敢犯边抢杀，年年进贡。将来我的位儿就是把汉那吉的，受天朝恩厚，不敢不服。"于是封贡事成，明廷封俺答汗为顺义王。

众所周知，"隆庆议和"后明王朝并批准了在长城沿线多处开辟市场同蒙古族进行贸易，云石堡就是其中之一。云石堡也没有发生过重大的军事冲突，军堡基本没有损伤。

清代以后，这座古堡不再用来屯兵，却造福了邻近的村民，成为老百姓躲避土匪的避难所。当时，为了抵御侵袭，防范侵扰，往往一座古堡便是一个屯兵的堡垒。云石军堡设计精妙，固若金汤，无论防兵，还是御匪，都堪称易守难攻。云石堡成了百姓安身立命的场所。

使云石堡真正遭到破坏的是近百年的天灾人祸。1937年冬，侵华日军一进入此地就相中了这座城堡，把老百姓全部赶出去，将城堡变成一座军营，1943年撤走时一把火将堡中的房屋烧了个精光。八路军怕日军再次侵占，动员村民们将中间挖开。老百姓只能在堡子外面重建家园，那座曾经繁华的军堡也从此被废弃了。

日寇在云石堡的累累罪行，激起了云石堡人民抗日战火在此燃烧，抗日军民用血肉之躯在这筑起了一道新的长城。云石堡这些戍边将士的后人们积极抗日，担任妇救会队长的杨老女是云石堡人，她秘密组织附近几个村妇女给抗日八路做军鞋、缝棉衣；村里家底殷实的姚功，为八路军捐款捐物，有力地配合了正面战场的对日作战。云石堡红色文化记忆深厚，云石堡人富有爱国、团结、和睦、尚武、正义、淳朴的民风，从明代筑堡到抗日战争时期、解放战争时期、抗美援朝时期，演绎了一个全民皆兵的英雄村。

还有就是 1976 年唐山大地震时，云石堡震感强烈，因为房屋窑洞不坚固，倒塌了很多。从右玉县赶来查看灾情的县领导看到堡上有如此多的大城砖，立即动员村民们就地取材，重新修房盖屋。堡墙上的包砖除南墙外全被拆毁，仅存夯土墙，堡外村子民房全部是用堡砖盖的。南墙未被拆是因近代村民凿墙为窑而居，得以幸存。岁月流逝、烽烟散尽，从南墙看，古堡依旧傲然屹立于世，霸气凛凛！

云石堡，是一座英雄的堡、一座繁盛的堡、一座红色的堡、一座带血的历史丰碑、一部恢宏的历史典籍。如今，堡的防卫功能已经消散，但承载的文化根脉未断，古朴雄浑的风骨犹存，人们依旧被它历经的岁月的变迁和折射出的历史记忆所震撼。县委、乡镇的有识之士在村里建设了云石堡村史馆，以将这丰厚的优秀历史文化传承下去。

历经了千年风雨历史沧桑的云石堡，2005 年被山西省人民政府批准为右玉县重点文物保护单位。近年来右玉县委、县人民政府高度重视云石堡的保护和开发利用，大手笔规划，大力度建设。古堡将走过它的沧桑，跨越它的繁盛，迎来全新的辉煌。

这里的远山如黛，绿水如碧，层林尽染，边塞特色的古村、古貌、土街、旧屋，陆续吸引剧组来村里拍摄。开启了云石堡以影视基地为龙头发展文化旅游业的梦想之路。2017 年，《右玉和她的县委书记们》剧组曾在此取景拍摄，随着该剧在各大电视台播出，云石堡出现在全国人民的视野中，引起轰动。后来又有一部名为《走向胜利》的电视剧也在此拍摄，幽静的云石堡又人声鼎沸，枪炮声、厮杀声，响彻山谷，好像穿越到金戈铁马的年代。朴实的村民们期盼着云石堡能建设成为影视基地，为村里带来新的大变化。

## 第 21 站

## 平鲁七墩村

2021 年 9 月 20 日

从徐氏楼下来，便驾车驶向七墩村，过长城时发现这里应该就是古时候的七墩口了，七墩河自东向西流入清水河境内成为出入内蒙古、山西的交通要道。当年这处关口应该是有防御设施的，但今天的长城从东南山上下来到这旷阔的河谷隘口里什么也没有了，早已消逝于历史的尘埃之中。

两村不过一里地却风格不同，新村建在山坡上，房屋很旧，村道窄小泥泞，每院都有牛羊养殖。牛、羊粪味压过了芳草的清香，甚至找不出一块平一点的地方扎营。七墩村就不同了，它建在宽阔的平地上，村道不但硬化，路边还有太阳能路灯，一排排新房边的农田里都有种植的蔬菜。村部门前有个小广场上有老乡在晒粮食。一山有四季，十里不同天，新村那边下得湿漉漉的，这边还在晒粮。不过有一点是

山西平鲁县七墩村烽火台

一样的，起风了，气温下降了，都很冷。

天气寒冷，小广场风大，大家想找一块避风的地方扎营，看到村部院内干净整洁又避风，但是大门锁着，经打听钥匙在附近张老师家，寻到张老师家一问钥匙不在。当看到张老师家的院子很大，提出在此扎营时，张老师夫妇热情接待，我们在此度过了一个难忘的夜晚。

张老师退休了，世居七墩村，说起七墩村的历史他侃侃而谈。七墩村，村边就是七墩口，作为交通要道，地处特殊地理位置，是两省（区）四县交会处，即内蒙古清水河县与和林格尔县、山西朔州市平鲁区与右玉县在此交会。

就七墩口而言，它是明长城众多要隘中的一个隘口。这段长城上有多少水门隘口呢？据《绥远通志稿》（内蒙古人民出版社，2007年版）第一册434页所记载："循杀虎口边墙历数而西，曰闇门口、云西口、七墩口、大水口、白蓝口、水门口、杨家大口、市怀口、庄口、二十六口、五眼井口、滑石口、水门洞口、老牛坡口、官河口、土地夹湾口，共16个隘口。凡此各口，在无事时为商运绕越之捷径，有事时为不可忽略之险要。"

有事之险要，无事之商运捷径，是这些隘口的主要作用。七墩口也不例外，特别是商运，而且还很有名气。七墩口的民市初设在沿长城南0.5公里的徐氏楼，从地形上来看那里地势很高，山地无平展之地。由于七墩口是"鸡鸣闻四县"之交通要道，地理位置优越，前来进行交易的蒙汉人们接踵而至，交易量大。而徐氏楼山高路远市场小，给繁盛的贸易带来诸多不便。于是，将贸易马市干脆挪至了七墩口一片更开阔的场地，发育成了一个更大的交易市场，这就是七墩村的前身。

七墩口市场交易额甚至超过了一些个官市，名气远播边塞内外。因为七墩口贸易额仅次于杀虎口，清政府还专门在这里设置了税厅。七墩口的名气大到什么程度呢？可以这么说，远道而来的商贩们只知道有杀虎口、七墩口，而不知道有平鲁和井坪，曾戏谑"有七墩而无平鲁"。而且最早开通官市的威远城直通七墩口的路被称作"七墩路"。据《七墩镇官买粮草碑》记载，七墩隘口沿边北上直达杀虎口，越过七墩镇边口即进入蒙古驻牧地界，向西经归绥六厅，随古丝绸之路，向北经归化、绥远，通过蒙古草原、库伦进入中俄边界的买卖城——恰克图。

贸易延续到清代，伴随"走西口"移民，七墩形成了一个大集镇，七墩口被改称"七墩镇"。街道两旁字号毗连，买卖兴隆。街面还开设多家当铺。不幸的是七墩镇于民国四年（1915年）被兵匪卢占魁抢劫烧毁，卢匪还烧了清水河县衙。抗战时期又遭日军烧杀抢掠7次，至此七墩破败，除留下关帝庙外，其余沿街商铺全被焚毁。现在成了七墩村。七墩村长城马市的开放，沟通了关里关外，不管是战争时期还是和平贸易时期，不只是缓和了明蒙的民族矛盾，同时也繁荣了长城边境地区的村庄经济。

七墩村虽然衰败了，但它的文化却流传了下来，晚上我们盘坐热炕围炉夜话。张老师妻子的坐姿一下震惊了我们，两腿相盘，左腿压在右腿上，一般没练过瑜伽的年轻女士很难做出这个动作。问其根由，说这是七墩村女人的标准坐姿，从小奶奶就这么教的。

说起七墩村的文化，张老师介绍说首推长城文化，现村旁，竖一文保碑，上书"省级重点文物保护单位明长城——平鲁段，朔州市平鲁区人民政府2016年10月立"。2016年12月，七墩村被住房城乡建设部等部门列入第四批中国传统村落名录。还有就是现在新翻修的关帝庙，为平鲁区文物保护单位。原来的庙在小土岗上，小庙虽小，但非常的精致、精巧。庙内满壁的三国故事壁画据说是京城的名画家所绘。

我请教了一个自走长城以来长期困扰我的问题，在明蒙关系中，边防要塞除了军事功能外，互市贸易也是一项重要内容。七墩村就是实例。王崇古曾言："必须许以市易，以有易无，则和好可久，而华夷兼利。"互市的开合，是民族之间的碰撞和交融，这是明蒙关系发展演变过程中不可或缺的部分，也是今天"长城文化带"的特征之一。为什么在长城互市贸易中是以物易物的形式，而不是用货币呢？

张老师介绍道，这是因为在宋朝初年，内地用铜钱向边疆少数民族购买马匹，但这些地区的牧民则将卖马的铜钱用来铸造兵器，这在某种程度上威胁到宋朝的边疆安全。因此，宋朝在太平兴国八年（983年），正式禁止以铜钱买马，改用布帛、茶叶、药材等来进行物物交换。在茶马互市的政策确立之后，宋朝在今之晋、陕、甘、川等地广开马市，大量换取吐蕃、回纥、党项等族的优良马匹，用以保卫王朝边疆。元朝不缺马匹，因而边茶主要以银两和土货交易。可以说唐、宋等朝皆与边疆草原

*山西平鲁县七墩村广场*

民族进行马市交易。明承此制,沿袭了宋朝的做法,用布帛、茶叶、药材等来进行物物交换。

穿越七墩口长城,一边是内蒙古的新村,一边是山西的七墩村,在古代一个是游牧民族,一个是农耕民族。我们刚从新村过来,对两村印象不同,询问张老师,新村看着没有七墩村整洁富有,那里的民风习俗有什么不同?

张老师回答说那你们不知道,"隆庆封贡"庆典的举行,结束了明朝与蒙古之间绵延200余年的战火,换来了"边民释戈而荷锄,关城熄烽而安枕"的和平景象。每当互市时,常常出现两族人民"醉饱讴歌,婆娑忘返"的情景。农耕民族与北方游牧民族长期交往,不仅通商,而且通婚,最终形成了"我中有你,你中有我",有了相互渗透和交融的深厚关系与民族情谊。现在两地村民,已无血缘、族氏的差异和区别,长城的存在也毫不影响相距如此之近的两村的交往。但现在行政区划的管理划定,却带来了不一样的结果。新村的人比我们村更富有,他们镇上家家都有楼房,只是一些村民在老家养殖牛羊,所以被人们误以为经济上差一些。

聊至午夜,老两口劝我们住在屋内热坑。我们坚持睡在帐篷,拂晓时分下了阵小雨。早起走在村间的水泥路上,山村的空气真是清新,做一个深呼吸都是那么舒服。一排排改造后的墙灰瓦房整齐地排列着,每户都有个小院子,院儿里很干净,有的院子在角落中摆着凉棚桌椅，有的则是用矮篱笆围起一小块地，种着蔬菜或花草。

　　散步村外，清晨山林中淡淡的雾尚未散去，远远看去若有若无，如仙女舞动的轻纱。长城下面芳草如茵，一丛丛、一簇簇不知名的野花，沐浴着阳光，绽开了笑脸，花瓣上的露珠在晨光的映照下，闪动着五彩的光。这里没有商业化，是真正的长城人家。在这里你会真正深刻地感受到长城沿线、长城内外、长城脚下的传统村落是长城文化的重要组成部分。只有在长城脚下传统的村落中，才能体会到长城之美，美在乡村！

　　最后，用同车游的长城爱好者小沐的感言来结束这难忘的一夜："夜宿朔州市平鲁区七墩村张老师家，张老师的妻子是当地农民，盘腿功夫一流，这里是山西与内蒙古交界地，长城为界，两村相隔半里地，互称口里、口外，这里长城绵延起伏，长城内外满山遍野高粱、谷子、莜麦、糜子，蔚为壮观，真是群山巍巍、山河壮丽，一次再次为大美长城惊叹、惊艳，为淳朴善良的长城人家感动。爱我大美长城，爱我华夏风光。"

山西平鲁县七墩村农家

山西左云宁鲁堡

第22站
SHANXI
CHANGCHENG
FANGGU

## 左云宁鲁堡

2021年9月年21日

　　走长城进入左云县境后，路边突出一块巨大的路标石：摩天岭省级风景名胜区。大石头下聚着一群游客在指指点点，交头接耳，窃窃私语。上前一打听才知，上山的路在修，山上的长城和石林景区不能看到，幸好新修的长城一号旅游公路已经开通，沿线长城景点基本都能看到，只能放弃石林景观，从这里开始游览左云长城，就在大石头的对面就是一个古堡遗址——宁鲁堡。

　　据百度载：宁鲁堡旧称"西堡"，这是相对于其东部的威鲁堡而言的。此外，它还有"施家堡"之称，是明朝大同镇七十二城堡之一，也是外五堡之一，或称靖虏五堡之一。

从平鲁而来，这里有威鲁堡、宁鲁堡，又是靖虏五堡之一。首先引起我的注意就是这个"鲁"字，这片地方上的地名怎么"鲁"字这么多呢？它的出处在哪？为什么人们起地名要用它呢？

经查，"鲁"字是经"虏"字演变而来，李白诗中讲：何日平胡虏，良人罢远征。其中的胡虏就是指西北边境进犯的敌兵。查阅地方志，你会发现曾经的"鲁"并不是这个字，准确讲应该是"虏"。同义的"鲁"字取代了"虏"字。在字典中，虏的字义除俘虏外就是中国古代对北方游牧民族的贬称。

明前期的长城沿线始终处于蒙古瓦剌部与鞑靼部的袭扰之下，所以这个时期设立的军事卫所，大多有浓烈的军事斗争意味在里面。由于战争的残酷引起的仇恨，泛指进犯的敌人的"胡虏"二字在地名和军堡中就带有了战争的血腥味道。如大同七二名堡中就有。残胡堡、威胡堡、破胡堡、杀胡堡、灭虏堡、威虏堡、宁虏堡等。而宁虏堡的名字，用一个宁字在前，则反映了一种迫切愿望与长久目标。

清朝建立以后，清朝统治者总觉得"胡虏"是指自己，"胡虏"之名显得很不合时宜。1725 年，清朝雍正皇帝在长城沿线推行"撤卫改县"时，把有"胡""虏"二字的地名、关口、军堡等改名。如把"杀胡口"改为"杀虎口"，把"平虏卫"改名为"平鲁县"，把"宁虏堡"改为"宁鲁堡"。用同音不同义的"鲁"字取代了"虏"字。

现在的宁鲁堡已经变成宁鲁新村，通向村中的街道漂亮干净，清晨，静谧无人。古堡北墙外立有一长城画壁彩画鲜艳动人，极富装饰感，告诉人们这是长城沿线上一个著名古堡。据《三云筹俎考》载："宁鲁堡（明称"宁虏堡"）属大同镇左卫道北西路所辖，周二里七分，高三丈七尺，嘉靖二十二年土筑，万历元年砖包，驻兵 607 人，骡马 197 匹，明时设守备、座堡各 1 员，把总 2 员，分守长城十一里三分，边墩 18 座，火路墩 11 座，市场 1 处。"

而现在的宁鲁新村属山西左云县三屯乡所辖，位于县城北 19 公里，北距长城 2.5 公里，210 省道擦村而过。

整个堡城基本完整，南面堡门现已无存，四角有角墩，比较细长。角墩之间各有两个马面，四周有壕沟。外有瓮城开东门，现已无存。今其余三面城墙均掘开豁口通行，包砖早已拆光，整体堡城尚存。堡内外住满居民。

宁鲁堡不大不小，在雁门关外大同镇七十二城堡中，属于中型城堡。但它地处山西通往内蒙古的要冲，自古为军事要塞。由于这里山高谷深，战略位置十分重要。明代在此便筑了这座边堡以扼其险。《三云筹俎考》记载："宁虏堡（嘉靖二十一年土筑，万历元年砖包）本堡边外土城一带，虏酋大兰把喇素部落住牧，虏若入犯，必从本堡迤南而入。嘉靖中由此大举，直掠怀、应、山、马等地方。"这段文献中"怀、应、山、马"指今天山西省朔州市的怀仁、应县、山阴、马邑，明嘉靖年间蒙古骑兵从宁鲁堡所在的位置进入了这些地方掳掠。

强敌在前，必然要强固城堡。在建筑材料上采用"就地取材，因材适用"的原则。堡西有关家山石林，有火山形成的六棱柱石，据说堡墙基础全用此种柱石垛起，极为坚固。宁鲁堡因此而闻名于世，并由此产生了一个美丽的神话，这就是神羊驮石筑宁鲁堡的传说。

据说，当年宁鲁土堡筑成后，很不坚固，后来在包砖外墙时有一位总兵看了关家山的柱石，便下令工头带领民工采石，并给工头们下令："各自想办法运料，不得延误工期，违者杀头。"这可难住了这些工头，眼看着采集的石料堆积如山，可就是解决不了运输问题。那日，众人正急得无计可施时，看见了一位老者赶着一群羊悠闲地放牧。老者见众工头一个个愁眉不展，便主动上前打问缘由。众工头如实相告。老者听罢只是微微一笑说："这有何难？我这么一大群羊还怕帮不了这个忙？"众人听罢，都以为老者在说笑，便不再与老者搭话，心中焦急如故。到了次日晨起，众工头发现关家山采集的石材不翼而飞，原来堆放石材处只留下一片空地。遂派人到宁鲁工地查看，很快就回过话来，宁鲁堡一夜之间已码起了排排石料。至此，众人才如梦方醒，才知道是神仙化成羊倌儿带着一群神羊帮了大忙。

传说虽然是虚构故事，但也是依据一些事实的基础编造而来的，这个美丽的传说就是基于城堡的基础确实是关家山上的。至于那些巨大的棱柱石究竟是怎么运到宁鲁堡的，是后人们难以想象的。关家山距宁鲁堡少说也有七八里，若是在今天有汽车起重机时代看，搬运这些石材不算太难。可在四五百年前的明朝，在那只有马车、

山西左云县宁鲁堡前的摩天岭标识碑

牛车的年代，生产力如此低下，要搬运如此笨重又数量巨大的石材谈何容易。宁鲁堡的先民们不知用什么方法做成了不可能办到的事，这是一个奇迹，所以才能产生这样美丽的传说。

还有一个传说印证前面的传说，是宁鲁堡筑城提前完工，那位总兵得到皇帝的嘉奖，在庆功宴上因饮酒过多狂笑而死，人们把他安葬在长城下。如今，那座高大的总兵坟仍屹立在八台子村后的长城边上，1995年被公布为省级文物保护单位。

至于到底是怎么拉来的，八达岭长城有"山羊驮砖"的故事，显然在这里是不可能的，这些六棱柱石太重，不是山羊能驮动的，用牛、马驮应该是可行的。还有一个办法也是古人常用的运输大型石材的方法，那就是冬天洒水冻成冰路，从冰上拉运。有记载北京故宫里的大型石材就是这样从北京西南郊房山、大石窝和门头沟的青白口在隆冬严寒滴水成冰的日子，从井里汲水泼成冰道拉运过来的。这个方法也应该是最快最有效的方法之一吧。总之，古人的聪明才智是我们现代人难以想像的，宁鲁人也应为有这样的先人而骄傲。

当然，宁鲁堡也和长城沿线其他军堡同样是一处繁华的边防口岸。《三云筹俎考》记载："款塞以后，设有市垣，夷人月赴贸易，一切防范视他堡称难云。""款塞"指明蒙之间的"隆庆议和"，此后长城沿线不再兵戈相见，而是开启了多处马市进行贸易，宁鲁堡也是其中的一处。民国初，宁鲁堡渐成村庄。

庙会是中国民间的一种社会活动，每个村都会举办，它是乡村的节日，在庙会期间逛庙会的老百姓从四面八方赶来买卖货物，观看表演，品尝小吃。特别是在这长城沿线的村庄举办的庙会，更是蒙汉群众喜欢的节日。明朝中后期，边防战事逐年减少，蒙汉在边境互设马市，堡内居民增多，商业兴起，儒释道三教迅速发展，大兴土木，修建寺庙。1949年前，这里定期举行庙会，由会首操办，请戏班演戏，进行商贸，参拜神佛，如四月初八奶奶庙会、六月初六龙王庙会等。

现在村内这些建筑大都毁于战乱，民国初冯玉祥的石友山部和奉军张作霖部在堡内驻防时，大量拆毁庙宇，取木材当柴烧。日伪时期修碉堡又拆掉一部分，现已全无。有点特色的是北墙一个马面上不知何年建起的小庙，据说叫玄天庙，供奉北方之神（玄武），高高在上且很小、粗陋，我们没有上去观望。

村中的街道是水泥硬化的，没有其他垃圾，但是羊粪蛋蛋均匀地撒满路上，可以看出早晚出进村的不只是一群羊。询问得知，现村中姓氏有李、白、陈、王等十几姓，120多户，200多人，种植作物以五谷杂粮为主。近年来，养羊成为人们收入的主要来源，村里共有10多群羊。关于城墙砖的记忆，村民说日本人来时，在三屯驻扎，修碉堡、建卡子，强令老百姓拆堡砖。新中国成立后，居民们也开始拆砖建房。

宁鲁堡并无什么特别之处，稳稳地安睡了数百年，突然想到云石堡外那块大石刻字：烽火已无痕，威仪今犹在。这应该是对今天所有长城沿线古堡村一派悠闲祥和的景象的描述吧。

山西大同左云县月华池

# 左云月华池

2021年9月20日

　　从八台子村到月华池不过8公里路程，天气从阴转小雨，在我们阅读月华池简介时，突变倾盆大雨，还未来得及看完，便跑向月华池旁边的瞭望塔里避雨。这个瞭望塔位于古堡的东南侧，高20米，木结构楼橹，四层楼台结构，四墙空旷，专为游人观赏月华池古堡、长城及周围风景所建。在三层上阁挂一黑匾：长城阁。因为古堡为保护区禁止游人进入，只有在这里能观古堡全景。

　　古堡面积很小，小到像我们老家旧社会大户人家的寨子那样。只能用袖珍来形容。堡呈正方形，边长 66 米，围长 264 米，面积约 4300 平方米。北墙上高出墙体两丈的烽火台，据说腹内有洞梯可上，堡墙内外无砖包痕迹，亦无门，就是一个土圆圈。曾有记载说城内还有一因碧池映月落星而得名的月华池，现在雨天没有明月，但那一池春水应该还在呀，太令人失望了，我就纳闷了，以"池"来命名古堡，一点水和草都没有，是谁起了这样一个充满诗意的名字呢？

月华池，也就是长城沿线上一个普通的哨堡，介于敌台（或墩台）与屯兵堡之间，它距东威鲁口关城 300 米，南距威鲁堡 500 米。依长城所筑，背靠长城骑墙建敌台，筑基与边墙平，高出长城 5 米。据载当年敌台中层空豁，四面箭窗，上层建楼橹，环以垛口。当然现在只剩一座高耸的墙体，给我感觉有点像赫连勃勃那个统万城遗址的那墙头，当然比那个逊色一些，那个是白色，它是黄色，但有一种当年的威武的气派所在。哨堡内可以驻扎大约一个总旗的兵力（明代兵制，总旗 50 人）。门开西边设专用台阶与长城接，走墙上廊道直达威鲁口关城，以便互援。战时起瞭望侦查、点火传信、守关御敌等作用；和平时期起茶马互市、通关贸易等作用。

该堡的奇特之处就在于它有一个别致的名字——月华池，透着清秀之气，温文尔雅甚至带有几分浪漫。大家知道，这一带筑有破鲁堡、灭鲁堡、威鲁堡、宁鲁堡、破虎堡、威虎堡、杀虎堡、灭虎堡等古堡，一听名字，就能感受到当年古战场的杀气！偏偏这个袖珍古堡起了一个美丽的名字，也就是这个美丽动听且含秀色风情的小堡名字引得各路学说纷纷出炉，五百年来引起文人骚客们产生了无限的遐想。在当地民间，也有无数传说在广为流传。有了这些美丽感人的传说，更加增添了它的魅力，使其不再冰冷，也充满了灵性！

传说一，为何有这么一个风花雪月的名字？说这里是汉军戍边将领、军卒欢娱之所，并是吴越歌女伴琴弄影的亭台，有羌笛，有歌妓，有酒，有肉，有哀怨，有麻木。编撰的依据可能是边塞军人面临"可怜无定河边骨，犹是春闺梦里人""醉卧沙场君没笑，古人征战几人回"的现实困境，在此消解戍边军人那种寂寞、孤单、战争的愁绪和思乡的情结及种种的无奈的悲情。

传说二，为什么有这么一个清秀浪漫的名字呢？说在当时的戍边士卒中，有一个人的妻子叫月花儿，千里寻夫来到此地，并在此安家。可没过多久，她的丈夫便在一次战争中丧命。月花儿悲痛欲绝，不久也染疾身亡。人们把他俩合葬在这座小城堡的旁边。后来，在他们的坟头上竟长出了一丛丛冬夏常青的奇草。人们便把这种草叫作月花草，这座小城也就叫"月花池"了。这段传说编撰的依据是可以想象的，那些在此长期驻守的士兵们，月夜在城墙上巡哨时，在万籁俱寂中默默俯视湖面上映月落星时，在他们的心里，一定会想起远方的曾经秀色多情、婀娜偎依的妻子和情人吧。古诗云："由来征战地，不见有人还。戍客望边邑，思归多苦颜。高楼当此夜，叹息未应闲。"这符合古代文人墨客所追求的爱情的意境。

传说三，为什么有这么一个温文尔雅的名字呢？这是当地的正式说法，翟鹏修边筑月华池时，其官邸位于左云城真武大帝庙旁，真武庙左右有"日精""月华"两座牌坊。因翟鹏同明代将士都敬奉真武大帝，遂为修筑好的小堡起名"月华池"取日月精华之意。也有专家考证月华楼是后期杨博所修，名也是杨博所起，因为当时的左云城有三座真武大帝庙，而真武大帝庙侧或庙前，往往就是卫指挥使和守边将领们的衙舍，或巡边总督、总兵、巡抚和大员们下榻的官邸，当杨博接到下级的请示欲给威鲁口袖珍堡起名时，官邸前真武大帝庙旁"日精""月华"的牌楼照耀着这位大员，当他考虑到威鲁口当显重要隘口关塞时，更需凝结集聚日精月华的力量，去抵御北方随时入侵的草原民族。于是就起了一个"月华池"的名字。

这两位将军起名的依据符合当时边军的信仰。道教中的真武大帝是镇守北方之神，为历代朝廷和民间百姓敬奉，尤其明代为抵御北方草原民族的入侵，为凝结士气更信奉这个被尊称的神灵。寓意保障守卫的金城汤池，对来犯之虏能克敌制胜，所向披靡。虽然后来欲将这个城堡改作马市，但名字不改以至传承延续至今。

月华池何时所建？为什么要建？为什么建后要改马市？后来连马市也弃而不用？这些迷惑吸引着各路专家前来探访研究，学说也各自不同，我只能引用我认为比较符合实际的理论加以述说。

一、修筑时间。一说月华池由翟鹏修建于1543年，与威鲁堡同筑。翟鹏，字志南，河北抚州（今秦皇岛抚宁）人。正德戊辰（1508年）进士。此人文韬武略，为明代重臣。"嘉靖二十一年总督翟鹏修边三百九十人"（《大同府志》载）。但月华池没有包砖，也无门，给人感觉是未完工的军堡垒。

山西大同左云县月华池长城

又有专家考证说月华池是由杨博所修。杨博为嘉靖八年（1529年）进士，官至兵部尚书、太子少保。月华池修筑在嘉靖年间后期与隆庆年间。嘉靖三十六年（1557年）十一月，俺答包围右玉城达半年之久，守将王德战死，城中粮草殆尽，士兵在故将尚表、麻锦和麻贵父子的激励下拼死坚守。就在右玉城岌岌可危，就欲溃败之际，嘉靖帝急命丁忧在家的兵部原尚书杨博总督宣大、山西军事。杨博身穿孝服，连夜从蒲州（今永济市）疾驰出雁门关赶赴，对阵亡将士厚加抚恤，奏蠲大同租赋，招募丁壮为义勇，造偏箱战车百辆，令遇敌则右、左卫互相声援合击，方才解围。

随后杨博巡边，鉴于边墙已多毁坏，又鉴于已筑威鲁等堡规模少屯兵不足，奏请明廷，修缮补缀长城，在已修筑好堡子原有基础上增筑加大规模。同时在右玉牛心山一线要冲再增筑边堡9座，补缀增筑向东直达大同。月华池应在这期间增筑。

二、为何增筑月华池？完全出于军事防守目的，扩大屯军守口。威鲁口宽百米，藏河常年水流不断，冬天河水结冰，俺答最易从这里突破。但比与威鲁堡同时期筑成的关城规模小了些，围长不到百米，也就约400平方米的面积，驻不了多少守兵。为此，只好在口子东300米处高地上筑月华池，设计规模围长约300米，占地面积约 3600 平方米，要比威鲁口关城大 9 倍。与此同时，威鲁堡也加固增筑，在原来的规模基础上紧依南墙加筑了一个堡子。因为原来的设计规模有些小了。

三、为什么建后要改成马市？这是因为当月华池正在修筑中，长城上发生了一起震惊草原与中原的大事件，俺答汗的孙子把汉那吉投靠了明王朝。这件惊天动地的大事件不仅影响了明蒙关系，也影响了月华池的修建和作用。这就是"隆庆议和，俺答封贡"。在隆庆四年至隆庆五年（1570—1571 年）在德胜堡由明蒙协商成的一个停止军事冲突、和平解决争端封贡互市的协议。

"隆庆议和"，封贡互市，沿边先开通了陕西三边、大同威远、宣府万全与张家口、

山西大同左云县月华池遗址

山西水泉营 5 处马市；明万历年初，又相继开设了助马、宁鲁、杀虎、云石、迎恩、灭虎等处马市，共 11 处，皆为官市。顷刻间，边贸经济繁荣旺盛起来，大大方便了蒙汉两族人民的生活，沿边争战多年后的和平景象呈现出来。

就在"隆庆议和，俺答封贡"的当儿，月华池仍在修筑过程中。猛然间，长城沿线停止了战争，并要开通互市，这已快要完成的月华池堡不就是开通马市的一处很好的场地吗？何况又完成了大半工程。既然蒙汉一家了，月华池无疑失去了它的

军事防御作用与功能。

当大同镇总兵将这个建议呈报给明廷取得同意后，就按马市的规格改筑。按要求，在已修筑好月华池堡的墙外，再修筑一个由蒙古族容纳交易牲畜和物品的场地。现在月华池的墙北面，有一个东西长 130 米、南北宽 90 米的马市堡墙的基础痕迹。基础夯墙高出地面 1 米多，这应该是马市遗址。

然而时隔不久，接到停止修筑月华池马市的通知。其原因是明廷对呈报的新开通的多处马市重新作了调整。据《明穆宗实录》记载，"隆庆议和"时，最初选定的马市为威虏堡，但蒙古俺答汗认为威虏堡"山高乏水"，因此"请解得胜堡，以堡故旧市所也"。于是，明朝同意了俺答汗的请求，将马市改在了得胜堡。

这也是双方商议的结果，从朝廷来讲，论距离，月华池东距助马口马市为 36 里，西距宁鲁口马市 16 里，在这么近的距离设 3 个马市有些多余。宁鲁口是南北与东西纵横交叉的古道口，交通便利，流通人员多，更有交易优势，何况地处杀虎口马市、助马口马市中间，位置适中。于是威鲁口马市胎死腹中，月华池被遗弃了。因而给威虏堡留下了一处未完成的马市"工程"。

走长城之所以不同于单纯山野穿行，其意义就在于山川也被赋予伟大的人文历史，自然也有血有肉有魂魄。月华池这个雄伟壮观扼守要冲之地，历经风雨沧桑时代变迁，时光荏苒，我们今天看到的只剩黄土垒台，满目荒凉。它的光彩褪去甚至体无完肤，但美韵犹存，令人向往。这是一段历史，也是一种活着的文字，它的故事还在延续！

## 第24站

## 左云威鲁堡

2021年9月20日

  站在长城上,向南瞭望,绿色的田野中立着八个红色的大字:日精月华,人杰地灵。一群白色的羊群悠闲地吃着草儿,田野的背景出现一座多孔的现代水利建设工程渡槽,宛若巨龙亘卧,横空出世,堪称雄伟。在烟雨蒙蒙中有点江南的感觉,

山西大同左云县威鲁堡

整个画面构成一道别致的风景。在美丽的田园风光的旁边，静静地坐落着一个很大的古堡——威鲁堡，这就是我们下一个要探访的地方。

威鲁堡与月华池相距 500 米，近在咫尺，步行而进。初见古堡，墙体峻峭，马面高凸，角台敦实。南墙外壕沟沿存，只是多些树木。堡内外均住人家。从残垣断壁里穿进，问一老乡，说这是八吊子堡。八吊子堡？古籍未见其名，甚是奇特。威鲁堡，原称威虏堡，清代改为威鲁堡。据《三云筹俎考》载：威鲁堡，周二里二分，高三丈八尺，驻兵 781 人，骡马 209 匹，嘉靖二十二年（1543 年）土筑，万历元年（1573 年）砖包。明时在此守备，分守长城十二里，边墩 16 座，火路墩 8 座。

这"八吊子堡"名从何而来呢？仔细询问老乡得知，这个堡的形状像个"八吊子"，所以叫"八吊子堡"。那么，这个"八吊子"到底是个什么形状呢？老乡说是本地人用于拧毛绳的器物，一般用羊肱骨制成，两头大，中间细。威鲁堡是由两个堡子组成，从空中俯视就是两个错开一点距离的方格子，像一个捻线用的拨吊。说实话，因为没见过"八吊子"，到目前为止还是一个抽象的概念，直到看到威鲁堡的平面图，才真正理解了为什么叫"八吊子"堡。从图上看，威鲁堡是由一个正方形的堡子连接了一个长方形的堡子，因两个堡子的连接墙错位，而成为菱形。在具体比喻一下就是形状如两个火柴盒平面摆好，然后将下面的火柴盒向右顺推 40 米。此堡呈"互"字型，由于构筑奇特，长城沿线绝无第二个堡子与此类同。这个"拨吊"就成了威鲁堡的 Logo，提起威鲁堡就想起"八吊子"。

问题来了，为什么威鲁堡建设成这么特色的结构呢？这要从它的地理位置上说起。为了便于理解，我们来分析一下修筑威鲁堡所占地形地貌。威鲁堡是守卫威鲁口，从威鲁口向外，山峪道可直达北面的平顶山顶，顶上有一圆峰，状若毡帽，土人谓之"毡帽山"。清代《山西通志》《朔平府志》《左云县志》和民国年间的《左云志要》对此山均有记载。《明史》记载张轨从成国公朱勇出塞，北逐元人至毡帽山，即指此山。

《三云筹俎考》里记载："威虏堡，本堡设在极边，西南地势平旷，戎马易驰。边外地名秃墩一带，虏酋忽都儿、大同部落住牧。"又载："明嘉靖中蒙古贵族曾多次率兵由此入犯，隆庆初年曾被其围困。"查阅史料，嘉靖二十年（1541 年）、二十一年（1542年），俺答两度从威鲁口、宁鲁口等诸口数次攻入山西，长驱直入，大掠晋北，一直攻掠深入太原附近及太原之南的沁、汾、襄一带。

明嘉靖二十五年（1546年），蒙古俺答称汗后，多次突破此口，深入内地进行抢掠。有记载：（嘉靖）三十一年……虏复引二千骑寇我云中。威虏堡指挥使王恭御于平川墩，战死。参将张腾驻兵助马堡，相去两舍许，闭垒不出。虏遂由高山城砖窑儿南下，大略怀仁石井村而去。（嘉靖三十三年六月）癸酉，大同总兵岳懋率所部兵巡边，驻灭虏堡。会虏万余骑犯五堡、左卫、威宁等处，懋迎击之。深入至青圪塔，陷虏伏中，我军大溃，懋力战而死。嘉靖间损将覆军之祸，鲁堡将士中有400多名战死，堡人至今言之犹有惧心。

这种形势下，明王朝再没有先王的强悍气势逼敌，为防守俺答进攻侵扰，把以前以防守和进攻为战略目标的军事思想，转变为以防守为重点的战略目标。《山西通志》讲：明天下大镇有九，大同镇最为要冲，大同镇有道为四，云西道最为要冲。云西道在左云，那么云西道的要冲在哪？在威鲁口，在宁鲁口；宁鲁和威鲁两隘口是藩屏保护大同镇乃至北京都城安全的重中之重。为保证这个重要目标，以前修筑的城堡按计划派遣的驻兵显然难以抵御强势进攻的俺答。在这种急迫的形势下，翟鹏住进左卫城，当机立断扩建威鲁城堡和威鲁口关城，以增加防守驻军。"嘉靖二十一年总督翟鹏修边三百九十人。"（《大同府志》载）

很快一个长方形体的城堡偎依正方体的城堡筑成。原堡依河而建，墙外就是一条大河，筑堡避河，这就是两个方格子稍微错位的原因，形成一个长方体堡与正方体堡衔接的特殊而怪异的城堡。在防守布局上，威鲁堡、月华池、威鲁口关城成"品"字形设计构筑。其寓意御敌坚固、牢不可破，而将犯境之敌三口吃掉。寓意当然是后人想象的，实际上，"品"字形布局在防守上易形成守卫掎角，相互支援的三角形防线。这种固若金汤的堡垒布局，凡长城重要关口，都是这样的规划设置，如距威鲁东40公里的镇羌堡，与德胜口关城和市城堡形成"品"字形结构建筑，人们称"一口三堡"，其形制与威鲁堡有异曲同工之妙。

说起翟鹏，对我这个宁夏人来说并不陌生，不陌生的原因是他来山西之前曾任宁夏巡抚。记载所说，翟鹏巡抚宁夏时，边塞防守松弛，朝中无人过问，边官边将任意私占精壮兵卒供自己役使,边塞重地只剩下一些老弱残兵把守。野鸡崌台一带20 余座烟敦孤悬塞外,翟鹏下令尽数清理被私役的兵丁,恢复了野鸡台一带的守备。此举伤害了一些边官、边将的利益,他们对翟鹏怀恨在心。同年,俺答大举入侵,边塞粮草不足,边民啼饥号寒,翟鹏据实陈请求朝廷赈济,朝廷不但不允,反将翟鹏停俸。在俺答大举入侵时,总兵官赵瑛不能竭力抵敌,致使百姓涂炭。翟鹏秉公劾奏,反被赵瑛所讦。皇帝大怒,翟鹏被撤职。同年七月,俺答又大举入侵山西,杀掠太原、潞安。翟鹏又复官,兼督山东、河南军务,巡抚以下均受其节制。

漫步古堡内外,随着战争的缓解,威鲁堡演变为村庄,斑驳的民居老墙与新翻修的白墙红瓦相互依存。随着岁月侵蚀和人为损坏,威鲁堡包砖以及堡内当年的所有设施基本湮没于历史尘埃中。天空之下残墙、护城河遗迹清晰记录着城堡原有的规模和气势。悠久的边关重镇和北方普通偏远村落好像没什么两样。但是,它悠久的历史,深厚的文化底蕴还在,还在继续传承。1956 年,村西挖出 31.5 公斤重的生铁一块,经专家鉴定为"秦权",它是我国第一枚出土的,也是最大的秦代铸铁"秦权"。其呈马蹄形,为秦始皇统一全国度量衡提供了可靠依据。该文物现由中国历史博物馆收藏,范文澜《中国通史》还收录了它的照片。

现在村内一处砖砌小龛,内嵌一方小石碑,文字已经无法辨认,那就是有名的节妇碑。村民讲述了一个明朝时堡内曾发生过的凄美爱情故事。崇祯年间,宣化人李某与妻子贾氏在堡内打工做佣 29 年,不想丈夫病故,贾氏变卖家业购买棺木后,沐浴更衣绝食而亡,达到了与夫君"同日而死、同衾穴宿"的人生夙愿。威鲁堡守备为其立节妇碑以纪。节妇的故事凄美动人,但现在看来应是一件极痛心之事,不过也不影响这个故事几百年来一直在传诵。如今的生活中,人们须钟情,但不可以过分男尊女卑、三从四德,也断不可再循此腐朽之为。

特别是听说村内办了一本以月华池命名的期刊《月华池》,令人震惊。我探访水泉营时看到该村村志时,对山西省悠久深厚的村庄文化惊叹不已,而在这里看到的是现代村庄文化的繁荣,一个偏远山村竟有村办杂志,这应该是世界唯一的村办杂志吧?这些书籍或期刊的作者或编辑,都是土生土长的农民或左云本土作者。在这里,他们的先辈们建设长城,保卫长城,现在他们的后代,在农耕之余还多有文

山西大同左云县威鲁堡村

学历史情怀，辛勤劳作，耕读传家，辑录家乡文化，提高村堡整体品位，开垦着另一种文明，倾注着另一种精神，构筑着另一种长城。面对他们勤劳智慧、勇于开拓，一代一代的精神传承，谁能不肃然起敬？真正印证了那田野中的八个大字：日精月华，人杰地灵！

第25站
SHANXI CHANGCHENG FANGGU

山西左云县镇宁楼门

## 左云镇宁楼

2021年9月21日

  镇宁箭楼的探访费了点周折，差点与这个据说是史上形制最大、功能最全、至今依然保存完好的大型长城空心箭楼擦肩而过。原因是在宁鲁堡时听说此楼在维修之中，游客进不去，但游历威鲁堡时又一游客说刚从那来能进去。对我来说当然不能错过这里唯一一个砖砌空心敌台的雄姿，于是，又掉过头来驶向镇宁箭楼。

  从长城旅游公路下来，沿着河谷的道路还在施工，幸好路面已经压平，虽然是土路，但还能通行。从威鲁堡开车到镇宁楼下，用了约半个小时。站在山谷峡口，长城从东边山上蜿蜒而下至河谷对岸。岸边有一土墩，据说当年也是一个箭楼，但现在已无包砖。河谷的右侧小山头前设一停车场。镇宁楼就坐落在这个陡峭的小山头上，长城在右侧山峰上绵延攀升。

这里就是晋蒙边界古长城上一道重要关口——宁鲁口。东西连接长城，挟两山之险而中控河谷，易守难攻。眼前是南北走向的一条干涸河谷，河谷两侧高山连绵，形成一个天然关口。谷底平整得犹如一条白沙石路，是通往塞外的主要通道。这种平坦宽阔的河床，不啻给蒙古骑士开辟的高速公路。长城延伸到宁鲁口，因季节河不便修筑通过，只好在沟两沿修筑箭楼（敌楼）两座，以便用箭封杀从河谷入侵之敌。

停车场边，有一条上山的石梯小路，小路口立着镇宁楼的简介：镇宁空心箭楼亦称空心敌楼、马市楼，位于宁鲁口极冲之东，明长城之上，骑墙修筑。箭楼用白砂岩条石砌基，青砖砌墙，高17米，顶有建橹，高5米，台内空心，有石阶可上下，上筑二层拱碹层楼，四面设置箭窗14孔。箭楼内有镇宁关城、外置胡人围，隆庆年间开设马市，亦属长城沿线保留最为完整的关城之一，2008年做了加固修缮。

沿石梯上至南门，现在还在修缮。南门砖砌拱门已经修缮完毕，正对着院门的镇宁楼坐北朝南耸立在眼前，仰望箭楼，它比内蒙古清水河箭牌楼、徐氏楼更高大，更精致，更完美。楼门为拱券顶，门额上部为长方形垂花门罩，做出仿木构门檐，刻有精细的砖雕。门额石匾刻"镇宁"二字，行楷书体，字体厚重丰腴。相比而言，徐氏楼的楼门便简陋了许多，同样是边塞之地，都是拒敌之楼，这个楼门有如此档次的精美之装饰，足见这个关口的重要和敌楼的级别要高出一个等级，更显得它金鸡独立、卓尔不群了。

进了门洞是一条长长的向上攀升的拱顶通道，有陡峭的石阶。这是个巨大的隧道结构，头顶是长长的拱体，沿着青石铺就的台阶拾级而上，墙壁传达出历史厚重的回声。阶梯的横线条与拱体的竖线条构一个历史的旋律，犹如进入了时空隧道，攀登上去，就穿越了500年的时光，到了明朝边关烽火四起的要塞年代。

二层的空心箭楼，全部用青砖砌成，楼体上下贯通，形成回廊，回廊中央有一正方形小室，是作仓储或戍边士兵住宿处。沿回廊四面共有14个箭窗，可以从不同的角度发现敌情，用弓箭或滚木礌石攻击入侵之敌。据史料记载，这种设计精巧无死角，独具匠心的空心敌楼为明代抗倭名将戚继光发明，首先应用于蓟镇，之后推广全国，是明长城防御体系逐渐加强的重要标志。

戚继光《练兵实纪》记载："今建空心敌台，尽将通人马处堵塞。其制：高三、四丈不等，周围阔十二丈，有十七、八丈不等者。凡冲处数十步或一百步一台；缓处四、五十步，或二百步不等为一台。两台相应，左右相救，骑墙而立。造台法：下筑基与边墙平，外出一丈四、五余尺，中间空豁，四面箭窗，上建楼橹，环以垛口，内卫战卒，下发火炮，外击敌人。敌矢不能及，敌骑不能近，每台百总一名，专管调度攻打，台头副二名，专管台内军器辎重；两防主客军士三五十名不等。"当地传说此楼是戚继光带义乌兵主持修建的。戚继光《练兵实纪》记载："今招到南兵一万，分布各台五名十名不等，常年在台，即以为家。"近年来常有义乌兵的后代来此探访，寻找祖先生活战斗的遗迹。

镇宁楼简介曰："箭楼内有镇宁关城、外置胡人围，隆庆年间开设马市。"所以，空心箭楼又叫马市楼，楼南北两侧均有小型城堡，有夯土墙体围合。长城的长墙从楼的东西两侧延伸，从高空俯瞰，形成一个东西走向、横过来的"中"字。南堡院为镇宁关城，北堡院为马市，镇宁楼东北有小券门通往。现在北市场城中间已被雨水冲刷成一条壕沟。但四墙基本残存，残高2～3米，夯土层厚15厘米。市场城南北长45米，东西长60米。附近有残留的古井口、石头台阶等，是马市口当年的遗迹。

箭楼下设置马市，是明朝隆庆五年（1571年）在距此处几十里的得胜堡，明朝廷与土默特部俺答首领"隆庆议和"的结果。据《绥远通志稿》（内蒙古人民出版社，2007年版第一册434页）所记载："凡此各口，在无事时为商运绕越之捷径，有事时为不可忽略之险要。"有事之险要，无事之商运捷径，这在宁鲁关口体现得更加突出。宁鲁口是南北与东西纵横交叉的古道口，交通便利，流通人员多，更有交易优势，又地处杀虎口马市、助马口马市中间，位置适中，边关贸易一度十分繁华。

马市繁盛时，边墙内侧马商云集，马嘶牛哞；而边墙外，则帐篷散布，长调低回。深沟高垒的严阵以待与马市茶庄繁忙交易，共同构成了一种和平的场景，这种场景直接促进了边墙内外民族关系的缓和。明朝曾有诗写道："天王有道边关静，上相先谋马市开。万骑云屯星斗暗，三秋霜冷结旄回。"长城本是用来防御的军事设施，马市楼却见证了从民族冲突到民族融合的过程。随着民族的团结友好，民族战争的前哨转变为边境口岸，茶马互市，马市楼由军事要塞递变为友好通商的闹市。在居庸关以西至嘉峪关之间的长城沿线上，宁鲁马市楼是现今仅存的一座马市楼，可见是多么的宝贵！

在马市楼附近，流传着一个西口文化的故事。据说，晋中商人乔氏兄弟走西口时路遇强盗，到包头后因语言不通、商品滞销，无奈返乡。他俩避开关税较重的杀

山西左云县镇宁楼堡门

山西左云县镇宁楼

虎口，直奔山高路险的宁鲁口。大年三十因风雪所阻，滞留宁鲁口。交完关税，兄弟俩身无分文，只好脱衣换米，借锅熬粥。谁知正待端碗时，推门进来一位蓬头垢面的老人，口中念念有词道"稀粥香，正赶上，我先喝饱你再尝"，随之一阵猛喝，喝饱后才抬头看看乔氏兄弟说道："别灰心，要心诚，有光明。"接着便靠在寒窑一角呼呼入睡。翌日清晨，老人不见了，地上却留下一大堆白花花的银圆。乔氏兄弟拿钱返乡，重新经营，他们的买卖一度做到中俄边界的恰克图。故事虽然是虚构的，但告诉人们是不论在任何环境下，善良是人之根本，只要有颗善良之心，上天是会回报行善之人的。

在一个角落有向上一层的洞口，攀爬上楼顶。楼顶寒风凛冽，夹杂着细细雨丝，低头查看，地面有柱基，可见上面还曾有过一层砖木楼阁。

向东北瞭望，便是万里长城的去向，远处是五路山的崇山峻岭，近处是深涧，长长的宁鲁峪从山口向深山处深入，山峪里一条白洁的沙带将山峪点缀，在蒙蒙细雨的烟雾中显露生命的灵气。

向西北望去，土长城随山起伏。长城外侧山腰上还隐约可见一高一低两条当年开辟的茶马古道。现在是一条通往凉城的攀山公路环山而绕，由低向高。两侧芳草萋萋，漫延山壑。眼底下便是宁鲁堡城，西侧土墙坍塌正在维修，有几棵老榆枯立墙边像站岗的老兵。东侧黄土断崖壁立，风雨中绿草萋萋，萧瑟之感顿生。城下谷底狭窄处，便是长城兵士日夜把守的宁鲁口，如今荒芜，已无人行走。

下楼与维修师傅谈起箭楼的保护事宜，维修师傅说此楼能完整地保留下来，要感谢当年一个羊倌。羊倌单身，无家，在此定居，白天上山放羊，夜间将羊圈在箭楼的圈圐里，自己居住在楼阁楼里。还有一个原因是此楼在当地还有一个名称叫"狐仙楼"，附近村里一直传闻里面有狐仙，几百年来无人敢拆狐仙的宫殿。或许正是由于这种信奉的威慑力，这座古箭楼才得以基本保全。可见迷信传言也有其震慑力。当然相传也有不信邪的人前来拆砖，但令人惊奇的是，拆砖者刚对镇宁楼动手，家里就开始出事。再去拆镇宁楼，又有意外发生。如此这般，就再没有人敢对镇宁楼下手了。是不是狐仙起作用了，只有神知道吧。

现在遇到了好年头，这几年文物部门对镇宁楼采取了保护加固措施，从堡门到院墙及楼体都在不断地进行维修，现在正在修补墙体的裂缝。说起这个裂缝来也有一段故事呢。1940—1942年间，有一队日本兵经八台到凉城。有八台的三名游击队员藏于山后的镇宁楼袭击了日本兵。日军装备先进，炮轰镇宁楼，镇宁楼的东北角被轰出裂缝，现在正在修复。可见日寇不但对人民犯下滔滔罪行，对我们的长城文物也有破坏的罪行。

雄关漫道，长城像一条绶带从草木稀疏的高山斜坡伸向山脚，长城周围还散落着方土台和圆土台。古堡、墩台、爬山墙错落有致，与镇宁楼完美地结合在一起，回放着当年金戈铁马的恢宏与悲壮。"雄关漫道真如铁，而今迈步从头越"，毛主席的名作《忆秦娥·娄山关》中的这句词浮现在耳边。愿镇宁空心楼在此次的维修保护中增加抵抗风雨的能力，世世代代保存下去。

## 第26站

# 右玉威远堡

2021年9月21日

山西右玉威远堡城角

去年探访右玉老城右卫镇的宝宁寺（宝宁寺在右玉中学院内），右玉中学的老师在介绍右玉文化教育时，提到右玉的文化重镇威远堡。重到什么程度呢，它是右玉文化教育的发祥地。他说，明代右玉县的教育事业十分落后，右玉县地处雁门关外，山西省的西北边，明代为山西行政都司所辖的十三个卫所之大同右卫、威远卫，是重要的屯兵之地，又是大同镇的门户，由于连年战乱，民不聊生，更谈不上文化教育的发展了。

据史记载，明初的右卫城，连一座像样的学校也没有，没有学校，怎能培养出有知识、有文化的栋梁人才？清《朔平府志》进士篇曾写道："考《通志》（即《山西通志》《云中志》及本州县旧志，文武科甲以及贡监出身，金元时寥寥无几。"辽、金、元三朝朔平府登科进士甲第者无几，右玉县属朔平府，当然不会例外。

直到明宣德年间，才设立了官学。又据《山西通志》《大同府志》记载，从明洪武元年（1368年）到宣德十年（1435年）的60多年中，大同乡试中举者106人，右玉县无一人，登皇榜为进士甲第者6人，右玉也无一人。由此可见，右玉县在辽至明宣德的近500年中，教育事业是何等的落后。

威远堡教育也是如此，威远卫学从嘉靖五年（1526年）创办，因无名师，一直没有出现考取功名者。但是在明正统二年（1437年）广西按察司副使李立被贬到威远卫之后，陆续有大批饱学儒士如吴昉、李左修、黄瓒等被贬谪至此，负责威远卫学，短短10年间，就培养出2名进士、4名举人。一时间，威远人才辈出，仅明代有记载的就达230余人，外放全国各地做知县以上者50余人。

威远堡在清雍正三年（1725年）撤卫归入右玉县后，威远卫学升格为朔平府学，迁到右玉城内，即现在的右卫城。所以要说右玉文化教育的源头，应该是威远堡，威远堡遗址现在还存在。当时按计划急奔雁门关而去，与威远堡擦肩而过。但在右玉这个古堡众多的地方，对这么一个以文化教育为特色的古堡还是心向往之，今年走长城到右玉后，第一个寻找的就是威远堡。

威远古堡位于山西省右玉县西部，距离县城10公里，109国道穿域而过，域内有苍头河干流，西临平鲁区凤凰古城。一条柏油路贯通古堡。漫步村中寻找文化古迹，怎么也不敢相信，这个明代的大城堡变得面目全非，连个踪影也见不到了，村里的建筑大部分比较破旧，古老的宅院，石砌的院墙，这与历史记载相差太远。据载：明代，威远古堡（城）内外的建筑很多，有威远卫所、参将署、巡检司署、中军署、千总署、守备署，还有文庙明伦堂、神机库、粮仓、草场、监狱及各种庙宇50多处。堡（城）外建有社稷坛、历坛、风云雷雨坛及专门收养孤寡老人的漏雨泽园。而我们在堡内转了一圈，只见到了一座修复过的戏台，只有这个算老建筑了。

再观四周城墙，东门已经没有瓮城了，西门的瓮城城墙也是遗存不多，只南门、东门还有少许痕迹。东墙较为完整，高已不及6米，南墙毁坏最为严重，有的地方仅剩一道土楞，西南角一段更被人为推倒做了场院，西墙、北墙也坍塌严重，有的地方高仅两三米。北城墙内侧墙根有很多洞，问村民，说是深挖洞时弄的住人的窑洞。

望着眼前残破的古城，怎么也不敢与古人记载的古城联系在一起，明朝的威远堡那是多么的赫赫有名。威远堡名为"堡"，实是"城"的规模。按古代城建制度，寨开一门，堡辟二门，三门以上即为城，而威远堡开四门，且每门都筑有瓮城，是右玉境内第二大城，显然超出了一般堡的规模。据《山西通志》记载，明"自东胜失守，云川、玉林等卫内徙，则西北一带，边患此独与之矣。正统以后敌势日强，乃于左卫正西六十里，建威远一城"。又有清设巡检司《读方舆纪要》载："威远卫，府西八十里。明初建，正统三年、万历三年增修。本城地势平衍，寇人最易。弘治十三年、嘉靖四十三年、隆庆四年皆由突犯。以云内多故，分设威远路，辖城堡四，分边三十九里有奇。东抵右卫，西至平鲁。虽称辅车，然道路隔绝，岗阜崎岖，据守不易。"

战略位置重要，城内驻军规模更是可观。据记载，因初建为卫城，故设四门，东宣阳、南崇化、西宁远、北靖朔，外皆有瓮城，上各建有门楼、敌楼32座。明代内设巡检司、千总各1员，共有官军752名、马116匹。嘉靖三十九年（1560年）设威远路，添设参将1员、中军守备1员，管辖：威远堡、云石堡、威胡堡、威坪堡、祁河堡，有援兵营、老家营及守城杂役兵共5380名，马90匹。一直到清代，虽然蒙汉一家，威远堡失去了边防前哨的地位，但从西北征伐噶尔丹的长远利益考虑，其军事地位的重要性并未动摇。清康熙六十一年（1722年）改设千总1员，守兵115名，马6匹。威远堡守营分管边墙一道，北自云石堡边界起，南至威胡堡边界止，沿长15.3里。原设边墩16座，清改设边墩5座，每座设边军5名，每名给赡军地1顷；原设火路墩45座，清裁并。

就这样一个威名远扬纯军事的威远卫，竟成为右玉文化艺术的发源地，这主要得利于在明正统二年（1437年）广西按察司副使李立被贬到威远卫一带（今进士湾村）之后，正统五年（1440年）至八年（1443年），成化八年（1472年）至九年（1473年），陆续有大批饱学儒士如吴昉、李左修、黄瓒、夏瑜、仰瞻、王彰、包德怀、潘洪、汪宾、卢玑、尚冕、陈言等被贬谪至此，但威远卫守将没有让他们去戍边，却起用他们担

山西右玉威远堡南门

任威远卫学的教授。

让我们看看被贬谪至此的都是些什么人？福建按察使检事李左修，江西吉水县人，进士，以经学见长，正统元年（1436年），谪戍大同威远；吏部考功司员外郎夏瑜，直隶苏州人，进士，长于易学，正统六年（1441年）谪戍大同威远；大理寺寺丞仰瞻，直隶苏州人，进士，深于经学，正统六年（1441年），谪戍大同威远；监察御史潘洪，四川人，进士，邃于经学，正统七年（1442年），谪戍大同威远；国子监丞汪宾，浙江衢州人，进士，博学善诲，尤深于《春秋》，正统八年（1443年）谪戍大同威远；同时被贬的进士还有吏部文选司主事吴防，浙江金华人；选翰林庶吉士黄瓒，江西吉水县人；刑部主事王彰，广东朝阳人；刑部左侍郎包怀德，浙江金华人。

请注意这些人的身份，他们是有罪的官吏，这在当时被称为"犯官"，被贬到这边塞苦难之地是来劳动改造的。官场上无人敢接近，更不用说要起用他们了。但威远卫的军事主官却发现了机遇，他认为，数十名进士谪戍大同威远，这对文化十分落后的右玉县来说，却是一件非常难得的好事。当时大同右卫、玉林卫、威远卫的官吏士绅，为了使自己的子弟成才，给右玉造就一批有知识、有文化的栋梁之材，于是，就大胆地起用了这些担任了大同右卫官学的教授。李左修、夏瑜、仰瞻、潘洪、汪宾等人，他们走上新的岗位后，不负众望，兢兢业业地教书育人，把自己的知识无偿地传授给学生。

俗话说名师出高徒。学生孙祥（左卫人）、郭纪（大同县人）等人，经过李左修等教授的培育，以优异的成绩，于正统甲子年（即正统九年，1444年）乡试中举，孙祥成了右卫第一个举人。次年农历四月，孙祥进京应考，又登皇榜，成为乙丑科进士，官至都御史，这是自辽代以来，右玉的第一位进士。因此，大同府还专门为他建筑了一座进士坊，小小的右卫儒学也很快出了名。所以在此我们更应该记住当时这些有卓识战略眼光的军事主官，没有他们高屋建瓴、高瞻远瞩的战略思想，勇于担当的历史责任感，怎么能为右玉办出这样一个著名学府呢？但我查了半天找不到对他们的记载，令人遗憾，在右玉文化教育的历史上应该有他们的功勋才对。

右卫儒学之后，大同、左卫等地的官员、乡绅都纷纷把自己的子弟送来学习。大同县籍学生郭纪，乡试中举后，又回到右卫儒学深造，后来成为"云中三杰"之一，并于景泰二年（1451年）进京应考，成为辛未科进士，官至江西左布政。景泰四年（1453年），右玉儒学学生萧琮、侯杰两人，又在乡试中举。右卫儒学，在短短的十多年间，为右玉、左云等地造就了一批有知识、有文化的人才，使右玉的教育事业出现了历史上第一个黄金时代。威远卫学闻名四听，清雍正时被升格为朔平府学。道光年间朔平府学为玉林书院，与并州的晋阳书院、令德书院及太原府的崇修书院齐名。断续传承，直到光绪。民国时为省立第七中学，日本侵华时毁于战火。

李左修等教授勤奋教书育人，为右玉县教育事业的兴起作出了很大的贡献，得到了右玉军民的尊重和爱戴。右玉人把他们的业绩载入了明《大同府志》《朔平府志》，让雁（北）同（大同）人民世代铭记。他们的命运如何？正统十四年（1449年）八月"土木之变"，英宗皇帝被俘，景帝即位。不久，谪戍在威远卫的十名官吏，被召回重新起用。今天的威远城，早已没有了当年作为边关重镇的气派，民房与土夯的古城墙遥相呼应，透露着古老苍凉的气息。但它蕴藏着深厚的文化底蕴，古朴而灵动。文化是民族的血脉和灵魂，是人民的精神家园，是国家发展的重要支撑。威远堡的文化基因将会传承下去，将是右玉的学子们永远向上的精神鼓舞！

山西神池八角镇城墙

## 神池八角镇长城

2022 年 8 月 2 日

  走长城进入山西后，山西一线长城已经走过两次了，前年是河曲、偏关、右玉长城之行，去年是从丫角山沿晋蒙边界至大同的外边长城之行，今年计划走神池县、宁武、原平、代县、山阴、深源、繁峙的内边长城之行。此行因新冠疫情的肆虐从初春拖到初秋，山西有疫情进不去，宁夏有疫情出不去，内蒙古有疫情过不去。此间我最关心山西、内蒙古、宁夏的疫情防控情势了。最近研判三地疫情防控出现平稳，感觉实现目标计划的机会到来了，便撸起袖子组织人马向山西的神池县内边长城前进。

神池县是山西忻州的一个小县，离宁夏600多公里路程，对我来说很陌生，若不是走长城可能一辈子也不会到这里一游的。网查神池简介：神池位于山西省西北部，东依长城俯朔州，南屏管涔望宁武，西连平川毗五寨，北据洪涛接靠偏关，东西宽约44公里，南北长约56公里，总面积1472平方公里。地势东高西低，群山绵亘，沟壑纵横，为黄土高原山地丘陵典型地貌。洪涛山宛若游龙，贯穿东北；管涔山犹如屏障，雄峙西南；朱家山连绵起伏，横亘中部。县川、朱家川夹于其中间，故县境有"三山夹两川"之称。县城西北"有水一泓，出无源，去无迹，旱不涸，涝不溢，鱼藻胥不生，湛然清澈，若有神焉"，县名由此而来。

山川很秀美，但观县城经济发展似乎不快，县城规模像个小镇，沿街铺面多以馍店为主。经打听该县的主要特产是月饼、油炸麻花。想想一个山区里以农业为主的县城，主要产业又是食品，这个现状就不难理解了。难以理解的是县城内无一古迹，一个窄小的十字中心路口，没有钟鼓楼、城门、城墙等古城标志性的残留遗迹，令人十分失望。

从长城防线来讲，神池县东接宁武关，西连偏头关，是古代三关要塞的重要连接地段。向西40里有个著名的军堡叫八角堡，它是山西内长城从偏头关进入神池的重要边关要塞，也是我们这次走长城的第一站。从神池县到八角镇41公里，走西长线和157县道约50分钟即到。

车到村口，路牌为八角，村西立有高高的黄土古墙，西门口是四柱仿古门廊牌坊，上匾为红底金字：八角堡。堡门旁边立一蓝色展板十分醒目，是八角村堡简介：八角村堡址位于神池县八角镇八角村。平面呈长方形，东西长约450米，南北宽约390米。有东、南两座瓮城，东门外瓮城，南北长约20米，东西宽约18米；南门外瓮城，东西长约30米，南北宽约30米。存角楼4座，东北角台基突出墙体长约35米，宽约15米，高约8米。

存马面4座，东墙马面基部突出墙体约7.5米，宽约13米，高约8米。现存东墙残长约380米，西墙残长约350米，北墙残长约440米，南墙基本完整，基宽约8米，顶宽16米，残高5米。墙体夯筑，包砖不存，南墙尚存部分基石。此地被山西省人民政府公布为山西省重点文物保护单位，保护范围是以墙体的墙基外缘为基线向两侧各扩50米，建设控制地带为自保护范围边界外扩500米。

进入村里，窄小的街道是硬化的水泥路面，有羊粪蛋蛋撒在上面，说明早晚有羊群路过。两旁街道是近期的房屋铺面，没有古镇的风韵。在街中心的小商店门口聚集一群老人在闲谈聊天。寻问古堡的遗迹所在，答除了城墙什么也没留下。当问到村里有无石碑时，一位大姐站了出来说："我知道，我领你们去，在一户人家的院墙上。上次太原城里来了几个人找古迹也是我领过去的。"

穿过街道，在内巷深处进入一家庭院，在院内的花木蔬菜中，大姐指着镶嵌墙面上一白一灰的两块石碑说，太原来的人还对上面的字进行了拓印。我穿过花草仔细察看，白石碑风化得已无字迹，灰石碑隐约还有一半可辨认的字迹，内容不清楚。

听大姐说既然有人拓印研究过，便到网络上查找。百度百科记载：八角堡，位于神池县南高山下八角镇。据有关碑文记载，八角堡始建于明代弘治二年（1489年）。

山西神池八角堡南门

堡城呈正方形，每边长500米。整个堡墙均为砖石垒砌，现只有南墙残存。墙高8.5米，厚4米，堡内存始建时所刻石碑1通。

八角堡在历史上是宁武府所辖神池县的一个重要军事城堡。据清《宁武府志》"八角堡图"所注，堡城内设东西城门楼各一座，并置有都司署、把总署、关帝庙、城隍庙等建筑。据清《宁武府志》"城池篇—八角堡城"记载，其由明兵使王睿所筑。嘉靖四年（1525年）又建有八角仓。嘉靖六年（1527年）巡抚江潮又进行拓修。万历十五年（1587年）秋，这一带常有敌人的骑兵前来扰袭，成为当时的军事要地。

至于八角堡的名字来由，据《神池县志》记载，神池县在古代曾有八角坚城、悬空古刹、野猪隘口、圆明塔影、显圣晚钟、东湖汉墓、辽碑遗韵、宋辽界壕、舍利凌霄、梦楼遗址等十个景观，八角坚城是第一景，在八角坚城的注解中说：位于神池县西北六十里南高山下八角镇。据清《宁武府志》"城池篇—八角堡城"记载，明兵使王睿所筑八角堡。有城楼八座，故名八角堡。

但大姐说，八角堡城内既无八角楼阁，又无其他八角形建筑，其名字来源于一个传奇故事：八角堡原在现在城东北的土堡遗址上，内里平坦，方方正正。传说，四周土墙已经筑起，正准备垒砖，有一天夜里民工们忽然发现一团五色光环从北面飘忽而至，落在筑城标记木橛上，光环里隐约出现一只五色狐狸。一会儿，光环和狐狸一起飘去。第二天，施工标记不见了。官员和民工循着昨夜光环飘去的方向寻找，结果发现木橛已插在城南一里外的地方。他们拔起木橛，便有一股泉水喷涌而出。官员们立即命令民工掘井，但见水源旺盛，泉水清甜，再看四周，北高南低，易守难攻，于是便按木橛所指，另筑新城。城堡建成后，便取"拔橛"的谐音，起名八角堡。每个神奇的地方都会有美丽的传说，八角堡也不例外，这个传说给八角堡增添了神秘的色彩。

既然古时"置有都司署、把总署、关帝庙、城隍庙等建筑"，那么现在这些建筑怎么一点踪迹都没有了呢？大姐愤怒地说："都是那可恶的日本人造的孽。"1939年2月，日军独立第二混成旅团横田部再次侵占了神池，八角堡作为日军的主要据点被日军驻兵盘踞。常驻日军除神池县城外，八角堡据点是当时神池县境内七个据点人数最多的一处，加上伪军，人数最多时近280余人。日军的侵占，使得八角堡的人民陷入了水深火热的灾难之中。残酷的是日军除了给八角堡及周边的村带来的灾难，还对堡内的宝贵文物进行了毁灭性的破坏。

日军近300人每天面临生活燃烧原料的来源问题。八角堡本地无煤炭资源，百姓的生活燃烧材料基本上靠柴禾和牛羊粪。日军占领八角堡后，所用生活燃料，全部来源于村民的房屋木材，从房子的椽、檩、柱，到门窗木料。就靠这些木材，供应着日军一日三餐和严冬的取暖。日军侵占神池期间，仅八角堡内，共拆毁民房260多间，寺庙四座，有城隍庙、老爷庙、财神庙、玉皇庙，庙内的禅房50余间，戏台1座，全部用作燃烧材料。可恶的日本人在八角堡犯下了滔天罪行。

出了小院，大姐说："这里离堡南门很近，南城墙保存得还好，我带你们去看看。"南门已无门楼，只剩一个新修的门洞，而且用白灰刷新，不知道修复的人是怎么想的，难道就不知道修旧如旧吗？就是没有这个技术，用青砖色也比白墙好得多，看着不伦不类的。出了南门洞，便是125县道，对面还残存一个瓮城土堆，县道应该穿过瓮城而过。回过头来看南门，墙面已变成砖灰色，两侧护墙用构筑了象征着长城的垛口白边，门上匾额白底红字：八角堡。小小城门夹在两侧高大的土城墙中间，显得不怎么大气。

向东望去，一睹高大雄伟的城墙将八角村包围着，目测城墙大约有8米高，城墙上有一奇怪的现象出现了，在城墙的"脖子"上有很多空洞的窗户。这么高的地方建住宅，他们是怎么出入的呢？大姐引我们进入门洞到城墙里一看才明白，其实城墙只是外面高，里面就是普通窑洞的高度。说明城堡是建在一块高地上的，那个神奇的传说也许有点真实因素在里面吧。

城墙下部用条石所砌，大姐说一块条石得要4到5个小伙子才能抬动的。巡视着这宏伟的城堡，想想在400多年前生产力低下的年代，古人是怎么把它们抬上去的。那个年代是什么样的能工巧匠用他们的心血和智慧修成了一个里面极低外面硕高的坚不可摧的城堡。现在虽然经过数百年的时间，但它的断壁残墙仍然能显示出当年的雄壮和尊严，八角堡展示了古人的智慧和能力，令我们惊叹。

走到城堡西南角125县道24公里处，村民们将在城墙上挖墙筑窑洞的聪明智慧发挥到了极致，建造了一个楼上楼下窑洞。这是因地制宜地利用城墙的高度建成了上院和下院的居住院落。有同行朋友说这些村民不爱护长城文物，为了居住把古堡糟蹋成什么样子了。但我不这样认为，在特殊的年代人们的生存是第一位的。不能用现在保护长城文物的观念来要求过去苦难时代人们的行为，那样对人们不公平。

村内还有一个戏台值得一提，大姐说那不是古物，是后来建造的，现在已经废弃。大家知道，山西是文化之乡，每个古老的村落都会有一个戏台。在我走过的长城沿线的古堡内，一般农村古戏台为清代建筑，坐南朝北，基本为木结构。这个后来建造的戏台是什么样子呢？有没有传承古戏台的文化基因呢？便移步观瞻。

首先看到戏台，前面广场是一片绿油油的农作物，一座现代水泥戏台耸立在矮

山西神池八角镇牌坊

小的住宅群之中。戏台的位置似乎在村子的中央,被周围的房屋包围得严严实实,没有村民的引领真不好找,现在这里变成村民存放杂草的地方。仔细观察戏台门面,上方绘画了中国传统的二龙戏珠图案,左侧写有"飞龙",右侧写有"凤舞"。戏台两侧绘有两只凤凰,凤凰上方各有一个小狮子,凤凰边是戏台方格透空隔窗。隔窗旁边是两根朱红的盘龙柱,两条金龙在云朵中飞舞。整个画面均是彩色,绘画技法细腻,形象生动传神。

从水泥建筑形式来判断,这应该是改革开放后的产物,"文革"前即使建舞台也应有革命标语的(现在许多村落的墙上还保留着)。从绘画的图案上看有保留传统戏台的意愿,但没有传统的戏台对联。传统的戏台一般是坐北朝南,而这个戏台是坐南朝北,许是现代建筑和传统文化的结合品吧!

在结束八角堡的游览之时,已是夕阳西下,残阳照在古朴的城墙之上,明朝时期八角堡守关将士是如何严阵以待、日夜思乡的呢?这里明代嘉靖年间进士、诗人高叔嗣在《苏门集》中有首《宿八角》诗为我们留下了八角堡曾为明代边关重镇的历史佐证:

严更金柝起,杪岁玉关寒。

行侣时相问,边城进更难。

归心惟日夜,客鬓已星残。

仰悟中林羽,投枝亦未安。

## 神池野猪口长城

2022 年 8 月 3 日

　　夜宿神池，清晨驶向野猪口长城。野猪口长城位于神池县烈堡乡南寨村东北方约 1 公里处，距县城 53 公里。由于是山路，开车约 1 小时 30 分钟才能到达。但我们走了近 2 小时 30 分钟，不是路不好走，而是一路上的风景太美了。出了神池县沿西长线向北驶去，此时地广人稀，天高云淡，神池的特产胡麻花进入盛花期。

山西神池野猪口长城

阳光下，蓝色的胡麻花成簇成片，漫山遍野美不胜收。吸引朋友不断地停车拍照，美女、帅哥们穿梭在绚丽多姿的蓝色的胡麻花海里，撩动着彩色的纱巾，大家唱歌、跳舞、欢笑，一群老人像孩子一样在山坡上撒欢。在蓝天、白云、胡麻花的遥相辉映下，拍出一张张浓墨重彩的优美画面，山野的自然风光吸引着大家流连忘返，耽误点时间也情有可原。

翻过一个山梁，已经能看到远方山顶悬挂着的长城，知道离野猪口不远了。当到山口下，导航告之目的地在左侧。下车一看，在路的左侧田野中，隐藏着一古堡遗址。没有石碑，还好有神池县文物局文物管理所立的一个蓝色《野猪沟堡安全直接责任人公示牌》。地点没错，当地政府管理到位，便沿古堡四周观察起来。

堡子不大，平面呈长方型，目测长 50 米左右，宽 70 米左右，墙高 6 米左右。四角突出堡外，以前应有角楼，西墙正中设有马面，外侧面积沙堆积斜坡行人已能上去。堡门开于南墙正中，现在有一豁口。东墙壁已被风蚀削成一堵只够一个人行走的窄墙。

堡内是平整的农田，种植着胡麻、山芋、毛豆、黍子等，各种农作物已经开花结果。田园中间的杂草堆里有一堆砖石瓦砾，可能是当年驻军的住房遗存，北堡墙上有窑洞，以前应该有村民居住。

站在堡墙上观望，正北方约百米处就是野猪山口。野猪沟堡左侧是通过山口的道路，右侧是河床，道路和河床像"人"字形叉开，堡子修建在"人"字叉口下面的高地上。北边山头左右侧长城蜿蜒向两边山顶伸去，十分壮观。特别是左侧山头上有一敌楼雄视着下面的山口通道。

观完古堡，前行至沟口，向上远眺，左侧山顶一烽火台连墙向西山而去。右侧长城从山底蜿蜒而上到山顶气势恢宏，关口两山相夹，山谷狭窄，一水中分，山陡壁峭，仰望山峰巍峨，下视谷底险峻，地形十分险要，有"一夫当关，万夫莫开"之势。

最特别的是，左侧有道石砌墙体，与山顶的长城相连，这段西坡上的长城不是夯土长城，而是纯石块阶梯，每阶高一米有余，共有十多级。这种形式的长城墙体我还是第一次见到，在山西长城中独一无二，神奇异常。石砌墙体沿伸到山下连接到一段土夯墙体上，土夯墙体从西向东又连接到关口的一段墙体上形成了一个闭合的围墙。这个院落应该是古代的关城吧。

在这个关城的门口，立着一块蓝色的《野猪口明长城安全直接责任公示牌》上写着，名称：野猪口段长城。地址：起于烈堡乡南寨村北 0.94 公里，止于烈堡乡大沟村西北 2.5 公里（偏关县南堡子乡北场西南 0.6 公里）。

昨天我们参观了八角堡，经查神池长城资料，野猪口至八角段是嘉靖二十三年（1544 年），山西巡抚曾铣委派参政苏祐、兵备副使刘玺修新二边。又从丫角墩向南，历老营、野猪沟至八角南界，增筑旧边 140 里，为内长城，墙均高约 8 米，底阔约 7 米，顶宽约 4 米。1545 年，增置敌台 228 座，台上置屋 684 间用于驻兵，石砌水口 2 座，水眼 8 个。还建有营房、仓廒、草场等。

过关口再往前一段距离立有一座石碑：山西省重点文物保护单位，明长城遗址（野猪口段），山西省 1986 年 8 月 18 日公布，山西省人民政府立。这个文保石碑比野猪沟堡的公示牌正规了许多。此时已经是正午，烈日高照，气温很高，望着高山顶上的烽火台和满山的荆棘，朋友们因怕中暑犹豫爬不爬山，想想来此不易，遇

山西神池野猪口堡城墙

到一点困难就放弃也不是我辈性格,鼓励朋友,拨开杂草荆棘,向山上攀登。

爬到山顶,烽火台耸立山顶昂首挺胸仰望天空,奇特的是它坐落在一块巨大的鳄鱼石上,这块巨石伸出山崖,如同一张鳄鱼之嘴,俯视着关口,似将来犯关口的敌人一嘴吞下,看得人惊心动魄!

更为神奇的是这个烽火台是个暗门墩,它的北侧墙上有一个洞口可钻入墩的内部。它的内部结构是个丁字地道,向东(关口方向)有一瞭望口,瞭望口下有向下的洞口,下去后又向东墙面开一外出洞口,设计十分巧妙,向西的地道出口在长城的内侧。关口的驻军可从此洞钻出,出其不意地居高临下对侵略之敌进行打击。

这种暗门墩的设计建造也是有迹可查的,据《山西通志》引明嘉靖年间兵部右侍郎兼右佥都御史,总督宣、大、山西、保定军务翁万达上疏说:"自石湖岭起,

山西神池野猪口烽火台瞭望口

西至野猪沟止，为垣七里，堑十之一，增添敌台二十八，铺屋八十四；又自野猪沟起，东至石湖岭上，为垣六里有奇，增添敌台九十二，铺屋二百七十六，水口三，暗门二。自石湖岭起，东至雕窝梁小西沟止，为垣六里有奇，增添敌台八十六，铺屋二百五十八，品窖七万六千二百二十四，暗门二，水口十一，水洞二十。"

站在野猪口关隘山坡，极目远望，绵延曲折的长城边墙与烽火台，雄伟壮观，气势磅礴。瞭望四野，关内关外美丽风光尽收眼底，这里曾经是古代神池县的八景之一——野猪隘口，是通往军事重镇老营堡的咽喉要道，东连平虏卫，西接偏头关，地势险峻，扼守其中。它是由一关、一堡、一城墙组成的军事防御工程。

当时驻兵有几百人，在关口上守卫边防。它的重要性在古籍也有体现，据明嘉靖二十一年（1542年）山西提学廖希颜所著《三关志·地理总考》记载，嘉靖十九年（1540年）巡抚山西都御使陈讲议曰："三关地利以宁武为中路，莫要于神池，宜将中路参将设于神池，增其军至三千人，与利民堡守备一千五百人，宁武守备二千二百人，共为中路一大营，则阳方口至野猪沟一百二十余里可划地守矣，上悉许之。"

纵观野猪口长城，其体系非常完整，有城墙、关堡、壕沟、烽火台等，其建筑手法多样、风格独特，有石砌、砖砌、土夯，形制各异。在这荒山野岭，野猪出没之地，修建出这么气势磅礴、规模宏伟的长城是多么地不容易啊！据说在修建时，因这里沙石多、土壤少，于是将士们遍剖诸崖谷，得壤土数处。又因无水，做水车百辆，到关口20多公里远的平吉堡取水，与壤土、砾石相拌，夯筑而成，坚固异常。

野猪口长城，远观雄伟蜿蜒，近登霸气酣畅，虽经几百年风吹雨打，依旧傲然挺立。这才给今天的我们有了观赏的机会。凡到过野猪口长城的人无不惊叹它的磅礴气势、宏伟规模和工程艰巨。古人的智慧和创造力叫人叹为观止！

## 第29站

# 宁武阳方口堡长城（一）

2022年8月3日

离别野猪口长城又来到晋北三关宁武关下辖的阳方口。之所以说又来，是因为去年走错路来过这里，当时从山西外长城的丫角山到平鲁大河堡，谁知中途走错路口后被导航导到了宁武大河堡，来回多跑了150多公里路程。路过阳方口镇时，给我的印象是镇子里乱哄哄的，几十吨重的拉煤大车一辆接一辆，路上堵车一个多小时，因而对它没什么好印象，可能与当时的恼怒情绪有关吧。

此次做走山西内长城的计划时才发现，阳方口不仅是内长城上的一个重要关口，

山西宁武阳方口牌坊

而且还遗存有三座在山西非常著名的雕花敌楼。对阳方口有了新的认识，现在虽然是故地重游，但前两次都是擦肩而过，对这里长城遗址的位置并不了解，驶进古镇的仿古牌坊后，在热闹的街道找一车位停车开始搜索古迹。

仿古牌坊立在繁华的街口，虽有限高，但车流、人流还是穿梭不断，使得四柱的仿古门楼的通道显得十分拥挤。从正面看门楼上匾蓝底金字"阳方口"，背面为"紫气东来"。给我的感觉简洁大气，自古贵为军事要地，无需在门楼上填字说明做文章。

据资料介绍，地处长城脚下的宁武县阳方口镇，古为宁武军口，又称九龙口。它西连管涔山，东挽禅方山，恢河从中流淌。因其形似瓶口，扼四方之要道，历代为兵家必争之地。顾祖禹在《读史方舆纪要》中论述阳方口堡战略地位时说："大同有事，以重兵驻此，东可以卫雁门，西可以援偏关，北可以应云朔，盖地利得也。"明代廖希颜在《三关志》中又称其为"晋北第一要地"。

《宁武府志》中记载，总督侍郎翁万达在《三关中路图说》中写到："阳方口直通朔州大川，尤为吃紧，故都御史陈讲疏云，东有雁门勾注之险，西有老营海偏头之塞，厄岖峪限隔黄河，敌人不便大举，独宁武之阳方口，东西长百八十里，平衍夷漫，即拥十万众可成列以进，此口实敌人必争之地，三关首犯之衡。……故曰，守大同者守山西也，守中路者守两关也，守阳方口者守全路也。"

进门楼向前约50米向东，一座古楼骑街而立，两侧有长城土墙连接。它高大威武的形象告诉来客，这里曾经是战略要地。楼门前立一灰白文保石碑：阳方口段长城。古朴庄重的城门楼悬挂一匾，匾书"宁武关"。不对啊，宁武关不是在宁武县城吗？那里有城楼标注为宁武关，怎么阳方口堡也叫宁武关呢？而且上面的匾额是原解放军总参谋长傅全有题写。疑惑之际，忙查阳方口名字的来历。

阳方口历史上曾称九龙口、九牛口、阳方堡（杨防堡）、阳方口堡。一是以九牛九龙为名的，源于恢河上原建有九孔石桥一座，与两侧长城衔接，每个桥孔内又有一铁牛镇守。当年，桥下走水、桥上承托着长城，十分壮观，为中国古隘口上的一大奇观。后来，铁牛被水冲走，桥亦坍塌。如今我们已无缘相见。二是以阳方（杨防）为名的，源于宋朝时的阳方口曾经是"杨家将驻防的关口"，所以先叫"杨防口"，后来不知为何、什么时候改成了"阳方口"三个字。有人说阳方是杨防的谐音。

山西宁武阳方口宁武关楼

　　杨家将镇守三关，一家世代尽忠，抗辽保国的故事妇幼皆知。阳方口在三关之内，是杨家将的防区也在情理当中，虽然到底是哪三关各地专家都有自己的看法，但自己的家乡能与尽忠保国的杨家有关系，也是当地人自豪的地方。现在镇内就有一尊杨令公驰马提枪的雕塑。镇里也一直流传着杨令公在此地殉国惨烈而又悲壮的故事。

　　据史料记载，北宋雍熙三年（986年），太宗皇帝想趁辽国新主年幼之时，收复早在五代时割让出去的幽、云十六州，于是发两路大军从东西夹击辽军。西路军以潘美为帅，杨业为副帅，王侁为监军。杨业镇边多年，洞悉边事，亲率数万精兵在一举攻下楼烦（今宁武县）后，出阳方口，随后收复朔州等四州地。

　　由于东路军失利，辽军趁势反攻而来。太宗见势不妙，急令杨业放弃刚刚得手的州地，拥边民内迁。杨业主张暂避辽军精锐，采取声东击西之计，最终完成皇帝旨意。潘美、王侁则斥责杨业胆小怕事，出此下策分明是以求自保。杨业无奈，只得率军正面与辽军激战。

　　临行前，杨业自知此次出征凶多吉少，故请求潘、王二人伏兵于托莲台下的陈家谷口，待他诱敌深入退至此时，内外夹击，挫败辽军。潘、王二人满口应允。杨业率部攻出后，从寅时一直战到午时，最后退到陈家谷口，但令他大失所望的是不见宋军的一兵一卒。原来，潘、王伏兵等了几个时辰后不见杨业踪影，以为杨业已取胜，胜则有功，朝廷必然给予封赏，二人欲争先功，于是下令部卒沿恢河南下。

杨业只得又率军杀回。老将王贵、儿子杨延玉先后战死。杨业浑身负伤，血流及地，最后力竭被俘，绝食三日而亡。后人曾有诗赞叹云："飞沙滚滚压荒村，血洒旌旗日色昏。一代枭雄杨继业，仰天无语泣乾坤。"因为特殊的地理环境和文化氛围，山西电视台录制的《杨家将》影视剧曾在这里拍摄。

至于原解放军总参谋长傅全有为什么在阳方口城楼题字宁武关，我猜想，可能与阳方口古为宁武军口有关。阳方口堡是宁武关的前沿阵地，是宁武关防御的重要组成部分，它被攻破宁武关也会不保，所以这可能是现在把这里也称为宁武关楼的原因吧。当然应有长城专家提供依据。总之，我只是个游客，这种专业的问题还是留给长城专家们去研究为好。

山西宁武阳方口长城敌楼

# 宁武阳方口堡长城（二）

2022 年 8 月 3 日

打听那三座著名的雕花敌楼在哪？镇上的老人说在石油公司院内，问其具体位置在哪，他们说向东出镇子到了火车路桥洞口再向南再向东就到了。因为是本地方言，也只能听个大概意思，只好摸索着向西探去。行到铁路桥口的地方，去年堵车的场景再现，原本的水泥路面，经过重型货车的碾压，已支离破碎，之后又被厚厚的黑土覆盖，可能是刹车冷却水撒的太多，泥泞的洞口前路面挤满了大型运煤车，几辆小轿车夹到这些庞然大物中间，随时都有被挤扁的危险。我们在这高危环境下待了半个小时，才挤出红色警戒路段，向东面一个村庄驶去。

在穿村的道路中行驶，突然一座敌楼的上部隐现在一个巷道尽头，事发突然，车已路过，赶快掉头回转，寻找敌楼，如见多年未见的老友，兴奋之情溢于言表。初次跟来走长城的同学感叹道："这种地方的长城你都能找到？"我说："这是和长城有缘的结果。"

敌楼在一个村民家后墙上，这个后墙就是长城的墙体。长城本身就有8～9米之高，观看敌楼只能远观不能近瞧。院内有母女三人，小姑娘十分可爱，看到相机就要求给她拍照。被寻问如何才能走近长城敌楼时，小姑娘的母亲告诉我们，从这里走到村东口最后一家，那里有条小路可上到长城上。

行到村东，从茂密的庄稼遮挡处看出那里是上去的小路，但已看到前方长城被公路切断，索性开到长城的豁口处，一块文保石碑立在长城下的草丛之中，上书：山西重点文物保护单位，明长城遗址（阳方口段）。长城在此拐弯向南边的山上蜿蜒而去。

长城两侧没有围栏，也没有禁止攀登的警示。为了观赏精美的敌楼，从马面拐角处登上长城。这段长城保存较好，长城顶部宽2米多，中间是一条人踏出的小道，其余部分全被青草覆盖。

临近敌楼，长城上被现代人盖的砖墙挡住去路。幸好砖墙上有一人能钻过的墙洞，过了墙洞，发现长城上砌有砖墙，墙头上还镶嵌着玻璃碎片，不远处的一个马面墩台上，不是长城的敌楼，而是现代人建的岗哨小房。

长城北侧的院内排列着一个接一个的土堆，从侧面看，土堆为水泥建筑，一个水泥门框敞开着，土堆上有两个约50厘米的通风孔道。结合村民所说敌楼在石油公司院内，判断这应该就是以前石油公司存放石油的院子，现在虽遗弃荒废了。我想也正是因为有这个石油公司的院子，这两座完美的敌台才得以保存，否则，恐怕早被村民拆砖盖房了。

三座敌楼相距不远，有两座完好，它们坐落在突出的马面上，从下到上墙面包砖。上部三面各开三个箭窗。顶部垛口已塌，被绿草覆盖，从侧面看耸立在石油公司的院内。敌楼券门开在长城一面，直接就能进入敌楼里面。第一个敌楼券门上部和两侧被破坏严重，只残留一个雕刻精致的匾额柱。

第二个楼门保存较好，敌楼券门上部有雕刻精致的匾额，门楣置砖雕斗拱，两侧刻垂嵌刻花，工艺精湛，十分精美。据明《阳方口新修敌楼记》碑文称："往岁虏骑阑入，率从兹口。其地形平衍靡可束戎马毁垣数里。兵备兹士，慨然有兴举之志，于是下令鸠工，大兴畚筑于本堡九龙口，并建敌楼者二。"

敌楼现已无门，可以径直走入。第一个敌楼内部为封闭回廊，三面开石卷箭窗，侧面有向上的楼道通向楼面，现在杂草丛生，看不出以前上面是否有建筑和女墙。第二个敌楼也是回廊，但结构比第一个复杂，空心楼中间为中心十字通道，外侧回廊三面各开三个石券箭窗。侧面也有向上通道，上面的情况与前一个敌楼一样。感叹古人的智慧，这么近的两个敌楼内部结构都不一样。

至于内部的破坏程度，刚才说过，第一个楼门不但外面券门雕刻精致的匾额被毁近90%，门里插门销的洞砖也已剥落，左右两侧里面各暴露出一根松木立柱，这充分说明古时在建造敌台时，为了坚固挺拔，采用松木横竖拉筋的建筑工艺。

第二个敌台登楼顶的楼梯损坏严重，楼梯中间烂一洞，往下一看，楼梯下面是侧面的石券箭窗顶部。这能看出当年应该是先用砖建设敌楼内部结构，后用土壤装填上部空间的。

两楼的内部空间的设计也不同：第一个敌楼内部为封闭回廊，中间为实心结构；第二个敌楼内部为空心造的十字通道，建有回廊，中部可驻兵数十名，空间明显大于第一个楼的空间。如遇敌来犯时，守军可藏于其中，利用天窗居高临下向外放箭。

空心敌楼内空间较大的利于官兵藏身、物资储备，极大地提高防御力、战斗力。敌楼建于明万历年间（1573—1620年），这种五窑九洞式的建筑形制，是戚继光任蓟镇总兵时设计创造的，每一个来此参观的人，都被他的科学设计所震撼。

站在高处遥望这段长城，它从丫角山丫角墩界南行柏杨岭堡东山，至南15公里到老营，从偏关县南场村出偏关境内，进入神池县野猪口，朔州利民堡、窑子头、宁武大水口，到了这阳方口，以后它向东北经盘道梁进入代县，经雁门关，再经繁峙到平型关、灵丘东，进入河北。我们已经走了一半路程，这段长城的特点是敌台、烽火台密集分布，因阳方口堡历来是兵家必争之地，历经大小战事数千次。

遥想当年，每逢边关告急，这里便狼烟四起，觱篥吹奏，铁鼓敲响，官兵们手执刀枪剑戟，冲出营房，誓死与入侵者进行决战。在《三关志宁武关地理总考》中徐绶撰写的《新置宁武关记》所描述："与雁门、偏头东西相顾。联络数百里，状若顶峙。虽山势磅礴绵恒，而原隰平衍有道可通，非彼此二关之峻险回阻也。"因为此段地势较为平坦，故是外三关的比较薄弱的环节，因而战事频发。这里被称为"宁武关之宁武关""要冲之要冲"。内边长城从恢河西岸急速而下，接阳方口堡，由堡东沿山脉蜿蜒而去。

山西宁武阳方口长城烽火台

# 山阴旧广武城（一）

2022 年 8 月 4 日

游完宁武阳方口长城，宿宁武县城。次日计划游览忻州代县白草口长城、山阴县新（旧）广武城，因为三地距离不远，从地图上规划了一下路线，先到白草口后到旧广武城再游新广武城。早 8 点出发，共计 86 公里，用时 2 小时 30 分。但临近白草口长城 10 公里时却看到了一个巨大的古城，十分威武壮观。一看路标，乃是旧广武城。

这是怎么回事呢？原来从朔州通往忻州内地的关口有三个，最西面的是阳方口，其后有宁武关，东部的两个关口，一个是白草口，一个是雁门关。雁门关的入口是

山西山阴旧广武城

山西山阴旧广武城城墙

新广武，白草口的入口就是旧广武古城。既然如此，顺其自然地先进旧广武城了。

汽车开进东门，首先看到一个木制的广武古城景区导览图，左边是古城街道地图，右边是旧广武城简介：旧广武村坐落在始建于战国时代赵国的旧广武城中，可谓名副其实的"城中村"。据《史记》记载，秦庄襄王二年（前248年），蒙骜攻打赵国，夺取太原、榆次、新城、狼孟等三十七座城池，旧广武古城为其中之一。

旧广武古城距今已有2000余年的历史，是我国现存最完整的一座辽城，2006年被国务院公布为第六批"全国重点文物保护单位"。

旧广武古城呈长方形，南北长508米，东西长340米，总面积17万平方米，城高7.35米，整个城墙共设马面（城墩）21座，其大小尺度不一，雄伟稳健。古城开东、西、南三门，均建有瓮城，未置北门，与雁门关、明长城唇齿相依，依关傍塞，地处要冲，是扼守关内勾注之咽喉，数千年来均为兵家必争之地。这里汉逐匈奴，唐御突厥，宋抗契丹，明击瓦剌，历经大小战斗4700余次，是长城板块中原农耕文明与北方游牧文明重要的碰撞融合区。

细观古城景区导览图后，大概对古城的历史和古城的结构有了初步的了解，再按图索骥开始慢慢品味古城的风韵。首先从古城墙和城门游起。

东城门口像个建筑工地，堆积着大量维修城墙用的建筑材料和吊车。城墙根为石砌，上为砖砌，底宽约17米，高约13米，最上沿矮墙置垛口、望洞和射孔。绕城一圈，整个城墙共施马面16座（包括城门马面），马面紧贴墙体，雄伟稳健，其尺度大小不等。从整体来看城墙基本维修完成，但新修的痕迹明显，显得不是那么古朴庄重。

东城门卷门上有精美的砖雕装饰，但城门上石匾的字迹经日久天长的风化已变成灰白色，字迹也难以辨认，门面两侧似乎装过亮化的灯条。东门右侧残留一堵土墙，是关帝庙遗址。在遗址前，一棵茂密的古白榆像当年的战士为城门站岗。

南城门应该是旧广武城的正门，现在不能通车，但行人可穿过。可贵的是还保留着两扇六七米高的巨大木质门，一扇面目沧桑，破烂有洞，但它守护古城的威严依然犹存。门外的瓮城还有遗址，两堵夯土墙似乎还诉说着当年车流马龙的繁华。门内立有一石头雕刻着"雁门石敢当"。石敢当是旧时立于宅门外或街口巷冲的小石碑，也称石将军，镶刻"石敢当"三字，是民间驱邪、禳解的方法之一。

山西山阴旧广武城西门

为什么在南门立"雁门石敢当"呢？从地理上看雁门关在旧广武东南 8 公里多，出"九塞尊崇第一关"的雁门关，就来到旧广武城。雁门关是历史上重要的军事要地，可谓三晋咽喉，势控中原。从军事上来说与雁门关唇齿相依的旧广武城的战略地位就是"欲图雁门，首取广武"。立此石意为旧广武城坚不可摧，是雁门关的坚强门户吧。

西城门砖雕装饰也在，只是字迹也难以辨认，现在和东城门的那棵树一样也能通行，只是门洞里已无大门。门外立着一块石碑：全国重点文物保护单位——广武城，国务院 2006 年 5 月 25 日公布，山西省人民政府立。说明广武城是明长城山西镇的重要关堡，是研究国家军事史的重要实物资料。

无独有偶，西门口也有一棵奇异的白榆树，它不是像东门口的那棵树一样站在门口站岗，而是站在城墙头上放哨。只见这棵老榆树穿过垛口悬长在城墙边上，树的"灵魂"已与天地无缝对接，融为一体。这株古榆树根已经深深地扎进了城墙里，根深蒂固，生机勃勃。村民们还时常登城墙祭拜，树根边上还留有他们祭拜过的痕迹。

说起当地祭拜神树的风俗，城内还有两棵树值得一看，在旧广武小学，有着两株 900 多年的古柏树。这两株树相距 4 米，高 16.7 米，雌柏周长 3.2 米，雄柏周长 3.14 米。在雌树的枝杈处，有形似蹲卧式的狮子头，形象逼真，堪称一奇。在当地村民眼里，这两株古树象征着吉祥、平安，不少游客参观之后往往会祭拜古树。

从西门的左侧有条上城门的石梯楼道，登上城墙，漫步于城墙之上，眺望远处的广武古长城，只见它们依山而筑，盘桓于山岭之上，一座座敌楼、烽火台耸立在山尖互为掎角，蜿蜒于群山峻岭之中，犹如一幅完美的长城水墨画卷，蔚为壮观。

而脚下的城池，它雄踞隘口，南望内长城，东靠新广武城，北邻汉阴馆故城，西接辽代雁门关关城遗址，与山上的长城共同构成一条坚固完整的军事防御体系，至今仍不失当年古战场壁垒森严的战斗气势。

*山西山阴旧广武城南门*

## 山阴旧广武城（二）

2022年8月4日

　　东、南、西门已游，三门形制相同，砖券拱形顶，但规格不同。东门最大，西门次之，南门最小。东门拱内侧高约5.8米，外侧高约4米，门道内侧宽约4米，外侧宽约3米，深约13米。古城不设北门，当然有它的考量，这是因为，北面属于游牧民族部落的聚集区，敌人进攻的首选之方向，为了城内百姓的安全，不设北城门以防止外敌侵入，这也使旧广武古城形成了独特的明代古战场风格。

　　站在城墙上俯瞰古城全景，这是虽然没有平遥古城的规模大，却很接地气。据说城内街道、建筑布局基本保留原制。但我也不清楚辽代的原制是什么样子，现在只能看到两条大街交叉呈"十"字状，南北崇文路，东西尚武街，从街道的名字来看，表现出古城人崇文尚武的传统精神。

做攻略时似乎记得原街道名称为东大街、西大街、东西大街和中大街，至于为什么改名，是不是因为东西大街的名字没有文化底蕴呢？古城西安也有东西南北四大街，好像也没人敢改其名吧。

贯穿其中的还有纵横的"八小巷"。当然进入眼帘最多的是屋顶，古城大部分屋顶为双坡硬山，也有少量单坡硬山和卷棚，出檐不深远，屋顶整体外形朴素平和，利用不同瓦片排列形成不同的肌理。有砖灰色的，砖红色的，整体呈现出古老城池的风味了。

走在古城的街道上，旧广武村的民居形态都与晋北地区的整体建筑风格相似。说实话，给人感觉就是一个村庄多了四面围墙。过去东西大街和中大街形成的十字街曾是商业贸易聚集地，沿街遍布商铺，交易产品主要有丝绸、芦苇席、茶叶、水果、粮油和皮毛等。现在的崇文路、尚武街上所有小城镇上所需的商店、饭馆、银行、理发店等居民所需的行业店全有，似乎回不到古代的感觉了。

不过现在的政府为了发展旅游业在打造古城风貌，就如东城门外像建筑工地一样，街道两旁的房屋也在改造，看样子在打造明清建筑风格。剩下为数不多的古宅也都作为旅游景点在街道上立牌介绍，如王家大院、马家大院、豆腐房、民宿等。

和古城人攀谈，了解到城中目前大概生活着200户人家，原住民姓李的居多，他们的先祖据说是汉代"飞将军"李广。这里之所以叫广武城，是因为先祖李广在此屯兵，后人取"广"字和"武"字，给此城命名。其实，在长城沿线，以"广武"命名的城、营、堡不在少数，我的家乡青铜峡古代有广武营，现在地名是广武乡。为什么古城、营、堡喜欢用广武来命名呢？

关于"广武"之名，缘于秦汉时期著名军事家李左车。李左车，战国时期赵国名将李牧之孙。秦末，六国复起，李左车辅佐赵王歇，为赵国立下汗马功劳，被封为"广武君"。李左车是一位不可多得的兵家怪杰和军事奇才。"智者千虑，必有一失；愚者千虑，必有一得"这一传世名言，就是李左车向韩信献策时讲的。古人以"广武"之名命名城池，取"广布武德"之意，起到鼓舞守关将士、震慑入侵之敌的作用。

走着走着我突然发现，整个古城没有古楼，不但三个城门没有门楼（简介中也没有"上有楼"三字），十字街中心也没有钟鼓楼，这好像不是古城的建制。一打听，说城内还有一个古老的烽火台是城内的制高点。这是我所感兴趣的地方，于是寻访而去。

在古城东北区块的中心，一个残存的土台子被挤在民房之中，一个简介牌倒在地上。我和朋友使劲儿翻开之后，简介出来了：广武古城烽火台高约16米，当地人称高于城墙，上设岗亭，专为城内将军发号施令、观察城外军情所用。据传说，土墩北约20米处建一蓄水池，长约100米，宽约18米，最高水位2米多，常年累月全村（城）雨水全部集蓄此池，不论多大雨水流入池中，也不涨不溢，干旱时水位从不下降，显现出旧广武村是一风水宝地。

从城墙的简介中得知城墙高是7.36米，此台高度为16米，超过城墙的高度八米之多，除了观察城外军情，还是将军发号施令的平台。说明旧广武城是一座兵营，城内居住的主要是军人。即便是普通居民，也是军人家属或者为军队提供后勤保障的人员。

这就是旧广武村，虽然历史悠久，但是村内的公共建筑稀少，据说当年，城内北大街有真武庙，南门瓮城有火神庙，东门瓮城有关帝庙，西门瓮城有马王庙。想想瓮城能有多大，在瓮城中建的庙肯定很小，只供军人祭拜供奉。

关于旧广武城的兴衰，有专家是这样说的：元末连续的洪涝灾害，淤积、阻塞了西陉关、白草沟的河谷道路，冲垮了长城上白草口的隘门，使得连通塞内外的主要交通干线不得不由西陉关变为东陉关。

旧广武城在发挥了400余年的军事防御作用后，其功能随着新广武城的建成而逐步衰退。新城紧傍长城而筑，旧城在新城西面，居长城之外。新广武城在旧广武城东面约2公里处，修建于明洪武七年（1374年）。期待观摩新广武城，想知道新旧广武城的不同之处在哪？

SHANXI CHANGCHENG FANGGU

## 第31站

山西代县白草口关楼

# 代县白草口长城（一）

2022 年 8 月 4 日

　　浏览了旧广武城后导航白草口，行至旧广武城南门，此处不能通车。经打听行车路线，被村民告之，从西门出去沿城墙绕到南门外这条路上向南就到白草口村了。告别时村民笑道："你们到白草口村看美女吗？"我说："我们去看长城，看什么美女呢，再说那里应该是穷乡僻壤的地方，哪来的美女呢？"

　　村民笑答，那你们有所不知了，我们本地人有句谚语："新广武的萝卜，旧广武的蒜，白草口的姑娘不用看。"那里可是盛产美女的地方，村子里的姑娘个个长得水灵，身材好，肤白貌美，长城内外远近闻名，当地人都以娶到白草口的姑娘为荣，一提走白草口村，当然都是看姑娘的了。

我也调侃道："姑娘好看，萝卜好吃，这都好理解，你们的蒜好到哪里了呢？是不是比别的地方更辣呢？"村民大笑说："这样给你说吧，你吃了我们的蒜后，再和姑娘亲嘴儿都没蒜味儿。"这雁门关下就是神奇啊，产的东西都和别处不一样。

在观赏长城的同时还能欣赏美女，这个福利真的不错，大家兴趣昂然、兴高采烈地向白草口村驶去。旧广武村到白草口村4.2公里，预计10分钟即到。行至村口，首先进入眼帘的是村口的一座三眼关楼，石基砖砌的关楼尚好。关楼下立一石碑，上书：山西省重点文物保护单位。双方框内"北齐"二字，告诉来这里的人们，这个长城遗址历史悠久，比明代的要早800余年。

进入村内，时间已是正午，村内的街道上无一人，这是一处古老而宁静的世外桃园。一条不宽的通村水泥路在山谷和村落间穿行，一条小河依坡顺沟而下，一行翠绿的河畔老柳树点缀着山川，河滩地的玉米长得有半腰之高，村落里山泉水潺潺、鸡犬相闻。抬头便看到大运高速公路的大桥横跨两山之间，十分壮美，一个高大的烽火台守在旁边，不远处又是白草口隧道口，再往上就是传说中的白草口猴儿岭长城，蜿蜒起伏于勾注山猴儿岭山脊之上。

古老的敌楼、烽火台、城墙，和现代化的大桥、隧道、高速公路交织在一起，与幽静的村庄、湿润的土地、羊肠的小道、欢快的小溪、摇曳的垂柳、盛开的野花、悠闲的牛羊，共同构成了一幅现代新农村的恬静的田园风光。这里不只是产美女的村庄，也应该是一个修身养性的地方啊。

观赏之际，从关楼东面的平台上出来一位大姐，我赶紧问："这个楼怎么能上去？"她站在台上给我指了一条草丛中的小道说："从那里可攀到关楼门前。"大姐今年64岁，岁月的磨难已经把姣好的面容变得黑而沧桑，比起一些同年龄的广场舞大妈要苍老许多，但从端正的五官来看，她年轻时也是一个美人。

山里人性格朴实、热情好客，几句话后我们就热络了起来，她听说我们从远方专门来看长城，自愿给我们当导游，因为这里的长城就是她的家，她太熟悉不过了。我一看她家的住宅，就在敌楼西侧门的平台上，关楼西门就是她家院子的一部分，而且关楼内部就是她家的草料库房。就是这位大姐开始引领我们走进白草口长城的历史。

据百度百科介绍，白草口，因山沟盛长白草而得名。古雁门关北口，是雁门十八隘之一。一隘两堡，南为太和堡，北为常胜堡，中隔连绵山脉。历史上的白草口村是以军事要塞的角色存在，要搞清它的重要性，就要从雁门的整体防御说起。因为当年雁门关并非单一的一座关隘，而是由"双关四口十八隘"和长城共同构成的军事防御体系。

双关指的是雁门关由东陉关和西陉关共同组成，双关并存，互相倚防，东陉关就是指大家现在比较熟悉的雁门关。四口指的是连接东陉关的广武口和南口、连接西陉关的白草口和太和岭口，这是逾越雁门天险的两条战略通道。

两关互为掎角，四口遥相呼应，它们共同组成了庞大、完整、严密、复杂的军事防御工程。为什么建得这么复杂呢，因为雁门关是保护中原大地的最后一道防线，肩负重任，所以历朝历代这里都是兵家的必争之地，有记载的大小战争多达1700余起。

白草口作为雁门关前的重要关口，又是古茶马驼道、丝绸之路上的重要驿站，雁门关也是由白草口长城发展而来。在春秋战国时期即为西陉关古道关口；西汉初期为抵御匈奴频繁侵扰，汉景帝即在此设置邑城，昔日著名的将领卫青、霍去病、李广都曾在此驰骋疆场，昭君出塞也是从此地出关；及至唐宋，此地多有战事发生，杨令公、杨六郎戍关立下了众多战功，今西山的北口外还有六郎城遗址。所以作为一个长城爱好者，白草口长城是必来的地方。

大姐带着我们从关楼下开始游观。现存的白草口长城为明万历三十四年（1606年）至四十二年（1614年）在旧址（应该是齐长城）上加高砌砖重修，当时的巡抚李景元重筑雁门关边墙，绵亘十五里。

关楼靠河一侧设三窗，中间窗前突出一观敌瞭台，瞭台长满青草，南侧墙体包砖坍塌一半，大姐说，以前隘关跨河而建，但如今跨河隘墙和隘门已无踪迹，仅存这座关楼。

转到关楼南侧，大姐指着现在关楼前的健身器材说，那里以前有一座关帝大殿，日久坍塌被拆掉了，现在安装了健身器供村民娱乐。庙的对面原来是个戏台，现在就剩两堵侧墙连在关楼墙上。戏台前两年已毁于一场火灾。

这是一座连在关楼墙上的小戏台，从残存的侧墙精美瓦当来看，当初应该是一个十分精致的小戏台，它在这荒山野岭的关堡内给戍边战士带来了多少欢乐呢？可惜现在已经被烧毁，可见保护长城工作刻不容缓啊！

上至关楼西门，大姐说楼内过去是生产队的库房，为集体存粮食，现在是她家的草料库房，我想也许是因为这座楼过去是集体财产，后来又被大姐家保护，才免于被拆的灾难吧！

从楼西正面来看，关楼是一门两窗结构，楼的底部已经坍塌了一个大洞，通向楼门是几块石头铺就的简易石梯。楼门下槛也已坍塌；拱形楼门保存完好，拱型楼边不是原砖图案，是精致的粉饰面；门额上有一灰白色石匾，字迹不清。

山西代县白草口关楼砖雕门

# 代县白草口长城（二）

2022 年 8 月 4 日

　　门额上的砖雕精美，基本保存完好。最特别的是拱门的门楣上有一突出之柱形木雕，上面刻有以瑞兽珍禽为主题的图案，十分醒目，这是我在长城上敌楼首次所见，十分新奇。

　　查了一下资料，这叫门簪。门簪伸出来的立面叫作簪心。它还有一个家喻户晓的名字是户对。就是找对象时讲究的那个门当户对的户对，它是中国传统建筑构件之一。一般纯圆柱形为文官，六边形方柱为武官，家有喜事时专门可悬挂灯笼之用。

　　户对一般取双数（方门），百姓家设两个，官家大户的户对数目依官品大小而定。而关楼上这个门簪不应该是找对象用，也不只是装饰品，而应该是挂灯笼用的。想想古时候在漆黑的古道上赶路的游人远远看到城楼门上一盏红灯，那应该是怎么样的一幅场景呢？

　　开门进入关楼，内部是回廊式结构，北、南、东三面各开有三个箭窗，中间是十字空心通道。因为以前作过生产队的粮库，通道上被水泥墙隔成一块块方形格，可能是贮存不同的粮食吧！现在是大姐家的草料库。上到顶部，垛口已坍平，顶部长满青草，南、北、西三面墙顶各有一龟形水嘴，能起到排水作用。

　　关楼西门口下面是关口的一个便门，现在是大姐家的羊圈。门被杂物所堵，石砖券拱门上青砖经岁月肆意地侵蚀着斑驳的墙体，倾颓、苍凉，沧桑的高低不平的古砖遗痕十分悲壮。

城门洞是堵死的，钻不过去。大姐说城门外侧有一门匾，每次有人来都要观看，问我看不看，看肯定要看，问题是这么高怎么下去呢？大姐说："从这根竖木攀下去就行。"我一看城门墙角那根竖木，我这身体怎能下去？大姐便示范给我看，60多岁的人像只轻猿顺杆而下。我只好背好相机在朋友的帮助下战战兢兢地下到城门底下。

城门一半被土草淹没，站在坡上能近距离地看到城门上的门匾，门匾框砖已被风化得没有棱角，门匾字迹模糊但仔细辨认尚能有迹可查。利用相机拍照放大的功能认出横书"容民畜众"，上款"万历甲寅年秋"，下款"布政使阎士选立"。恕我知识有限，横书的最后一个字还以为是"象"，反复查阅方弄清是繁体字的"众"字。

"容民畜众"释义为容纳畜养民众。宋龚颐正在《芥隐笔记·杜子美诗》中说："余以为见此老容民畜众之度，莫若'水深鱼极乐，林茂鸟知归'。"想想此地为兵家必争之地，连年战争，民不聊生，人们多么盼望和平、安居乐业的幸福生活呢！

观完城门，大姐带我们进入古堡，古堡内住满拥挤的农家，农家的房屋、院墙、羊圈多为长城包砖，现在从位于大运高速西侧白草口六号烽火台，到位于西山上距离白草口堡直线距离约40米的白草口五号烽火台全部被"脱光衣服"，变成土黄色的"裸体"。白草口西侧的墙体还偶有一点包砖的遗存。

大姐讲了一个自家拆长城砖的故事，当年堡内和周边长城的包砖被拆光之后，她的娘家妈要来居住。她与她老公就到对面的山上去拆长城上的砖，那里因地势十分险峻，生产队的车无法上去，保存较好。她当年也是铁姑娘，一次能背3块砖，她老公背5块砖。就这样，给她妈盖了3间房屋。有人称过长城方砖，每块方砖重达28斤，盖3间房屋，费了多大的功夫呢？

走到残墙边上，大姐用手扣砖缝之间的白泥块，对我们说："你们知道古人用什么东西做的这黏合土？比这现在的水泥都硬，现在的水泥还能扣出沙土来，这家伙硬得扣不出一点印来，当年很不好拆呢！"

我心想，就是因为古人的技术和险峻的山势，才得以保存下了白草口这著名的长城。现在残留在陡峭之处将砖砌垛口砌在山岩的长城还在，为少见的锯齿状长城。这段长城是明长城最原汁原味的一段，传说北京都派人专门来拍摄过，作为修复京郊长城的依据。

现在这段长城仍是山西境内现存长城的精华部分，成为白草口长城的标志性景观。当然也不能全怪罪村民，那时候，物资匮乏，文物保护意识淡薄，村民自发组织从山上长城上取砖回来建房，今天的我们怎么能评历史的是非功过呢！

关于白草口村的盛产美女一说，我感觉名不副实。在村里转了半天没见一个美女。和大姐聊起此事，大姐解释说，村内代代姑娘却是个个袭人呢！本地人把可爱用"袭人"或"吸人"来表示，有暗香袭人，吸引人的意思，或者喜人的意思。山西人的文化发达，一个山区农村妇女随便说出一个词就能把你引到红楼梦的美女里。

问她："为什么袭人？"她说："水色好。"水色，又是方言语，指人的白里透红的面色。我以前听过西安人形容女子的容颜丰润妍丽为水色。看样子陕西、山西这两个中华文化发源地的文化也有相通之处啊！又问："老年代的姑娘为什么袭人？"大姐说："老年代白草口村的姑娘的脚都这么点长。"她用手比划着。哦，我这下明白了，那是三寸金莲的意思。那时候女人以脚小为美。还有就是村里泉水好，村里的姑娘们牙齿白，周围山村有些地方水质不好，女人们的牙齿有些泛黄。当然，

山西代县白草口关楼戏台

天然的唇红齿白的姑娘能不袭人吗？

我问她："那现在怎么见不到美女了呢？"大姐说："都嫁到城里去了，小的也在城里上学了。再说本村的姑娘相互都不嫁，所以现在就看不到美女了。"我问："为什么不嫁本村人？"大姐说："本村都是一家人，都姓陈。现在村里全剩下留守老人了，你们当然看不到美女了。"

至于白草口姑娘为什么这么好看，当地有两种说法：气候温和，水质优良是一个原因；还有种说法是历史上这里是军事要塞，为各个民族混居的地方，姑娘都是混血儿，基因好，自然好看。其实还有一个重要的原因，白草口村的姑娘不仅长得漂亮，最主要的是朴实善良，而且勤俭持家，懂得孝顺爹娘，无论嫁到哪里，都是最美的新娘，代代相传，才有"白草口的姑娘不用看"的良好口碑。

SHANXI CHANGCHENG FANGGU  第32站

山西山阴新广武城

## 山阴新广武城（一）

2022 年 8 月 4 日

　　走长城继续驶向新广武村，在村口路边立有指示标牌：广武风景名胜区，广武明长城。右前方一条夯土长城墙遗址蜿蜒向山上而去。大门有两个老爷子在看守。攀谈起来，说这段长城东临雁门关，西瞰宁武旧城，南通五台胜境，北达云冈石窟，沿山脊缓行，随山势的曲折而起伏，宛如首尾不见的巨龙，堪称奇绝。也是山西省境内明代长城的代表之作，是国内长城之珍品，极具军事科学研究和旅游观赏价值。现在设立广武明长城风景区，供游人参观游玩。

　　谈到白草口长城是砖砌长城，怎么到这里变成了土长城了？大爷说，一是陆续被村民拆下来盖房、垒猪圈了；二是20世纪70年代国家大修防空洞，附近各村都有任务。当时有一条公路直达山顶，社员们开着大汽车上山去拉长城砖修"地下长城"，靠近白草口的长城全凭地势险要，车上不去，长城包砖才保存得比较完整。另一个大爷补充道："白草口那儿包砖保存得完整全凭地势险要哩！"

现在新广武城周围几里内的砖砌长城都成了夯土长城，但是给人的第一视觉仍是高大气派，虽然没有砖衣，但其墙体宽厚高大，还显示着当年的威武雄姿。古时"欲图雁门，首取广武"，攻破了广武，才有可能逾越雁门天险，进而挺进中原。"广武失，雁门危，雁门危，中原急。"如果说雁门关是中原的北大门，广武则是门上的锁，广武屯兵古堡位于山阴县南的雁门关长城脚下，是雁门关内外"北门锁钥"。而广武长城就是锁钥上链条，一样是结实不能断裂的。

从广武长城风景区出来穿过公路便是新广武城，首先看到一堵保存较好的城墙，城墙石基砖墙尚好，只是垛口已无，墙头长满青草。顺墙行40米左右有一砖券拱门，这就是小城的南门，门额上有一石匾，因风化字不可辨。石匾上砖雕全部损坏，已经看不出精美的模样，拱门两侧用水泥砌两条墩台，是防止汽车出入的。顺着券拱门相连的城墙向左望去，长城蜿蜒向山上延伸，那里就是我们刚刚游过的白草口长城。

进入门洞，遇到一长城同好，她是江西的小陈老师，假期一人徒步长城。交流起城门知识，她介绍说："古人说一门为寨，二门为屯，三门为堡，四门为城。原来新广武城城高10米，底宽5米，石条做基，通体包砖，是固若金汤的城池。古城内设东关、南关、大北关、小北关四道关门，所以新广武叫城。"两位同学听后感叹小陈老师的长城知识丰富，并怪罪起我说："这'一门为寨，二门为屯，三门为堡，四门为城'的说法你以前怎么不告诉我们呢？"我笑道："你们真是见色忘义，我的美篇你们不好好看，现在美女一讲你们就记住了。当然，也不是绝对的，旧广武城就三个门，没有北门，也不能说它不是城。有时候古人也是根据地势和需要开设城门的。"

小陈老师讲解完城门后，又指着城门里侧墙上一个黑洞说："你们知道这个洞是做什么用的吗？"首先看看它左侧的洞，她把手伸进去，有30～40厘米深。她又把胳膊伸进右侧的圆洞里，整个胳膊全部伸了进去，足有70～80厘米深。同学看明白后说:"这圆洞应该是作为城门的插销用的吧。"小陈老师说:"对!也叫门栓洞。你们看右边的洞深,它安装时先入右边的洞,然后再入左边的洞,这样就把城门给挡死了。你们说古人是多么聪明啊!"

我们几个同学也亲自伸进胳膊体验了洞的深度。在谈笑中了解了城门洞的知识。老师到底是老师啊,一番神操作,把城门的一个小机关,一个知识点连比划带讲解,说得明明白白、清清楚楚,还叫人记忆深刻。这一点是值得我学习的啊!

结伴而行,顺着南门前的中轴线向村北走去,村内除了南门两侧还有段城墙,其他地方已无城墙遗迹。村容村貌显得很破旧,村民们仍然过着比较贫穷的生活,但他们热爱生活的劲头是没有变的,这一点从每家每户的门前种植的鲜花可以看得出来。

在中轴线街道几百米处耸立着一个高大的城楼,一下显示出这里曾经是古老的军营城堡的规模。小陈老师说这应该是大北关楼。大北关楼分为二层,下层是和小南门一样的砖券拱门,拱门的砖雕图案已被侵蚀变得坑坑洼洼。城门台之上又耸立着一层砖砌门楼,它们连在一体,现在都显得很是宏伟,当年门楼上应该还有三层的木制建筑,那应该是何等的壮观。据说在过去这里是指挥中心。

顺关楼门洞侧面可登上大北关楼前,这是一座三门城楼,三个券门都有木门并上锁,从残留的福字来看,前两年应该还有住户。中门上门匾字迹不清,但匾额上面的砖雕垂花门楼保存尚好,仍挺精美。特别是匾额两侧两个小方块砖雕狮子图案,精美得无与伦比,保存得如此之完美实属罕见。关楼左侧角已经坍塌,左右上角出现裂纹。另外两面是三个箭窗,感觉亟须维修。

楼前一片青草,有石碑一块躺在杂草之中,隐约有"三晋雄关"字样。还有一石龟,风化得不成样子,但能断定应该是原楼的配置。向南看到对峙的楼门,东西山上相望的烽火台与北大关楼构成一条坚固完整的战事防卫体系,至今仍不失当年古战场壁垒森严的战斗气势。

进入大北关楼门,地下保留着原城门的铺石,几百年的车辙印藏着说不尽的故事和传说。出门后回望大北关楼更是惨不忍睹。只见券门两侧剩下少许的包砖,上部全部裸露出土层,左右两个券室因外侧包砖被拆,现在像两个黑黑的眼睛凝视着北方。左侧面的包砖横断面有近1米，可见当年大北关楼城防之坚固，是个固若金汤的城池。左上角还有一个裸露的小窗，以我的经验，那应该是上三层楼道的小窗。整不明白，整个大北关楼危在旦夕，有关部门为什么没有维修呢？

在村中漫步，村中古城的遗迹也就是我们看到的南门和大北关楼了，要是和旧广武城来比，旧广武城是四面城墙围着的村子，新广武城是连城墙都没有的一个不规则的开放村庄（南门连着一点城墙）。就现状而言，新广武城没有旧广武城保存得完整。

据说以前新广武城中军队驻防上从指挥中心到官兵防守所，从粮草仓库、车辆马匹到烟火信号，一应俱全。城内曾有二十四座庙宇，被称作"二十四全庙"，当年的广武营常备有一千多匹战马，负责东西百余里长城的防卫。

清朝时期，晋商通过西口（今杀虎口）、东口（今张家口）运送物资，经归化（今呼和浩特）、大圐圙（今乌兰巴托），转往俄罗斯的恰克图，广武是必经之路。据相关记载，那时，新广武城也曾是商铺林立、车水马龙、声名显赫的"千户镇"。谁都能想像出是多么的繁华，但如今已无遗存。

山西山阴新广武城敌楼

# 山阴新广武城（二）

2022年8月4日

就两城而言，当地人虽然称为"新广武"和"旧广武"，却流传有"新城不新，旧城不旧"的谚语。意思是，新广武城虽然是明代修建的，但用的是战国时期的基址，而旧广武城是宋辽时期修建的，时间上要比新城始建晚了千年。

城内已无可观之处，遥见村东的山顶上有一砖砌敌台。我们便顺着大北关楼后面向东的小道走了过去，村东是一条干涸的小河，穿过乱石河滩，爬上了山顶的敌楼。

山西山阴新广武城敌楼

这个空心敌楼形制也很特别，位置在村东的一个山头上，东、北、西三面是悬崖深沟，只有南边是一小片平地。

门设在东面，门梯现在是夯土残块，券门似乎刚修缮过，看得出维修过的券门周围的包砖和原敌楼的砖颜色不一样。券门匾虽字迹不清，砖雕垂花门楼却很精美。砖雕布局结构和图案与大北关楼的砖雕还有区别。大北关楼门上匾的左右侧是小狮子的砖雕，这个敌楼门上匾砖雕的左右侧是似狗的造型，很是别致。

空心楼的内部结构从东到西是一个直通道，不是一般的大回廊，中间向北通，北侧有一东西通道，基本是半边"工"字形。东西都是一门一窗，北边三个箭窗，西门外是4平方米左右的望台，可以观察新广武城和西山上长城的整体形势。南边无通道，也没有开窗。从这个结构上来看，古人每建一个敌楼，其形制也是因地制宜的，此楼只有东、北、西三面临敌，所以只是三面设门窗，若采用大回廊结构只是增加成本，实战中没有什么意义的。

穿过敌楼通道，站在西边的望台上鸟瞰，新广武城全景尽收眼底。从地势上看，新广武城比旧广武城地势险要，整个城址坐落在两山夹制的山口地带。它依山傍险，虎踞要冲，西南山顶敌楼相对，长城蜿蜒如龙下山，东西长城拱卫两侧。如与旧广武城相比，旧广武城建在平原上，以城墙为险，敌军打不下可以绕城而去；新广武城卡在山口，敌人攻不破城是万万过不去的。

所以说新广武城地势险要，直接扼守勾注山之咽喉，是锁钥中原的北大门和战略要地，历来为兵家之争、短兵相接的战场，在此设关就是因为它的地形有利于战事。正如《两镇三关制》所载的那样："广武当朔州、马邑大川之冲，忻代崞峙诸郡县之要，凡敌由大同左右卫入，势当首犯。"这就说明广武城是大同一线长城防线被突破后保卫中原的第二道防线。

俯视新广武城形状，它与旧广武城不同，旧广武城四四方方，一目了然。而新广武城因地制宜，分东部和西部，主城东半部依山势而建，形似大簸箕。西半部则位于河谷之中，形似大斗。南北城墙则将东西山连接起来，封堵广武隘口。过去城内由瓮城、中城、南瓮城三道防线组成，中城状如簸箕，南瓮城形似斗状，故有"金斗银簸箕"之称，意即城防坚固。

这可不是吹的，明朝末年，大将曹变蛟率其部下在这一带曾与清兵血战 7 天，清兵被迫败退归化城（今呼和浩特）。1926 年春天，阎锡山的晋军与冯玉祥的国民军也曾在此地进行过激战，晋军第七旅伤亡惨重，阵地几乎失守。

透过敌楼北面箭窗，看到的是对面山顶相互瞭望的烽火台，山腰上立着十个大字：长武长城国家文化公园。黄土色长城蜿蜒而去，这应该是通向白草口的长城。从新广武至白草口的这段长城，据清乾隆年间《代州志》载，明万历二十三年（1595 年），巡抚李景元筑雁门关边墙，"绵亘十五里，坚固精好，外护雁门，内巩省会，敌不敢窥焉"。由于山高路险，包砖尚在，是山西长城的精华部分，现在也是长武长城国家文化公园的最佳徒步路线。但我们没有时间徒步体验了，待下次有机会再走这段长城。

回望古城，现在 G208 国道穿新广武而过，将城一分为二，唯一没变的是长城还在，只是砖长城变成了土长城，一个重要兵营变成了一个普普通通的村庄。但它深厚的文化内涵还在，这也是古城人的骄傲。广武城作为明代古建筑，被国务院批准列入第六批全国重点文物保护单位。"广武传说"被山西省人民政府批准列入第一批省级非物质文化遗产名录，从此，"广武传说"撩开广武古城头上的面纱，被更多的人们所熟知。

山西山阴新广武城长城

晋景公巧捉狐狸、刘邦广武囚娄敬、程不识率军筑北陲、卫青广武败匈奴、李广屈死葬雁门、杨业四出雁门关、六郎点三军、马厩变城池、章宗帝巧建三门城、毛主席路过新广武、董必武夜宿广武城、陈老总广武村里度元宵……相关历史人物和事件多如浪花，汇集成波澜壮阔的历史长河，流淌在广武的土地上。这些历史故事都有相关史料，在这里我讲村里二位老人讲的大人物路过本村的故事。

一是陈毅元帅路过广武村的故事。1948年正月十四，陈毅同志参加"十二月会议"后，回河北省平山县的途中，经过新广武，在大北关尹士高家住了一晚上。当地老百姓闻风而至。陈毅元帅不顾路途劳累满腔热情地发对百姓问寒问暖，讲述新中国的光明前途，勉励广大人民群众满怀信心地迎接新中国的成立。

当晚，有感于过往历史，他留下了这样一首诗："百尺雄关气郁森，驱车登览感丛生。能兵李牧难终任，多计刘邦仅免身。"现在尹家人每当谈及此事，滔滔不绝，无比兴奋。

二是慈禧太后路过广武村的故事。当年八国联军打入北京，慈禧西逃，本村大户杨应魁通过大同府官员行贿大太监李莲英，慈禧一行途经山阴时便住在了新广武城杨家义合客栈。杨应魁前期准备充分，用黄缎障壁，使红绸被褥，备可口饭菜。次日，又将为太后和皇帝准备的被褥分放轿中，每顶轿内放十只银锭压轿，说是以防过雁门关行走摇晃。

慈禧欢喜，接见了他。杨应魁应对自如，谈吐得体，慈禧当即封他为广东廉州知府（正五品），赏黄马褂一件、红顶雉尾官帽一顶，并写下"见官加一品"的折子，之后还赐匾"大夫第"，并召见进京。阎锡山的曾祖父在杨家"孔恒"粮店"以账分红"十多年，两家堪称世交。杨应魁去世后，阎锡山前来吊唁，并题写了墓碑。

今天的新广武城真实朴素，广武长城古旧厚重，广武文化史料丰富。它以其蕴含的巨大价值，成为我们得天独厚的历史资源、文化财富和精神宝藏。您若不来这里的长城将遗憾终身。

山西代县边靖楼夜景

SHANXI CHANGCHENG FANGGU 第33站

## 代县边靖楼

2022 年 8 月 5 日

  游广武长城回来夜宿代县城，恰好住在鼓楼边。代县的鼓楼，也叫谯楼，在长城上它叫边靖楼。顾名思义，意为靖边安民，是古代守望敌人，击鼓联络，指挥作战的军事设施，明洪武七年（1374 年）由吉安候陆亨建。

  登记旅馆，稍作洗漱，朋友们便上街寻找当地小吃。此时华灯初上，借此时间我便拿起相机，观赏这座在万里长城威名远扬的"长城第一楼"了。为什么说威名远扬呢？这里被长城专家考定为"长城第一楼"，历来与应县木塔齐名，素有"代州鼓楼应县塔，正定府的大菩萨"之称。

能被列为"长城第一楼",它就有第一的因素在里面。远观边靖楼外观雄伟、大方、古朴,楼基高耸,楼基高达13.3米,基顶长43米、宽33米,城台基底长49.9米、宽40米。楼基为灰暗砖色,显得深沉庄重。

上面是四层木制阁楼,在灯光照耀下,一派金黄色,楼身高26.7米,楼顶为歇山式。楼内面宽7间,深5间,四周围廊,三层于勾栏下加设平座。梁架精巧,结构严密,给人富丽堂皇之感。

走到楼前,南北城券洞穿过,洞高约9米,较一般城池门洞要高。门洞前方耸立一个牌坊,没有灯饰,在较远距离看时被鼓楼高大的楼基部分覆盖,没有引起我的注意,直到走到楼前才能看到。这座位置显要的牌坊,门匾上"天朝良弼"四个金字还是比较显眼的,据说是为明代兵部尚书孙传庭所建。

孙传庭是明末的兵部尚书,与义军战死在陕西潼关。孙传庭战死的次年,崇祯皇帝上吊自杀,明亡。明史称:传庭死,而明亡矣!以此可见,孙传庭在大明王朝占有多么重要的位置。这个牌坊是明亡后,清庭为颂扬孙传庭的忠良,赐以"天朝良弼"美称。匾额中的天朝即指明朝,良弼即非常忠良的辅佐能臣。

抬头望鼓楼,在第三层的檐下悬"声闻四达"四个繁体字,匾额巨大,它长8米,宽3米,这四个字远远就能看到。专家认定其为亚洲第一巨匾。不加修饰的木质底色,在灯光的照耀下更加的古朴庄严。据说为雍正十一年(1733年)雁平兵备道唐豫诚所立,现有近300年的历史了。

匾有近300年的历史,那楼的历史呢?据记载,边靖楼始建于明洪武七年(1374年),明成化七年(1471年)被焚,后成化十二年(1476年)重建。也就说此楼始建于600多年以前,建好后97年被火焚毁了,5年后又重建,距今也有500多年的历史了。它历经沧桑,清康熙、雍正、嘉庆、道光、光绪历朝皆有修葺。现在楼基的垛口被白色的灯光条亮化,墙面上挂了条条红灯笼,古建筑和现代灯光结合,更使古楼魅力四射。

楼的北面同样的位置同样大小悬挂"威镇三关"匾,与南面的"声闻四达"一样被专家认定为亚洲第一巨匾。只是年代久远,字迹沧桑,匾木似乎有木裂纹,拍出的匾额字迹模糊不清。刚开始我以为拍片时我手抖了,后来发现是匾上的字本身的问题。该匾为清雍正十一年（1733年）修缮时旧物，为知州杨弘志所立。看得出字体挺拔，气势非凡，并为我国现存最大的古代木匾，在边城崇山峻岭的背景下更显雄浑壮阔。

"威镇三关"这三关是指哪三关呢？当然是我们一路走过的雁门关、宁武关、偏头关，前面游记里已经介绍过它们是山西长城的内三关。其中雁门关地处要冲，历来是长城内外兵家必争之地。代县古城因雁门关而生，因雁门关而闻名，城外有三十九堡十二联城，城内有关城、瓮城，以及城墙上的十二座门楼、角楼，再加上城中的鼓楼、钟楼，由此构筑成庞大的军事防御体系。边靖楼地处古城中心，是整个三关防御体系的核心指挥部，这也正是一个州治所在地的鼓楼规模远远超过京师鼓楼规模的重要原因。

在"威镇三关"巨匾下檐有一块窄小的匾额，"万里长城第一楼"匾，为古建专家罗哲文所书。南面也有一小匾，上书"雁门第一楼"，为清道光二十七年（1847年）知州陈鼎雯所立。为什么敢说第一楼呢？因为在万里长城关隘塞楼中，边靖楼比山海关靖边楼高15米，比嘉峪关城楼高17米，是中国最大的木质鼓楼，因此，从古人到今人都敢提"第一楼"这三字。

现在天色已晚，楼肯定是上不去了，当地人说楼南一层和山门上还分别挂有"晋北形胜""共登青云"牌匾。楼内供设大鼓一面、大刀一把。当然领略不了登楼可北望雁门、南俯滹沱的场景。但是，从历代诗人的描述里，也能体验出他们极目远眺，千山万壑尽收眼底的感想。明代诗人冯明期曾写道："莽莽来寒色，苍苍落野柯。白云罗勾注，秋色满滹沱。此日登临壮，百年感慨多。边隅四战地，锁钥近如何？"1947年秋，叶剑英元帅曾登楼赋诗："威镇三关壮代州，声闻四达雁门楼。欲穷千里登临眺，紫塞滹沱固卧牛。"

在代县的大街上还有一个特色，除了巨大的鼓楼外还耸立着高大的牌坊与悬挂在牌坊上面的古老牌匾。按传统习俗，牌坊大多是为当地的名人贤达所建，牌匾上的词句也是对名人贤达的颂扬。就如我们看到鼓楼南门口那座纪念明代兵部尚书孙传庭的牌坊一样，古城北门这个牌坊是纪念唐代晋王李克用所建的。

李克用（856—908年），唐末将领，神武川新城（今山西省应县）人，沙陀族。

因其父护国有功，唐懿宗赐其国姓李。牌楼东面牌匾上"季唐砥柱"四个字，就是对李克用力挽狂澜，保护晚唐得以延续的最高颂扬。因为李克用一生英勇善战，战功卓著，曾数次击败威胁大唐王朝的军阀和外敌，救唐朝于危难之中。大唐王朝为表彰他的出色功绩，特封其为晋王，都城晋阳。

牌楼西面牌匾上"勋屏三京"四个大字，肯定了李克用为后唐建立所起的决定性作用。这是因为唐亡后，其子李存勖建立后唐，帝都由晋阳迁至河北魏洲（今大明县），灭梁后，又迁都河南洛阳。李家能够在乱世之中建立自己的政权，并在三地称王称帝，全凭仗李克用打下的坚实基础。

山西代县边靖楼前牌坊

唐代的牌坊有了，明代的牌坊有了，当然不能缺宋代的牌坊了。在鼓楼以南原南门遗址上就有一座高大、雄伟的宋代牌坊，是专门为忠烈勇武的杨家所建。在山西长城的内三关，在代县，甚至在全国，杨家将忠心耿耿、保家卫国的事迹家喻户晓，人人皆知。杨家将、杨门女将等经典故事千年传颂，不仅成为中华民族舍生忘死、保家卫国的忠烈楷模，也成为代县人的骄傲。牌匾上"忠武"二字，就是对杨门一家忠心报国、威武不屈英雄本色的最好颂扬。

漫步在代县的大街上，你就能感受出这是一个历史文化深厚、遗存古迹众多的历史文化名城，从威镇三关的万里长城第一楼，到骑街的每个牌坊，当你认真观赏品味后，你就会感到代县的历史英雄们的贤达。虽然他们所处的朝代和环境不同，但他们每个人都以自己的聪慧和胆识在所处的时代里叱咤风云，建功立业，书写出不凡的人生。代县的古老文明会对你的人生产生有益的启迪。

## 第34站

# 代县赵杲观（一）

2022 年 8 月 6 日

　　此次探访山西长城之行，从神池八角镇开始，经野猪口长城到宁武阳方口堡，再从新（旧）广武城、白草口长城到城里的边靖楼，从所见的遗址到长城认识上全是烽火狼烟、金戈铁马的印迹，脑子着实有点沉重。朋友说代县有个赵杲观风景区，离县城不远，长城团队决定换换思想，调解调解情绪，到风景秀丽的天台山里休闲一游。

　　赵杲观位于山西省代县交口乡红寺村天台山下，距代县大约 23 公里。玩摄影的人都知道，能上国家地理杂志的地方都有其独特性，赵杲观就被国家地理杂志用不小的篇幅描述过。旅游指南说该观建于五台山支脉的天台山峡谷中，利用当地的天然石洞，在悬岸峭壁上略加人工建筑而成，可谓独具匠心。到这里可以钻洞穴、步栈道、攀铁索、谒古寺，寻胜探幽，如入仙境。

　　出代县城走了 5 公里左右就进山了，雁门关在代县西北，那里长城一带山上树木很少，常见古战场的风悲日曛、蓬断草枯的景色。而赵杲观位于代县西南的天台山脚下，景色呈江南之秀色。汽车沿着蜿蜒的乡道顺着不知名的小河一路进山，途经一个水库蓝天碧水映着被茂密植被簇拥着的天台山，青山绿水风光无限，这种旖旎风光是很少见到的，心情也是从古战场的沉重一下进入了轻松休闲模式。

　　汽车渐渐深入山的腹地，在一大片开阔地前，首先映入眼帘的是汉白玉雕刻的"赵杲仙观"牌楼。这是一座四柱三门的牌楼，牌楼下坐着一群村民在闲聊，牌楼

山西代县天台山峡谷　　　　　　　　　　　　　山西代县赵杲观丰碑

后左侧有一小房间，原以为在此有收费的人员，车慢慢通过，未见人索要门票，便继续沿山路向前开去。

再行约 2 公里，到达赵杲观脚下停车场，停车场只有一辆车，可以说门可罗雀。上几层台阶的沟口平台上有一售票小屋，一个孤独的大哥给我们说明门票 50 元，60 岁以上半票。我们当然享受了山西对待老人的优惠了。

山门中间悬挂着巨匾"三晋第一观"。山门为庑殿顶式结构，琉璃瓦盖顶，其下雕梁画栋，一对石狮威严守护。山门的左侧雕塑着道家的神仙，我的道家知识不多，只是前一阵有个朋友在研究老子，一喝酒就给我们讲老子骑着青牛，西出函谷关的故事，在众多神仙里我还真找到老子骑青牛的雕塑像了。

在一个巨石上雕刻着四个大字：天台论道。道在天台，记得在读《徐霞客游记》的第一篇就是《游天台山日记》，知道天台山是道教南宗的发源地。记忆中似乎这个天台山不是徐霞客来过的地方，查了一下，徐霞客去的是浙江的天台山，据网上不完全统计全国的天台山有 25 座，是中国重名最多的山名，当然，代县天台山也是其中之一，很有名气的。

进入山门沿山沟往上的石板台阶行走，山上树木丛生，森林茂盛，郁郁葱葱。栈道蜿蜒曲折，顺着陡峭的山石而上，旁边有潺潺溪水。缓坡慢行，轻松吸着富含负离子的空气，品味纯净的森林自然气息，对于刚刚逃脱人流如织县城的我们来说是多么的惬意，朋友情不自禁地唱起了《人说山西好风光》。

走着走着，看到林荫路旁一块嶙峋陡峭的巨型岩石的凹腰部位，撑满了各式各样的柴枝木棒，朋友说："这叫支腰石，是我国已经流传千年祈福习俗。'木棍支山，腰腿不酸'，爬山时用木棍支在石头上，自己的腰就有劲儿了，也不酸疼了，爬山也不累了，咱们也支一个。"另一朋友说："支一个可以使自己和自己的亲友腰好腿好身体好，大山压顶不弯腰。"

我说："还有两个功能呢，当官的支一根，可以让自己有依靠，升迁得快、顺利不出事，相当于'有靠山'；男人支一根，可治'妻管严'，在家里挺直腰杆过日子。"一路说说笑笑向山顶走去。

拾级而上，路过了在山门旁边的"九仙妆池"，据说这是供代王九个女儿梳洗

山西代县赵杲观山门

沐浴之用。没有多少水，没什么看头。在九仙妆池的东侧是"弥勒洞"。洞府位于悬崖峭壁之上，洞内塑弥勒佛像、四大天王像。关于弥勒佛，我只记得那幅对联"大肚能容，容天下难容之事；开口便笑，笑世间可笑之人"。

走了近40分钟，渐感山势陡峭，在山崖上露出了红墙，在走向第二道山门的石板斜坡上，有一排石碑群，数了一下，有十几块，应该是古石碑，在上来的弥勒佛殿旁边也有现代人立的重修石碑，字迹很清楚。而这里的石碑及朝圆洞洞口两边的石碑字迹模糊不清了（当然专家有办法看清的）。据介绍，赵杲观现存明代重修碑4通，清代重修及功德碑碣14通，民国重修及功德碑5通，清旗杆1对。并存有画像石8块，绘有观音老母救八难的故事图像。

据观内碑载，赵杲观创建于北魏太延年间（435—440年），以后历代多有重修和增建。据《重修仙观碑记》载："赵杲者，汉之贤相……"从而道出了赵杲观的来龙去脉。《史记·赵世家》："（襄子）请代王，使厨人操铜斗以食代王及从者，行斟，阴令宰人各以枓击杀代王及从官，遂兴兵平代地。"赵杲观就是从这段《史记》故事中而产生来的。

相传，春秋时期，代国国王是赵国国王赵襄子的姐夫。襄子为了吞并代国，便约代王在雁门山上会盟。酒席宴上，密令厨子用乘给其姐夫代王进食时的长柄铜斗将代王和其属下打死，夺取了代国的地盘。代王的夫人赵子卿是一位非常刚烈的女性，于是悲壮的一幕发生了，"其姊闻之，泣而呼天，磨笄自杀。代人怜之，所死地名之为磨笄之山"。

这个故事揭示了赵襄子的卑鄙凶残，用这种残忍的手段杀害自己的姐夫。我在南京博物院见过一件战国文物，名叫战国铜斗，其实就跟我们舀水的舀子一样。柄长33.6厘米，杯口径11.2厘米，杯高5.3厘米。古代作为斟酒器。用这么个东西把人砸死，这是多么血腥的场面啊！

而其姐有情有义，在"以夫怨弟非仁也，以弟怨夫非义也"的两难抉择中，狠心拔下自己头发上的笄，在石头上磨得锋利，然后自刺而亡。这个刚烈的女性以磨笄自杀凄美而悲壮的方式给古代的贞洁烈女树立了一个榜样。

# 代县赵杲观（二）

2022 年 8 月 6 日

　　代王死后，代国的丞相赵杲，看见国破人亡，为了保全王室后代毅然摘下相帽，连夜引护宫中幸存的九个女儿和眷属逃出都城，来到天台山。天台山山势陡峭，重峦叠嶂的绿荫深谷间隐藏着大大小小的天然石洞隐居下来。后人感念他的忠义，为纪念赵杲，修建了这座道观。

　　天台山本身山势陡峭，峰峦迭障，古树参天，绿荫深谷间，隐藏的许多天然石洞，所以就有"天台十八洞，洞洞不相同"之说，后人在建观时，利用当地的天然石洞、

山西代县赵杲观寺楼

在悬崖峭壁上略加人工建筑而成，而且多处寺庙建在光滑的石壁上，想进寺的话必须沿铁索攀援而上，其势颇险可谓独具匠心。

这种独特的镶嵌在山洞和石头缝里的道观不亚于悬空寺，所以就有了"雁北悬空寺，不及代州赵杲观"。古人赞扬它："临幽谷，倚奇岩，山清水秀，洵代郡之胜境，人间第一蓬莱也。"

"天台十八洞"都有哪些洞呢？主要的洞有弥勒洞、朝元洞、九仙洞、三清洞、药王洞、自在庵洞、观音洞（又名三圣殿）、罗汉洞、三圣洞、赵杲洞、滴水洞等。当然最奇特的建筑有三处：朝元洞、九仙洞和三清洞。

朝元洞坐落在天台寺的中心寺院右侧，这里有北洞"大雄宝殿"等佛家大殿，院内古树参天。这里是北魏佛教兴盛时期，人们在天台山兴建的天台寺，使这里佛教与道教相互融合共生。但是人们习惯于旧称，仍将天台寺和其他一些道观统称为"赵杲观"。我观察了一下，似乎佛教寺庙多点，总之是佛道合一地方。

当目光转到院落东南角时，一座在山崖上自然形成的三角形石缝里镶嵌着一栋五阁七层楼阁格外亮丽，只见它飞檐斗拱的楼阁和多姿多态的天然洞窟巧妙结合，形成格调奇特的建筑组合。这不就是国家地理杂志上发表那张标志性的照片吗？

仔细观察，它是清代的砖木建筑，依崖开凿卯洞，梁架结构与崖石交接构筑，十分精巧。它上下整体共有七层。底部两层基台为青砖砌成的洞窟，上面五层木楼则依山势而逐层缩小，像一块美玉整体镶嵌在陡峭的山体里。

寻到楼门口，洞口门面也是奇特，两山夹缝里镶嵌一面白墙，白墙上有三个卷洞，两边卷洞高大有石碑，中间只有一人宽、一人高的黑黑的门洞，洞上匾外边为天蓝色，内边为金边，匾为黑底金字：朝圆洞。匾上砖雕呈紫红色十字状，在白墙上十分抢眼，给人一种基督教元素的感觉。探进小黑门，才知这就是上楼的通道门。

站在洞内，空间实在狭小，抬头看不到黑的洞顶，站在光滑的崖壁前，自己犹如在井底一般，一条两丈多长的铁链从头顶垂吊下来。这是要攀着铁链往上啊？站在我后面的朋友催促我说："你上啊！"我侧过身体把他让进说："你先上吧。"他钻进黑洞后胆怯之意顿生，因为他比我年龄还大、身体比我还胖。

我俩出了洞门，只见一出家人拿着手电筒和一对情人走来，出家人在下打着灯

山西代县赵杲观五阁七层楼

光，那对情人手攀铁索脚踏壁坑而上。我看有灯光照到脚踏的壁坑，也跃跃欲试地往上攀登，攀了有1米多问题来了，垂直90度的崖壁，身体的重量全部依托两个手臂，脚下的崖壁只能借力一下，有时没有踩的地方的时候只能踏在铁链的铁环上，手臂的力量才是决定你能不能上去的主要因素。你想我们全部年过60岁，怎能和人家年轻人一样呢？退到院内感慨到，是不是提前10年我们也能上去呢？平时乐观的我们有了年老的悲伤。

和出家人攀谈，他介绍说："其实最难的只有这第一层要攀环而上，到第二层后就有木梯了，再沿木梯逐层登楼。五层楼斜成宝塔形，层层通上逐渐缩小，依次塑有接引诸神、阿弥陀佛、玄天上帝、玉皇大帝、弥勒如来等神像。这里还流传着'登一层时来运转，登二层福寿满堂，登三层人才两旺，登四层四季平安，登五层五福临门'的说法。"

九仙女洞在朝圆洞东北侧，也称"九仙女阁"，是赵杲观著名的景观，原称玄女洞，与石洞巧妙融合。现在门关着进不去。据出家人介绍，洞内分内洞和剑阁两部分，内洞塑代王九女像，剑阁内则是守护者赵杲塑像，主要特点是头顶距石崖仅二指半宽，也就是四五厘米，故旧称"赵杲观，离天二指半"。

三清洞走的是木质的栈道，木栈道不是满铺的，透过木板之间的缝隙可以看见下面，加之走起来木板咯咯吱吱作响，还真有点玄玄乎乎的。它是百米高的绝壁的中间倚石洞建的小楼阁，上下三层，称为"仙阁登云"，原来上下左右根本无路可通，只凭一根20来米的铁链子爬上来，这铁链子称为"仙阁云梯"。

从朝圆洞的铁链子到三清洞的铁链子可以看出，在此险峻的山中，铁链子是多么的重要。传说曾于观中修行的紫霞道人，每天都要手托香烛上楼做功课，由于心诚志笃得道成佛坐化洞中。

站在三清洞前，有种悬在天空中的感觉。突然想起李白写过"危楼高百尺，手可摘星辰。不敢高声语，恐惊天上人"。在这里不敢大声说话，不然会惊动了天上的仙人。古人把道观建在如此险要高耸的地方，是不是离天最近？道观此时就是迎接神仙的迎仙之居。这里是不是就是人们常常说的洞天福地呢？

回望山间，只见整座山上覆盖着茂密的森林，大片树木随山就势，一层层一道道密密匝匝，蜿蜒起伏于山峦。山中不时传来啁啾鸟鸣和叮咚的泉水声，仿佛一支交响乐团在大自然的怀抱中齐奏着奔放而热烈的乐曲，构成一幅浑然天成的优美画卷。观建在山坳里，红红点点很有规模，在这荒山僻野，人迹罕至的地方，真是清修、避尘的好地方。

回程路上也有几个人文景点的石碑，一是讲毛师傅，他是钉盘碗师傅，相传他为修建赵杲观辛苦奔波每天早起抹黑背着工具走街串巷，给人打盘与修碗，他把钉盘碗所挣来的钱，分文不少地都用于布海，因此而修成正果。

二是讲崔氏仙人，他是一个送醋老人，相传为本地阳明堡崔庄人，早在动工修观的时候，他见工匠们干得异常辛苦，吃得缺盐少醋，于是尽自己所有，每日送醋上山，结果因劳累倒在路上成仙。

游完赵杲观，给我感觉是山水风景引人入胜，这里的地理优越，资源丰富，人文荟萃。不但将自然地貌和道教、佛教文化融为一体，还将当地掌故传说融入其中。集自然和人文于一体，完美地体现了中国古代"天人合一"的思想体系，被游客美誉为三晋第一观，名不虚传！

## 第35站

# 代县阳明堡（一）

2022年8月6日

从赵杲观下来向阳明堡驶去，阳明堡是一个声名远播的地方，可以这么说，我以前不知道山西的代县，但是知道山西有个阳明堡。生在新社会，长在红旗下的这群人从小崇拜八路军，夜袭日本鬼子飞机场的英雄故事早已深入在脑海之中，现在要到期望已久的圣地了，心情还是有点激动的。

阳明堡离赵杲观28公里，开车约40分钟就到了，其实阳明堡镇位于代县以西10公里处，东临上馆，西接原平，北毗雁门关，南界滹沱河，是代县的西大门。从代县出来沿雁靖街向西一路就到了。只是我们先走了赵杲观，现在又从南向西北绕到了阳明堡，从地理上来看是从山区走向了平原。

进入镇里，给人第一感觉这是一个商贸大镇，窄小的街道上房檐连着房檐，店铺连着店铺。没有常见的古堡的城墙、城门、钟楼之类的遗迹。直到走到堡内村的村部，才看到一个古庙一样的建筑。由它把我们带入阳明堡深远的文化历史之中。

古建筑前立一石碑：羊舌寺。好奇怪的名字，门匾四个大字：阳伯华明。左联：羊颂甘雨泽如今百里川永享春烁，右联：叔向功德源自崗数千载丕昭世代。说实话，水平有限，有几个字不认识，当然更不理解其意了，只好把照片发给一个酷爱书法的朋友辨认，他说这是隶书。

气派而壮观的羊舌寺的门锁着进不去。问院内老人："里面供奉的是哪位神仙？"老人说这里的塑像既不是佛，也不是神，而是一个羊头。为什么是羊头呢？

这与阳明堡名字的来历有关，而阳明堡的来历又与一位复姓羊舌、名恬、字叔向的士大夫有关。

本地有个民间传说，叔向，春秋时期晋国贤臣。相传春秋战国时期，有一年，在阳明堡周边发生了严重的干旱，土地龟裂，民不聊生。正好晋国大夫羊舌押解了一批犯人路过此地，看到这种景象，心生怜悯，就自作主张，向犯人许诺说，如果大家同心协力，向天祈求，祈得甘霖的话就把大家放了。古时候，祈雨是个艰辛的事情，你想想，众位犯人冒着烈日祈跪上苍，也不是一天两天就能祈出雨来的。只有长跪不起，至到老天爷发起了怜悯之心，才能降下倾盆大雨。

多少天后，大雨终于下来了。羊舌大夫履行了自己的诺言，把这一批犯人全部释放了。最终他也因违背上级意愿，献出了自己的生命。他为民祈雨被杀，气吞山河，老百姓为了纪念羊舌大夫，起土筑城，建有羊舌大夫祠，庙塑有羊头像，就称其为羊头城。后改为"羊头堡"，北宋治平二年（1065年）改为"阳明堡"，一直沿用至今。

听完了这个故事，再仔细研读这幅对联，"羊颂甘雨、叔向功德"用短短两句话基本上就把古人建羊舌寺的整个的过程和意义包含进去了。也懂得了只有了解了建筑物的来历，才能更容易看懂对联的内容和意义，光从字面的意思看只能肤浅地认识而得不到深切的知识的。

关于堡名来历还有一说，相传羊舌大夫巡行于此，有人夺羊以肉给叔向母，母埋之，故建羊舌大夫祠。庙塑有羊头像俗称其为"羊头城"，因地处滹沱河之阳，宋平治二年（1065年）筑堡，改称阳明堡。不管怎样的传说故事，都给阳明堡披上了神秘的色彩，这是一个文化底蕴和历史魅力很不简单的地方。

关于阳明古堡的情况，《忻州文物荟萃》上做了详细的介绍，它是这样描述的："阳明堡坐落于雁门关南、滹沱河畔，位于山西省忻州市代县阳明堡镇堡内村，平面呈长方形，东西约500米，南北约300米，分布面积约15万平方米。现存东墙残长50米，南墙残长60米，北墙残长10米，底宽1.9～4.6米，顶宽1～2.1米，残高0.6～4.2米。墙体土质夯筑，夯层厚0.08～0.17米。属宋代、明代遗存。为县境内三十九堡十二连城之一。2004年，山西省人民政府公布为省级文物保护单位。"资料描述的墙体我没看到。

观完羊舌寺，和老人打听阳明堡的其他历史遗存，老人说广武古城和镇里几个古居是可以看看的，如刘家祠堂、和府、马站戏楼等。广武古城？我们前两天刚游了新（旧）两座，怎么还有广武古城呢？老人说如今的雁门关内外有三个广武城，一个是新广武、一个是旧广武，分别是五代及北宋和明代建立的。哦，这两个地方是我们刚刚参观过的。据老人介绍，最早的广武古城便是在现在阳明堡镇的古城村西修筑的。秦始皇一统天下，在这里最早设广武县，东汉时改属雁门郡，北魏建昌元年（512年）在一次七级大地震中广武古城全部被毁，后迁至上馆城（今代县城），至此，广武古城便逐渐废弃。

广武城遗址位于代县阳明堡镇古城村西80米处。据清光绪《代州志》载，初筑于战国，据村民介绍，城是战国时期赵国第六代国君赵武灵王筑的，城垣遗址东西2公里、南北2.5公里，占地面积5平方公里。汉高祖三年（前204年）始置广武县，北魏熙平年间（516—517年）迁于上馆城，原城遂废。城虽废但还是古代州八景之一的"古城残照"。在孙家磨村东附近处，还有一个豁口，据说那就是广武古城的西城门，名曰骆驼城门，古广武城在汉代和南北朝时期还是北方重要的边贸集市，是丝绸之路上一颗耀眼的"明星"。

移步大街北侧的和府，这个曾经豪华的住院已经破败，原四进院落现剩一院房子，庄园虽已荒废，但是从其残存构件、梁架中仍透露着华贵精美的建筑风格。它名为和府，其实其主人姓贾，贾家大宅之所以名气很大，是与清朝的两个著名人物有关。

第一个是乾隆年间大名鼎鼎的和珅，这也是贾家大宅被称为和府的原因。村里流传着两种说法。

一是据说其先人是专给乾隆帝的宠臣和珅家里做鞋的匠人。贾姓主人为人厚道，倾心为和家制作鞋子，赢得和珅的信赖。当和珅面临杀头之灾时，还惦记着这个给自己做了一辈子鞋的鞋匠贾氏。于是，和珅给了贾氏一笔钱，让他回故里好好生活。于是他照着北京恭王府的样子，在阳明堡建了个浓缩版的"和珅府"。

二是相传和珅被嘉庆皇帝抄没家产之前，想出一个朝隔壁邻居（贾家）家里抛弃家产以减轻罪责的办法。信仰佛教的贾家偶得意外之财，既不敢私藏，又不敢缴公，便将这巨额财宝悄悄运回山西，在故乡阳明堡建成一座豪华庄园。当地群众却把这座院落称为"和府"。

第二个是与清朝历史上最重量级人物在此住过有关，这就是清光绪二十六年七月二十一日（1900年8月15日），八国联军攻入北京。慈禧太后于凌晨化装成民妇，率光绪帝及诸王大臣等，仓皇逃离紫禁城，进入山西后驻跸阳明堡的和府。这个事件在1988年《代县志·大事记》中有记载："上午在雁门关靖边寺稍息，夜宿阳明堡内贾家大宅。护驾士卒惊慌饥渴，拔青菜充饥。公侯王爷们等不及碗筷，脱红缨帽当食具……支应皇差，糜费白银数万两。"

为什么慈禧老佛爷逃难时能住在阳明堡呢？这主要源于它独特的地理位置和优越的自然条件。地理位置上，它是雁门山下"十二连城"第一堡，代县的西大门，号称"雁门关下第一堡"，进出雁门关必经此地。自然条件上，明清时期，阳明堡为北去茶商过雁门关的集结地。堡内商业繁荣，主大街全长约500米，宽约10米，两旁店铺林立。据史料记载，清咸丰十年（1860年），堡内有商号40余家，门类齐全，买卖兴隆，商贾往来不绝。如此富商之地才有能力"支应皇差，糜费白银数万两"。

如今的阳明堡镇依然地处交通要道，城堡内外为人口密集的村落，商业化很重，没有了古村落的韵味。铁路京原线、北同蒲线过境，设有阳明堡站。有二广高速（大运高速）、108国道、208国道过境。商贸繁荣的阳明堡镇给我的印象是堡内古遗址实景少，故事多，也就是"有说头，没看头"。也许是我的脑海里对它期望太高吧！叫人有点失望。

# 代县阳明堡（二）

2022 年 8 月 6 日

　　堡内古迹景点虽然不多，但阳明堡依然是游客心中向往的地方，我想原因当然不是冲着古堡而来，而使其名气远扬的是在抗日战争历史上留下了精彩的那一笔，即共产党领导的八路军"夜袭阳明堡"战斗。它的遗址是每个来到阳明堡的游客必须瞻仰的地方。

　　导航驱车前往，行驶了 4 公里后，进入一个村庄，在村口老乡指引下，拐了个

山西代县阳明堡八路军夜袭机场大门

弯后驶进一片玉米地的乡村小路上。出村不远，一个水泥建的牌坊横跨路上。它四柱三门，风格是方方正正，整体白色，上梁一颗红五星，下檐黑底金字：夜袭阳明堡飞机场遗址。从小向往的地方到了，下车拍照留念。

往前是一片种有玉米的开阔地带，继续前行一公里左右路边有一个醒目的"阳明堡飞机场遗址"指示牌上写着"铭记历史缅怀先烈"八个大字。到十字路口的左边矗立着一座白色纪念碑，造型为"J"字形，看起来像利剑指向天空。它高约6米，宽约2米，坐北朝南，主体镶着白色磁砖。纪念碑的右侧竖框中显目的写着红色的"阳明堡飞机场遗址"8个大字，落款是陈锡联于1995年4月。

山西代县阳明堡飞机场遗址纪念石碑

纪念碑的右侧砌了一面白色大理石墙，这面墙的设计使纪念碑整体造型更加稳定，简洁流畅的造型不失庄重。墙中间镶嵌一块方形的《夜袭阳明堡机场战斗简介》，背面是《夜袭阳明堡机场战斗经过示意图》。前院内有园型花池，绿地种植青松，周围白杨树围绕，整体来看虽然规模较小，但是比较大气。

阅读《夜袭阳明堡机场战斗简介》，把我们拉回到硝烟弥漫的抗日战场上来：1937年10月上旬，日军大举入侵山西，国民党守军被迫退守忻口（今忻州市北）

束西一线防御，为配合正面作战，八路军第一二九师三八五旅七六九团奉命在代县、崞县以东地区，伺机侧击进犯忻口的日军。

该团行至滹沱河南岸苏龙口、刘家庄附近地域时，发现不时有日本飞机从代县西南的阳明堡方向起飞，支援忻口方向作战。经慎密侦察和认真研究，团长陈锡联决心采取出其不意、攻其不备的战法，夜袭日军阳明堡机场。并于19日夜下达了作命令：以第三营为突击队，从东西两侧隐蔽向机场发起突袭，并以部分兵力阻击阳明堡方向可能来援之敌。以第一营牵制崞县方向可能增援之敌；以第二营为团预备队，随团指挥所配置在苏龙口北侧地区，随时准备策应三营行动，以八连破坏王董堡桥梁并保障三营侧后安全；团属迫击炮连、机枪连配合置在滹沱河南岸待命，随时准备以火力支援三营作战行动。

三营进至机场西北角时，与日军遭遇，战斗打响。经过近一小时激战，第七六九团以伤亡30余人的代价，取得了歼敌100余人，摧毁敌机24架的战果。战斗中，营长赵崇德壮烈殉国。此次战斗的胜利，沉重地打击了日军的嚣张气焰，再次打破了日军不可战胜的神话，有力地配合和支援了忻口战役，扩大了我党、我军的政治影响，进一步振奋了全国军民的战斗士气。

《夜袭阳明堡机场战斗简介》虽然有的缺字，有的字缺笔划，但战斗经过基本能看清楚。笔者查了一下革命回忆录，说此战结束后，一时间成为中外媒体的头条新闻。从共产党、国民党、山西人民的反应就能看出此战的影响力。

共产党方面，刘伯承师长、张浩政治委员看到电报，连声称赞："七六九团打得漂亮。"我们的朱总司令接到报告后非常高兴。他向当地群众宣布了这个消息，并请群众和他一起算了一笔账：一架飞机值多少钱？这些钱能买多少小米？这些小米又能让多少人吃一年？账一算完，群众热烈鼓掌，欢呼我军取得了又一次重大胜利！因为八路军是用小米加步枪摧毁了日本最先进的飞机。

国民党方面，一直承受着日军空袭压力的国民党第二战区副司令长官卫立煌致电周恩来："阳明堡烧了敌人24架飞机，是抗日战争历史上从来没有过的事情，我代表忻口正面作战的将士对八路军表示感谢！"蒋介石也以军事委员会的名义颁发了嘉奖令，还奖励了参加阳明堡战斗的部队2万大洋。这也是抗战初期八路军唯

山西代县阳明堡羊舌寺

一受到蒋介石现金奖励的战例。

山西人民的反应,阳明堡战斗胜利的消息很快传遍了太行山。当地群众编了一首歌谣传唱:

> 万里长城万里长,
>
> 雁门关下古战场,
>
> 阳明堡里一把火,
>
> 鬼子飞机一扫光!

直到 2015 年纪念中国人民抗日战争胜利暨世界反法西斯战争胜利 70 周年"九·三"大阅兵,接受检阅的十支英模部队方队中,就有一支就是夜袭阳明堡飞机场英雄连英模部队方队。可见夜袭阳明堡飞机场战斗在抗战史上的重大意义。

## 第36站

# 平型关

2022年8月8日

平型关在我心目中既崇高又神秘。崇高的是"平型关大捷",这是在我少年时代深深印入脑海中的英雄故事;神秘的平型关是长城上的一个古老关口,是长城上著名的十三个关口之一。所以平型关是此次走长城路线中的重中之重。

天气尚好,碧蓝如洗的天空将眼前一切都映衬得格外明媚。周围松柏苍翠,绿树成荫,鲜花怒放。从停车场登上景区广场,首先进入人们眼帘的就是赫然挺立着铜制塑像,仔细观看,他们是参加平型关战斗的林彪、聂荣臻、陈光、徐海东、肖华、杨得志、李天佑、张绍东、陈锦秀、杨成武等10位将领。他们都是当时的师旅团长。

山西大同平型关长城

铜像旁边，是红色的入党誓词碑。我们几个朋友都是党员，年年重温入党誓词，看到后很是亲切。再回头看这十位将帅像，有两个元帅、一个大将、四个上将；一个牺牲、一个自杀、一个叛变。感叹将帅们的人生也要有坚定的革命意志才能走完光荣的一生。与十大将帅合影留念当然是必须的项目之一。

在铜像两侧呈阵列状的10面文化墙上，刻着毛泽东、朱德、王稼祥、彭德怀、任弼时、聂荣臻等中央军委和八路军领导人、各级将领及老战士有关平型关大捷的讲话、诗词和题词。在铜像背后是115级大理石台阶。是不是有纪念八路军一一五师的含意不得而知。

拾级而上，就是平型关大捷纪念馆。导游介绍，它始建于1969年，由北京军区主持施工，杨成武老将军题写了馆名。1971年因"九一三"事件关闭，馆中文物全被运走。2005年国家投资2000万元重新修建布展平型关大捷纪念馆，已被列入国家红色旅游基地。二楼房檐下的红色标语是：铭记光荣历史，传承红色基因！

口罩、测温、验码，进入馆内的检查是严格的。展馆由序厅、三个独立主展厅、一个实物陈列厅、半景画馆、将星闪烁厅组成。馆里陈列着丰富翔实的图片、文献资料和文物。从进门开始就有专业的讲解员用标准的普通话详细介绍起这场经典战役。随着讲解员的深入讲解，这场战斗场面再次浮现在我们眼前。

1937年9月25日，日本最精锐的板垣师团主力在平型关长城区遭到了由一一五师师长林彪率领的八路军的全力攻击，在此一役歼灭日军近千人，毁敌汽车100辆，大车200辆，缴获步枪1000多支，轻重机枪20多挺，战马53匹，以及一大批其他军用物资，仅军大衣就够一一五师1.5万人每人1件。虽然从小就知道这场战斗故事，但当我真正到了纪念馆里听着讲解，看着电报，观着缴获的歪把子机枪时，内心还是非常震撼的，有如临其境的感觉。

平型关大捷是八路军出师华北抗日前线第一仗，也是平型关战役中战斗最惨烈、战果最辉煌、影响最深远的一次重要战斗，是抗日战争全面爆发以来中国军队的第一个大胜仗，也是在抗日战场上中国军队第一次主动向日军发动攻击并取得全胜的战斗。

八路军首战大捷的喜讯当晚通过无线电波传出后，震惊中外，举国欢腾。9月

26 日，毛泽东致电祝贺我军取得的第一个大胜利，朱德、彭德怀专程从五台总部到一一五师驻地灵丘冉庄祝贺，并帮助总结平型关战斗经验。蒋介石也两次致电祝贺嘉勉。全国各军政要员、各党派、团体纷纷祝贺，国内外媒体争先报道八路军胜利的消息。

骄横的日军在平型关遭受了意想不到的打击。在东京大本营也引起了极大震惊。当年，日本《每日新闻》根据其华北特派员的报道，登出了平型关伏击战的新闻，加以实地照片，并冠以"我军运输部队在平型关关口附近不明地域遭到从两侧高地的伏击全军覆没"的标题。这是抗战文献中首次日本都承认"全军覆没"了。

八路军平型关大捷打破了日军"不可战胜"的神话，大大振奋了中华民族的士气，鼓舞了全国人民团结抗战的信心，提高共产党八路军的声威，对华北战局和全国抗战形势产生了深远影响，在中央党史、中国抗日战争史和解放军战史上写下了光辉的一页。"首战平型关，威名天下扬"，平型关大捷写进了《八路军军歌》。

走出纪念馆到馆后的右侧，山崖壁上写着：抗战胜利从这里开始。下面陈列着飞机、大炮、坦克等重型武器。似乎就是一个小军博。我们同行几人都是军工出身，当看到琳琅满目的军事装备时十分着迷，一一观赏。

驱车来到一一五师指挥所旧址，八路军第一一五师平型关大捷指挥所，设在乔沟东南 1.5 公里的一个小山头上。现在在此处盖了一个凉亭供游客瞭望和休息。当年林帅可能就是站在这个地方用望远镜观察到整个乔沟敌我双方战斗的情况。

环视群峰沟壑，山下的这条峡谷，正是当年设下埋伏的地方。现如今，山沟被漫山遍野的绿色覆盖，早已看不出是当初硝烟弥漫的战场，取而代之的是一片充满生机的盎然绿意。但是还能看出峪谷幽深，危岩突起，两边高山陡崖如削，是个打伏击的理想之地。

在这里休息了一阵，开始爬向另一个山头的纪念碑。纪念碑位于平型关大捷纪念馆东侧 1 公里的山岭上，快到山顶的路上，两边插着红旗，给绿山上增加了节日的气氛。朋友拿起一面红旗，像电影里的英雄一样冲向山头摇晃着胜利的旗帜。

我围绕纪念碑细观察起来。碑正面阳刻有杨成武老将军题写的"平型关大捷纪念碑"八个大字，碑阴的碑文记述了平型关大捷的战斗过程及重大意义。纪念碑碑基高 1.15 米，意喻参战部队为八路军一一五师；碑座高 1.937 米、碑体高 9.25 米，表示平型关大捷发生的时间为 1937 年 9 月 25 日。巍峨耸立在山顶上的平型关大捷纪念碑，雄伟高大，气势磅礴，象征着中华民族不可侮的英雄气概和不畏强敌、英勇奋斗的伟大爱国主义精神。

从纪念碑下来驱车盘山而行到 5 公里外的平型关关口，平型关在雁门关之东，今山西省繁峙县东北与灵丘县交界的平型岭上，这里有一处险要地带，形状肚大口小，如瓶状而起名。古称瓶形寨，金时为瓶形镇，明、清称平型岭关，后改今名。历史上很早就是戍守之地。明时为内长城重要关口。

到我们参观时，政府斥巨资，正在对长城进行维护修葺。运料的简易索道，不停地上下穿梭，有的龙门架，就立在了墙顶上。但愿工匠师傅们，对千年古迹满怀虔诚、敬畏之心，珍施一刀一锤之力，做到修旧如旧，不至损伤从远古走来的大墙风貌，从规模上来看似乎和雁门关有一比。

今天的关楼与两侧沿伸山岭的长城雄伟壮观，在新修葺的砖券拱门额上悬嵌刻着"平型关"三字的新门匾。关楼为明式建筑，朱柱飞檐，古朴苍劲。楼门内保存了以前关门的土遗址供人们凭吊。

进入关楼，从侧道可上关楼及两侧的长城，居高临下观察，一条现代的县级公

山西大同平型关长城

路穿过城门，将关城一分为二。两侧峰峦迭起，陡峭险峻，左右两条连接关楼的长城蜿蜒伸向山顶。这里是大同市灵丘县和忻州市繁峙县交界处的平型岭，在这里的长城上你可以一脚踏两区，长城上有块石碑界，一条线东为大同，西为忻州。明朝正德六年（1511 年）修筑明朝内长城时经过平型岭，并在关岭上修建城堡。

古人为什么在此设关呢？历史上，北方游牧民族在恒山山脉与五台山脉中间寻找道路进入华北平原，这段距离相对来说还是较宽的，只是在滹沱河的源头（源头在一个叫"孤山"的地方，现在有个孤山水库）东侧，有一道山梁，将恒山山脉与五台山脉连接起来。过了这道山梁，忻定盆地仍然向东延伸了一小段，方才遇到太行山的主脉。山梁之上可供选择的道路不太宽，但依托这条山谷地形，就构筑了一道城关和通道，成为由华北平原进入忻定平原的最后一道屏障。

据百度百科介绍，平型关是晋东北的一个咽喉要道，北有恒山如屏高峙，南有五台山巍然耸立，海拔都在 1500 米以上。这两山之间是一条不甚宽的地堑式低地，平型关所在的平型岭是这条带状低地中隆起的部分，所以形势很险要。

由于恒山和五台都是断块山，十分陡峻，成了晋北巨大交通障壁，因此这条带状低地便成为河北平原北部与山西相通的最便捷通道。一条东西向古道穿平型关而过，东连河北紫荆关，西接山西雁门关，彼此相连，结成一条严固的防线，是北京西面的重要藩屏，明清时代，京畿恃以为安。

明代，蒙古骑兵频繁侵边，抢掠财物，尤其嘉靖年间为烈。最严重的一次是嘉靖三十二年（1553 年），蒙古鞑靼部俺答又率兵大举南侵，从大同深入浑源攻平型关，乘虚而入，遂陷平型关。接着由此直趋灵丘、广昌（今河北涞源），进逼紫荆关。途中遇明将陈凤率军抵抗，蒙古兵便分头掠繁峙，侵略蔚县并屠掠延庆诸城，后因受到明军与百姓阻击又遇连日下雨便猖狂北逃。

站在古代这个军事要塞上，怀古思今。谁能想到它最终出名在抗日战争初期那场被称为"平型关战役"的大捷，用纪念馆展览的结束语来说：平型关是英雄的关，浸染了英雄的血；是难忘的关，打破了日军不可战胜的神话；也是胜利的关，承载了中国人民同仇敌忾、英勇不屈的伟大精神。

我们今天游历平型关的意义就是唯有铭记历史，方可不负未来！

山西繁峙韩庄长城

## 繁峙韩庄长城（一）

2022年8月8日

  长城从平型关一路向南过大柳树村到灵丘县牛帮口，再向西过海拨1831米的镢柄山，到茨沟营至神堂堡的韩庄。我们沿着长城的足迹，驾车驶向忻州崇山峻岭之中的繁峙县神堂堡乡韩庄村的明长城。

  天气变化莫测，出发时还是蓝天白云，到了繁峙县已是大雨倾盆。车上的雨刷子打到最快档，看前面的道路也有点模糊不清。这是我们此次出行遇到的首场大雨，小心翼翼地按导航绕了一个大圈，从大寨口河左岸公路的一处口子桥梁拐进了村里，在雨中到了位于108国道边的韩庄。

  天公也特别厚待我们，刚到村口，阳光穿破厚厚的云层，把一缕缕金光洒满刚刚被大雨清洗过的村庄。

村口有七八株核桃树，最粗的一人难以合抱，据称树龄已在二百年以上。树旁边的房屋写着游客接待中心。街道青石铺路，虽不十分平坦，有些积水，但干净整洁。顺坡砌筑的宅院，参差而不零乱。家家桃李杏垂枝，户户门楣飘红，灯笼与略显褪色的春联交相映衬，使村子充满了喜气。路边的梨树挂着雨珠，翠绿可人，忍不住拍下一张照片。

这个村庄一看就是本地重点打造的长城文化旅游景点，不但有游客接待中心，村内农家乐住宿也时而出现。为什么这么一个名不见经传的明长城，会被如此重视呢？因为它是山西忻州最美的四段长城中的最后一段（四段最美长城是偏关县的明长城小元峁段、明长城老牛湾段，代县和山阴县的明长城新广武—白草口段，繁峙县的明长城茨沟营韩庄段）。

前三段我们从西向东都已探访过，今天终于到了最后一段的韩庄长城。旅游指南说它是忻州境内保存最为完好的明长城，蜿蜒于太行山脊，无论砖砌石砌都保存

山西繁峙韩庄长城敌楼茨字匾

完好，空心敌楼和砖砌马面整齐排列，雄浑壮观。马上就要见到它的真容了，心里还是有些美好期待的。

穿过村庄到了一个深沟崖边，有旅游指示标牌：箭头左行，明代砖窑群遗址；箭头直行，明长城（600米）及明代采石场（250米）。行至半坡上的一处大坑，有烟熏火燎的痕迹，这里是砖窑遗址。站在崖边观察，长城上的砖应当是在这里烧的。用的基石是在山下（250米）处就地采的，而长城是在对面（600米）的山脊梁上。

要想过到对面的长城那里，过深沟有两条路，一条是从山沟底下新修了石梯路直通长城垭口处，另一条是沟上空有一座铁索木板桥，高高地架在山谷之上。两条路从视觉来看走沟底的石梯路好像很远，穿过铁索木板桥似乎近些而且还有趣味。问题是铁索桥前立着一个警示牌子：危桥！禁止通行！

望着山沟底下遥远的石梯路和眼前便捷的铁索桥，朋友征求我的意见。我知道这几天连续都在爬山，大家有些累了，但是还是安全第一啊。可是又一判断，只有警示语而桥口没有封死，说明这桥可以行走。朋友问："为什么呢？"我解释道："现在旅游景区最注重的就是安全，若是此桥危险过大，一定将桥口封死的，现在只是警示，当然更保险一些叫游客走刚修好的山道。我们小心点还是能过的。"

我率先走在上面，部分木板被拆掉，露出硕大的窟窿，人一走整个桥都晃，再看看下面的深度，顿时不淡定了，抓住铁扶链快速通过！朋友看后胆儿都大了，不仅不怕还在桥上拍起照来。看来这铁索桥也是以前为旅游而建设的。

过了桥后，沿着山间不明显的石梯小路前行，陡峭的花岗岩山坡，经多年风雨侵蚀，石面风化成粗细砂粒，况且又刚刚下过大雨，踩上去擦滑，不小心就要摔跤。我们不停不歇，步步攀向山顶。尽管近日身体都很累，但在一声声沉重的喘息中，还是一步步走近了长城。

迎面是一座残存的墙体和敌台，遗址下部只留部分条石所筑的石墙基，其余为夯土筑成的土堆，内含砖块、石块，已被修缮过了，台基上面的台中部分及台顶部分已全部损毁，建筑情况不明，不过以台基的规模看，这座敌台应该也是非常的高大。长城连着敌台向右延伸向山顶，向左沿着山脊蜿蜒而去，壮观的场面出现了。

此时正值下午时分，雨过天晴，光线柔美，山谷里一派宁静祥和。在一片苍翠中，长城起伏跌宕在各个山头之间，五六个山头都有敌台与长城相连。远远望去，灰色的城墙和雄壮的敌台，虽然透着历史的沧桑，但在大山的怀抱里显得雄浑壮观，这种长城之景美得震撼人心。

翻过垭口，我们已经站在长城之外了，沿着长城旁边的小路向上攀登。城墙随蜿蜒起伏的山势修筑，墙高约6.6米，顶宽3.6米，砖石结构，有修理过的痕迹，立面砌石整平，白灰勾缝，内填碎石烂砖，泥土灌缝，既起填充作用，又可阻水淘刷。

看得出修旧如旧的技术还是不错的，没有那种突兀的感觉。在长城的下方原墙体的地方，料石底座，城砖台身，经几百年风吹、日晒、雨淋，青石变成灰白，青砖呈现土黄，白灰浆缝表面变成了糟黑，沧桑感十足。

又过一个敌台，前面有三个规整的敌台与长城相连，一个敌台孤悬长城之外，长城墙体像条天路伸向山头。到达第三个保存完好的敌台，开始观赏起来。

敌楼呈正四棱台形，高12米，底边长12米，顶部略小。底部砌石条有9层，石条长1～2米，厚50厘米，宽50厘米，重约1吨。石条上部城砖砌筑，砖重10公斤。石条部分为实体，与城墙相连，城砖部分又分上下两层，下层用砖砌暗室，南北两侧开四面箭窗和射口，东西两侧开两面箭窗、一扇门。空心楼分上下两层，中有一天井与上层通。下层用砖碹成6个暗室，暗室与箭窗、门相通。上层有射击和守望用的垛口。台上应该有木建的房子，以遮风避雨，现均已拆除。

令人称奇的是，敌楼上的牌匾，阴刻楷书茨字贰拾陆号台。我瞅了半天，这个编号是现代人编的？进入山西长城后，镇宁楼、月华楼、望河楼、箭牌楼等，有古代就起的名字，也有后世当地人起的名字。用数字给长城起名的也有，像右玉三十二长城等，但还没见过这个相似现代档案编号的长城敌楼名字。

所以给我第一感觉是当地文物管理部门给这些长城敌楼重新命名了。当与本地的游客交流之后，才知道这段长城敌楼从明代全部以"茨字××号"命名，深感中华长城文化博大精深，在命名上都各有千秋，文化底蕴深厚。故查找"茨字号"长城的来源。

《四镇三关志》记载，这段长城由战国时赵国修筑，隋代重修，嘉靖三十三年（1554年），在原长城外包砌砖石。又据《边城御虏图说》记载，万历三年（1575

年）增建敌台十三座，编为茨字二十二至三十四号台。它们均归真保镇倒马关路茨沟营管辖。

　　茨沟营是位于韩庄南39公里长城上一个军事重镇。它的防区包括晋冀两省的繁峙、灵丘、涞源、阜平、龙泉关、固关等地。当年晋冀两省至少修建过37座茨字号敌楼，山西目前尚存19座，而韩庄长城是保存最集中的一处，我们本次所走的这段长城是茨字长城二十二号台至三十二号台。37座敌楼我们不可能一一欣赏，现在只能以眼前的第茨字贰拾陆号台敌楼窥一斑而见全豹，观滴水可知沧海了。

# 繁峙韩庄长城（二）

2022 年 8 月 8 日

有意思的是韩庄长城还有一个文雅的名字叫竹帛口长城。竹帛这个词在《墨子·天志（中）》有这样的注解："又书其事于竹帛，镂之金石，琢之盘盂，传遗后世子孙。"神奇的是现今的竹帛口长城，将它自己的完美传给了后世子孙，你说与名字有关吗？

当年竹帛口关在哪里呢？就在韩庄村边 108 国道两山之间的垭口处。现在向对面望去，那里有一道长城爬向陡峭的山崖，山头上有一座完整的楼子。据说在关口

山西繁峙韩庄长城

山西繁峙韩庄长城敌楼

旁边也有一座敌台，在修路时给挖掉了。

《四镇三关志》记载："茨沟下隘口二十二……牛帮口，正城一道，极冲；竹帛口，正城一道，极冲。"因竹帛口地处险要，明万历五年（1577年）又进行了增修，"茨沟营所辖竹帛口宜增墙四十丈"。竹帛口地处险要，山高坡陡，路窄谷深，山谷最窄处只有20多米，因此成为向南通往茨沟营、吴王口至阜平的要冲，也是明代战事高发地区。

最惨烈的一战也有记载，在此55公里的阜平县吴王口"茨字十六号台"（位于茨沟营南24公里）南面基础条石上有一则记录大明崇祯七年（1634年）清太宗皇太极统兵十万第二次捣破长城，从山西北部、河北西北部入关劫掠中原，发生在竹帛口的一场战斗。共六列六十四字："明崇祯甲戌，奴酋内犯寇茨沟，我兵奋勇歼奴殆尽，奴拼死夺竹帛口而出。诚哉，我岗！我陵！我泉！我池矣！仲秋九日，井陉兵备道，阙里孔闻诗识，吴王口管总杨天爱造。"

这里有个问题，为什么山西忻州繁峙县的竹帛口关的战事怎么记载到河北阜平县的敌台上呢？这是因为竹帛口村明代属于阜平县管辖，后划归山西省繁峙县。这一带就是两省交界的地方。值得注意的是这里题刻文字的作者"井陉兵备道阙里孔闻诗"，有专家研究发现他是圣人的后代，山东曲阜人，孔子的第 62 代孙，字四可，明天启二年壬戌科进士，授中书科中书舍人。"阙里"泛指山东曲阜孔子的故里，凡孔氏子孙外出，提及籍贯时往往冠以"阙里"二字以表明其孔子后人的身份。

这段文字记录的那场惨烈的战役就是约 390 年前的竹帛口战役。在明朝，天聪八年（1634 年），皇太极带领大军直抵宣大。其中阿巴泰、阿济格、杨古利等率领后金兵在山西一带劫掠，在回撤时，遭遇了从山海关调来的明精锐骑兵的正面打击，溃败逃至竹帛口。竹帛口千总张修身带领的守城官兵拼死一搏，终不敌全军覆没，后金突破了茨沟营的长城防线。据说当年双方战死的兵士以及百姓的尸首在关城下堆成小山。

竹帛口不仅在古代是险关要道，在抗战时期也受到了日寇铁蹄的踩躏。据当地村民介绍，当年国道不存在的时候，这里有一条官道，长城从官道上穿过。有一个城门楼，日本人在城门楼处设立了关卡，严格防止抗日军民进入敌占区进行抗日活动。为了守住关口，日寇在周边坚壁清野，烧房杀人，把所有的老百姓都赶走了，只留下他们的侵略部队驻守在这里。

因为日本人的烧杀，这里的村落在抗战时期就消亡了，而韩庄村整体都是抗战后建的，时间并不太长。这个村庄的大部分村民都姓韩，且来自同一个家族，都有亲缘关系。

当年长城内外的金戈铁马、鼓角铮鸣已经远去，绵延千百年的烽火狼烟，已经永远熄灭。今天我们这些长城爱好者来到这里，欣赏明代韩庄长城的雄姿，感受长城的巍峨和厚重的同时，也要铭记历史，方可不负未来！

## 应县北楼口长城（一）

2022年8月9日

　　恒山是一座东西走向的山脉，横亘于大同盆地与忻定盆地之间，南北纵深20余公里。恒山虽称天险，但山间沟谷纵横，它们成为沟通南北的捷径。从北齐、北宋直到明代，恒山北麓设有诸多重兵把守的隘口。就在进入应县的边界上有一个内长城翠屏山段的最大隘口——北楼口，又称碑楼口，古代这里曾是恒山防线仅次于雁

山西应县北楼口村中雕像

门关的隘口和通道。

从地图上看它位于浑源县、应县、繁峙的边界上，在古代是浑源、应县、繁峙之间的一条要道。崇祯六年（1633年），旅行家徐霞客在这一带游览五台山、恒山时，走的就是这条线路。据徐霞客《游恒山日记》载："沙河堡依山瞰流，砖甃高整。由堡西北七十里，出小石口，为大同西道；直北六十里，出北路口，为大同东道。"

从上述游记可知，徐霞客从五台山去往恒山的途中，经过了沙河堡（今繁峙县沙河镇，我们游完繁峙韩庄长城后在沙河镇住宿）。沙河堡依山傍河，砖砌的堡城高大而齐整（现在发展的规模像个县城）。从沙河堡往西北走七十里出应县小石口便是通往大同府的西大路；而从沙河直往北走六十里，出北路（楼）口则是通往大同府的东部孔道（大路）。我们走的应该是徐霞客记载的东部孔道。

导航标示从五台山驾车沿沙石线行走113公里，近3个小时才能到。汽车刚进入应县境内，看到的第一个标牌便是山西长城一号旅游公路，全长820公里。心底踏实了许多，证明所走道路没错，是走在长城的沿线上。再行数里，忽见路边的一

山西应县北楼口

个山口的大石头上刻着三个红色的大字：北楼关。观察四周，没有见到北楼口关高大的关楼及城墙之类的遗迹，只是在旁边一块白色的花岗岩的大石头上刻着北楼关简介：

北楼关始建于战国，距今2300余年，赵肃候在此筑城建关设营，后历代王朝扩城池屯重兵，帝王将相英雄豪杰留下激战的故事，演绎了一部雄壮的历史。一代枭雄赵武灵王胡服骑射威震狄戎，雄视边漠。汉名将李牧出奇兵败匈奴，唐高祖李渊同意颉利可汗的要求，开放北楼关与突厥互市，共创边境贸易繁盛民族和谐。

后唐庄宗巧夺幽州，满门忠勇杨家将跑马梁练精兵，杨六郎坐阵三关（北楼、平型、雁门）十八隘口大战，大将金刀岳胜常住北楼筑城扩营当先锋，无敌将孟良、焦赞退辽兵。北楼口明王朝筑长城屯重兵设仓禀。清乾隆、咸丰两场特大洪水冲毁雄关淹没边城。丁酉秋立。

翻开古籍，关于北楼口关的文献有许多，《读史方舆纪要》、《大明一统志》、《山西通志》、光绪《代州志·边关图》等均有记载。其中，据《读史方舆纪要》载："北娄口州（指应州）东南四十里，今为北楼口堡，属代州繁峙县。又黄沙口，在州东南六十里，北接牛槽峪，南通代州。"据《大明一统志》载："北娄口东有黄沙、徐峪、康峪三口，其西则有牛槽、大石、小石三口，是也"；"堡城正德九年筑，嘉靖二十三年、万历五年增修，周四里有奇，所辖边二百五十三里。东起平刑界石窑庵，西抵广武界东津口，皆近腹里。山南一带，层峦茂林，为内陆屏障。堡地势宽平，土田沃饶，东有正峪，西有白道坡，俱为要冲"。

从古籍文献中的记载中可以看出，北楼口因其地形险要，曾是恒山防线仅次于雁门关的隘口和通道。北楼口城建于明正德九年（1514年），万历五年（1577年）砖包，为山西镇雁平道北楼路参将驻地，驻军3000余人，号称羽翼雁门、屏翰紫荆。北楼口城管辖250余里的长城和三个关城：北楼口城、小石口城、平型关城，也是历代内长城边防线上最大的兵营、最大的仓库、最大的练兵场，在明代雁门十八隘口中处重要军事枢纽地位，也就是说几乎和雁门关旗鼓相当。

从简介和古籍上来看，北楼口这座千年古关最早可追溯到战国时期，历代名将在此守关建立功勋。这里绝不仅仅是一个简单的战略关口，它从"口"到"关"，再从"关"设"营",而从"营"筑"城",又由"城"加"廓",一路演变。从无到有,从小到大,从繁荣到衰败。到今天已是只剩下三块光秃秃的石头了。一个写关名,一个写简介,另一个搭了一个象征性的石头门。

进入谷中,一块巨石刻有三个红色大字:石蝶谷。好优美的名字,谷内奇花异草、奇峰异石、蝶舞纷飞。是古人给起的名吗?一打听,此谷原名为北寺沟,村里为打造旅游产业改的沟名,供游客观赏。

出谷后继续前行拐过一个山弯,一号公路的红色标牌上醒目地标示着:明代古长城。在其后的山崖下立着一块文保石碑,上书:山西省重点文物保护单位,明长城遗址(北楼口北段),山西省 1986 年 8 月 18 日公布,山西省人民政府立。山崖之上长城墙体不明显,对面山头上有一座烽火台。

说实话,我们走长城从西而来,参观了雁门关、平型关,若不是走应县观木塔还真不知道北楼口。当查线路时得知走应县的路上有个内长城上重要关口雁门十八隘之北楼口时,一做功课才吓了一跳,从战国时期的赵国到明朝,纵横两千多年,历朝历代都在筑长城,北楼口村现有赵国、北齐、北宋、明代四朝的长城,当然那三朝的长城遗迹较少,存在多而状况好点的当然是离现在年代较近的明长城了。

山西应县北楼口点将台

# 应县北楼口长城（二）

2022年8月9日

　　进入北楼村，村子是恒山脚下一座普通的村落，看不出有什么特别的地方。民居以古石窑为主，石头街、巷、路、墙是其特色，俗称"石头城"。长城一号旅游公路穿村而过，路两旁村舍、农田鳞次栉比。村内有墙体，右边山顶有庙宇，对面山上有烽火台。

　　整个村庄群山环绕，旅游公路蜿蜒盘旋而走，绿植覆山，村外不远处新建了一个长城敌楼曰：将台。为什么说是新修的呢？虽然是青砖白灰，在一片玉米地里十分醒目，但明眼人一看便知是现代建筑。将台一侧搭檐窑洞内供着关二爷，将台有门梯可上楼顶，墙壁镶有古长城手印砖。顶上地面绘有八卦图。站在将台上极目远望，偶有轻风拂面，浓郁的乡土气息扑面而来，惬意、恬淡。

离将台不远的路边竖立一块巨石上写着：北楼口，右边黄金色小字：千年军事边关贸易古镇。左边：公元二零一六年秋立。有意思了，前面村后谷口立石为北楼关，这里的立石为北楼口，说明那里是北楼关城遗址，这里应该是北楼口镇遗址。关城遗址简介最后落款时间为丁酉年秋，查了一下应该是2017年，也就是说村前的石头比村后的石头早立了一年。

北楼口的村民热情而好客，在长城一号线的公路边摆着一车西瓜在卖。当知道我们是从宁夏来此探访长城的游客时，不但不收我们现场吃的西瓜钱，而且临走时还送了一个西瓜给我们。在交谈中，我们了解了古村的前世今生。

村民介绍，这是一座千年古村。该村土地贫瘠，人多地少，靠天吃饭，经济发展缓慢，过去是应县典型的重点贫困村。虽然现在已经脱贫了，但乡村经济还是以农业为主，没有什么主导产业。但是在古代，它有着辉煌的历史，作为内长城翠屏山段的最大隘口，它有最古老的边防险关、最繁荣的边市商埠、最辉煌的寺庙群落。

最古老的边防险关，前面关口石刻简介和古籍的我们已经初步了解了。最繁荣的边市商埠在明长城一线更为悠久，据《新唐书·突厥传》载："颉利遣使来，愿款北楼关请互市，帝不能拒。"这说明早在唐初武德年间北楼便已经开始边境互市贸易了。

一提互市，人们首先想到的是长城沿线一个重要的历史事件"隆庆议和"。互市是促进长城一线游牧民族和农耕民族经济和文化交流的重要手段。"隆庆议和"结束了明朝和蒙古持续200年的战争，其历史意义之大不言而喻。而北楼口的互市从唐朝武德七年（624年）就开始了，比"隆庆议和"早946年，将近千年啊。这种辉煌的商贸历史是哪个地方能有的呢！

说到历史，村民说本地有民谚"先有北楼营，后有大同城"。这句话是有出处的，史书所载北楼关之称谓最晚出现时间为唐武德七年，即公元624年，而史料中首次出现了"大同"称谓则是天宝元年（742年）。据《新唐书·王忠嗣传》载："拜左金吾卫将军，领河东节度副使、大同军使，寻为节度使。二十九年，节度朔方，兼灵州都督。天宝元年，北讨奚怒皆，战桑干河，三遇三克，耀武漠北，高会而还……

筑大同、静边二城……"比对之下，北楼营比大同城早118年。

此处自唐朝时代设商贸城，明清甚至民国初年都商贾云集，繁盛一时。古时街道两侧商铺林立，建有古过街楼戏台、宗教寺庙等。据载到清乾隆时（1736—1796年）北楼口寺庙多达72座。由于历史变迁，北楼口古城被历年洪水、泥沙淹没。后因边关北移，北楼口渐渐淡出人们的视野，当地居民在此繁衍生息。唯一能证明北楼口曾经繁华过的就是人们口口相传的各个区域的"关前、关街、城里、城外"的称谓了。

村民在介绍北楼口商贸繁华的地理因素时说，北楼关之所以能被颉利可汗选中作为开关互市之首选地，主要得益于其天然险要的地理形势。首先是北楼口南部孔

山西应县北楼口关口

道是兵家望而却步的"六十里绝死孔道"，故绝少有战事，不惧"冒商之敌"的发难。其次是其四通八达的交通区位优势，北楼口南可通忻代盆地、河北平原，北可达大同盆地、蒙古大草原及西域丝路等通衢古道。

从交通区位优势来说，长城上每个关口都有互市，只不过是大和小的问题。但是，这里出现的"六十里绝死孔道"对于我这个军事地理爱好者来说极其感兴趣。

北楼口南部孔道是兵家望而却步的"六十里绝死孔道"一说是否有依据呢？别说还真有，据光绪《山西通志》载："孔道，繁峙县东北一百一十里至北楼城，此孔道。而实峻山崇壁，险道也。"据说这段孔道崇山峻岭崎岖难行，应属于易守难攻之地吧！据传"战时亦绝少禁市"。造成如此安全的贸易环境还应该有驻兵多，关势雄，是内长城线上的统帅所在地等原因，所以才从不惧"冒商之敌"的发难。

吃完西瓜，望着这个曾经繁华富庶一千多年的商贸重镇，如今由于历史变迁和被历年洪水、泥沙淹没，沦落到一个贫穷的村庄，没了传统的贸易优势，他们的发展出路在哪呢？边关重镇和长城文化就变成了一个重要选项。村民说，近年来，在国家文物部门和省市县的大力支持下，著名的北楼口古城遗址正在挖掘和修复中，目前西门和部分城墙已经面世，传统古村落保护的力度进一步加大。

我们所游历过的石蝶谷、关帝庙及眼前的校军将台都是该村对文物修缮和完善的成绩。我们也希望这些自然人文相融、古韵今彩并臻的旅游文化景观能带来旅游业的发展，给北楼口的乡村经济注入新的活力。

## 大同云冈堡（一）

2022 年 8 月 11 日

　　从九龙壁出来，朋友执意要游云冈石窟。我有点不想去。因为我四十年前（1982年）来过，对云冈石窟的印象不是太好。当年出差从北京回家路过大同，为了参观石窟特意在大同下车，坐公交车到了石窟。石窟暴露在 109 国道黑灰色的马路旁的崖壁上，无人管理，每个洞门大开，给我的总体印象是洞内佛像、地面铺着厚厚的煤尘，似乎石像穿着黑纱。

　　外面的环境污染严重，十里河变成了黑流水。路是黑的，日过煤车 2 万余辆，来回运煤的汽车带起滚滚煤尘隐天蔽日。山是黑的，村庄是黑的，目及一切地方都是煤灰。后来才得知，云冈石窟的位置在煤矿的中心地带，云冈峪周围则遍布小煤

山西大同云冈堡遗址

窑多如马蜂窝。在那"文革"刚结束的年代，发展经济是第一要务，还没有治理环境的理念，你能想像出当时的场景。

当走近景区的大门时，被霸气的云冈阙门震惊了，巨大、庄严、威仪性极强的石阙山门上题有"云冈石窟"匾额（黄庭坚书体）。步行进入景区不远就是游客服务中心，年过60岁的人直接刷身份证即可进入，云冈石窟面貌焕然一新。

通过游客服务中心进口是一个小广场，空旷的广场中一个孤独的、清瘦挺拔的塑像挺立在广场中央，游客们似乎没有人注意他的存在。我走近一看，他目光深邃、神情睿智，面目慈和，清逸脱俗，衣袂飘飘，超凡古朴，塑像基座上写有"昙曜"二字。小广场因此命名为昙曜广场。

这个老先生我是知道的，他是高僧昙无谶的弟子，也是北魏高僧。我在2020年10月15日走长城第八十九站到了甘肃武威市凉州区天梯山石窟，"天梯山石窟陈列馆"中馆内陈列的文物史料及专家的研究表明，天梯山有"石窟鼻祖"之称，被史学界誉为"石窟源头、石窟之祖"。天梯山石窟就是由昙曜组织开凿的。

那他怎么又到大同开凿了云冈石窟呢？据史料记载，439年，北魏灭北凉，从姑臧（今武威市）迁宗族吏民3万户到平城（今大同市），其中有僧侣3000多人，昙曜也就是在这个时候到的大同。这3000僧人实际上就是"凉州模式"的创造者，推动了北魏崇尚佛教的风气，也把石窟造像的技术，带到了平城一带。中国石窟影响过程应当是：天梯山石窟→云冈石窟→龙门石窟→敦煌石窟。

山西大同云冈堡遗址

那他又是怎么受到北魏文成帝的重视，负责开掘皇家石窟的呢？这里要从他奇特的与皇帝相识的过程说起，在大同关于他有个"马识善人"故事。根据《魏书·释老志》记载："和平初，师贤卒。昙曜代之，更名沙门统。初，昙曜于复法之明年，自中山被命赴京，值帝出，见于路，御马前衔曜衣，时人以为马识善人。帝后奉以师礼。"史书中记载，昙曜来到北魏都城平城，巧遇文成帝出行，其袈裟被御马衔领。这一偶然出现的情况，被文成帝看作是"马识善人"，并对昙曜以师待之。随后，高僧昙曜奉命所肇始凿五个大型洞窟——昙曜五窟。

这五窟在《魏书·释老志》中有明确的记载："昙曜白帝，于京城西武州塞，凿山石壁，开窟五所，镌建佛像各一，高者七十尺，次六十尺，雕饰奇伟，冠于一世。"如今，人们为纪念云冈石窟的开创者昙曜高僧，在云冈大景区游客中心西南侧，将曾经主持开凿云冈石窟的高僧昙曜塑像矗立于广场中央以示纪念。

广场东侧建有戏台，南、北各开一门，西开进入主景区的山门，中间由亭台廊道相连接，整个广场及亭廊建筑渲染着浓重的北魏皇家气象。但进出的游客在此驻足的很少，都急匆匆地奔向景区山门，似乎只为享誉全球的大佛而来，没多少人关心它是怎么建立的，由谁建的。

向西穿过昙曜广场的大门，展现在眼前的是一条礼佛大道。佛光大道堪称一条立体的雕刻艺术长廊，地面雕有盛开的团莲，每朵直径足有3米。佛光大道两边共有13对雄伟庄严的"大象驮塔"造像，其基座四周立面雕刻的是身着鲜卑服饰的北魏供养人形象，基座上的大白象盛装打扮，六牙护鼻，壮硕美观。在两侧松林陪衬下，矗立的神柱气势雄伟、颇为壮观。导游介绍说神柱的造型为塔状四边方柱形，柱体分为十二层，上部分的十层为佛龛状，下部分为大象，其设计题材来源于云冈的第九和第十窟的大象驮塔雕像。驮着神柱的大象虽然是现代作品，但不失精美。

神柱左侧云冈美术馆礼佛大道的尽头是正面相对呈圆弧状的浮雕墙，礼佛浮雕墙的中心位置还有一颗金叶子菩提树。过了礼佛墙眼前就是一个湖，湖面上架着一座古朴的七孔桥。引人注目的是七孔桥的两个北魏持灯仙女，她们手上拿的是博山炉而不是人们所说的灯。博山炉又叫博山香炉、博山香薰、博山薰炉等，炉体呈青铜器中的豆形，上有盖，盖高而尖，镂空，呈山形，山形重叠，其间雕有飞禽走兽，象征传说中的海上仙山——博山。神奇的是，我拍照时是逆光，出来的照片仙女的面貌暗得看不清楚，而仙女手上的博山炉不知被哪来的一束光打得金光闪闪。

过了七孔桥就是高大的寺院山门，这就是云冈灵岩寺。灵岩寺整体格局是按照北魏时期郦道元《水经注》里描述的盛况复建，整个寺院宏伟壮观。寺院周围两侧的四座角楼、六座配楼，加上一斗升人字栱的风格，使这处北魏风格的古建筑显得格外引人注目。整个寺院为三进院落，除了山门外，还有千佛殿和大雄宝殿。灵岩寺的四角楼上挂着"遇合""慈悲""因缘""喜舍"牌匾。

"慈悲""因缘""喜舍"好理解，"遇合"还是很陌生。出门行万里路，不懂的就要问。导游告之：遇合，意为相遇并彼此投合。佛家意为机缘。史记中，提到了遇合。《佞幸列传》开头，便是"力田不如逢年，善仕不如遇合"。通俗地讲：辛苦种一年地，也得看年份天侯，如果年份不好，再努力也不会有好的收成；工作得再努力，也得遇到合适的领导，如果不对领导的口味，干得再好也不如投其所好。简单的二字却涵盖了极大的人生哲学及佛家智慧。

走出佛殿区，随着人流进入灵岩寺后面的长桥，通往石窟方向。回头一看，灵岩寺坐落于湖心岛中央，寺院建筑气势宏伟，引人入胜。可惜缺少点文化底蕴和历史的沧桑感。但是，四周湖面芦苇青翠挺拔，水中有红色的、黑色的锦鲤游弋，水面白鸭成群。前方湖岸树木环绕、鸟语花香呈现出江南水乡景色。

游客们向水中抛撒食物，引来鱼鸭共争食的热闹场面，大家纷纷拿出手机捕捉这精彩的瞬间，我当然也不例外。我回想起四十年前看到的环境，真有一种"萧瑟秋风今又是，换了人间"的感觉。

就在我赏心悦目地观景之时，发现石窟崖上有个土城堡，刚才在七孔桥那里看到是半截土墙。对于走长城的人来说第一感觉是不是长城？作为明朝的九大边防重镇，在大同周边发现长城遗址、军堡以及烽燧，都不算稀奇。不过这军堡恰恰修在云冈石窟顶部，倒让人对它多了几分好奇。急问导游，导游说："是的，那是明长城云冈堡的遗址，就在石窟的上方。云冈石窟的名字就是以云冈堡的名字而命名的。"

急查云冈堡资料，云冈堡是明朝大同镇下辖的72堡之一的军用城堡，分作上下堡两部分，至今已经400多年了。初于明嘉靖三十七年（1558年）在介于武州山崖与武州川之间的地带利用前人留下的废弃古堡（石佛寺堡）加以重修增筑，这就是下堡（旧堡），后感到此堡"地形卑下"，未能掌控住制高点优势，遂于16年后即万历二年（1574年）在断崖之巅再建新堡，即上堡，并在上堡南垣至崖边东西两侧筑形如"八"字形的边墙与下堡接应，形成一个较完备的封闭屯兵空间，西可策应左、右卫镇，东可护大同城，进而屏卫京畿。

我们现在看到的是上堡的遗址。下堡现仅剩一段残垣位于洞窟前，而上堡虽损坏严重但主体尚存，就耸立在凿刻云冈石窟的崖体顶端。云冈堡的介绍在百度百科里有，有兴趣的朋友可以更多地了解这个古堡的历史。

走到石窟的山门，门额四个大字"入佛知见"。佛门的道理太深奥我领悟不了，但我入石窟的大门，探访长城古堡云冈堡，去知见它的前世今生算不算"入佛知见"呢？跨过山门，映入眼帘的是200多座洞窟。有的开放，有的在维修。里面全都是栩栩如生的佛像，不准拍照。具体佛像照片网络上都有，拍得水平当然比我的还高。有兴趣的朋友可以到网上一观，这里就省略不记了。我随着众人游览一番后便开始了长城古堡的探访。

在石窟前摆放着一组"古道车辙"的石雕，上面介绍：云冈古称武州塞，自赵武灵王以来即是贯通西北的边关。北魏太武帝拓跋焘平顶西域，中西文化交流再掀高潮，武州山大石窟寺成为平城（今大同）丝绸之路的前站。唐辽

山西大同云冈下堡西墙遗址

金元以降，这里仍是胡汉之间的重要孔道。

这里说的武州塞，又称武周山，从北魏的旧都盛乐（内蒙古和林格尔西北）到达新都平城（大同市）均要经过这里。武周山位于内外长城之间，是北魏通向北方的咽喉要道，当时人马商队往来频繁，还驻扎了重要的军队，皇帝经常在这里议论国家大事。武周山成为北魏皇帝祈福的"神山"，他们在这里遥拜北方，祈求神灵保佑江山社稷。因此，北魏皇帝在"神山"开凿石窟，创建寺院。

到明朝时，为保障大同通往左云的交通要道，设立云冈堡。《方舆纪要》卷四十四记载云冈堡："《边防考》，云冈有新旧二堡。嘉靖中，以旧堡地形卑下，北南受敌，因筑新堡于北崖，移官军戍守。仍存旧堡，以便行旅。二堡皆土筑，各周一里有奇。东通镇城，西近左卫，为云西孔道。"

历史就是这样的巧合，1500多年前的佛教圣地与400多年前的长城军堡建在一地，云冈石窟是礼拜神明、祈祷祥和的圣地，云冈堡却是武装对峙、刀光剑影的军事要塞，两者叠合，看似矛盾，实则是因其作为古今交通要道的地理位置的缘故。

# 大同云冈堡（二）

2022 年 8 月 11 日

有意思的是云冈石窟始开凿于北魏和平初年（460 年），比云冈堡的建造时间早一千多年，而云冈石窟中的"云冈"之名恰来自云冈堡，这是什么原因呢？这与近代"重新发现"石窟有关。当云冈石窟上世纪初被"重新发现"时，因为史上并无确切固定的名称，古时这里庞大的石窟群及寺院或称"武州山石窟寺""灵岩寺石窟"，或笼统地叫"大佛寺""石佛寺"，等等。

考古学家们按惯例多以"地理方位＋景物形象特征"的方式称之。当时与石窟群同处一地、明建清弃的云冈堡以及守堡后人形成的同名村落是明显的地理坐标，"云冈石窟"一词也就顺理成章地为多数考察学者或记述者采用并公之于众。

当行至著名的露天大佛时，导游告诉我，云冈上堡就在这个大佛岸上方，现在遗夯土墙，略呈方形，周 520 米，堡墙高约 9 米，墙顶宽约 4 米，除南堡墙的西部坍塌，其余保存相对较好。该堡开南门，门洞墙基处外露石条 5 层，外有呈半圆的瓮城，开西门。上堡地处云冈山顶，生活取水不便，遂废弃不用。

下堡就在崖下面这个位置，顺着导游指的方向，我向前寻去。在一段林间小路上，发现镶在地上的一块石碑：云冈堡墙遗址。这个地方应该是残存墙体遗址，现在被小路覆盖了吧。再往前寻找，在一片树林里立着一块石碑：云冈下堡西墙遗址。

石碑注文："明代云冈堡，原名石佛寺堡，大约始筑于金朝，即为屯兵守边之设。恰证石窟寺衰败之史。二〇〇九年景区环境治理，西堡门土基及其北侧堡墙根被覆土种树。二〇一七年为了留住历史记忆，云冈石窟研究院设计改铺此游步道，或如亡羊补牢之义也。"

下堡位于云冈山前，交通发达，生活便利，加以云冈石窟的名声，逐渐扩大，成为云冈镇的中心村。2009年，为配合大同市云冈大景区规划建设，云冈堡村整体搬迁，存在了500多年的云冈堡下堡就剩目前这条小路和石碑了。

站在下堡遗址石碑面前，思绪万千。在这里，雄伟奇健的北魏造像和厚重沧桑的明长城古堡融为一体，堪称中华民族文化遗产的一大奇迹。这样一个重要的历史遗存，但凡来到云冈石窟都看见过，现在让我们翻开云冈堡的历史，重温那金戈铁马众志成城抵御外侵的肃杀历史。

明朝嘉靖时期，蒙古部族俺达汗兴起，驻牧于宣大边外，因其所处之地贫瘠，"以故最喜为寇抄"。而此时，大同镇大边、二边俱失守，弃为房地，镇城"孤悬极边，与胡虏共处一地，无寸山尺水之隔"，完全暴露于外。为了加强防御力量，整个嘉靖朝，明廷在大同镇修建军堡49个，云冈堡即在其中。

云冈堡的修筑与"右卫保卫战"有关，而"右卫保卫战"爆发的导火索是"桃松寨事件"。我是在2020年9月21日走长城第一百零六站到右玉右卫古城时看到的这个事件的文史资料。嘉靖三十六年（1557年），俺答部族自家发生了一起桃色事件——"桃松寨事件"，俺答汗之子辛爱的小老婆偷人被发现后逃逸，却引起右玉一场长达8个月的血雨腥风，右玉人民付出了惨痛的代价，最终取得了守城的胜利。

蒙古部族借故"桃松寨事件"，纵骑掳掠塞内，大同左、右、威远、平鲁四卫诸墩堡尽为攻毁，尤其右卫城被重重包围长达8个月之久。在岌岌可危的形势下，右玉城军民团结一致，"悉力捍御"，"士卒无变志"（《明史·鞑靼列传》），誓死不投降，决心与城共存亡。当时的右卫城中"并灶而食，拆屋而爨，号哭之声遍于里巷，势甚倒悬，危在旦夕"。

据明代《平云西碑》记载，从农历九月一直到第二年（1558年）的农历四月，城内将士与百姓断粮，靠吃树皮、皮带生存，右卫城军民在左右无援、孤军奋战的情况下，坚守城池8个月之久（《明史·鞑靼列传》记载被围困6个月）。在形势十分危急的时候，明廷派兵部尚书杨博亲率大军来解右玉之围。鞑靼兵见右玉城实难攻下，而明朝援军将至，便自动解除了对右玉城的包围，从杀虎口撤出长城。

为什么我对这段历史事件记得这么深刻呢，因为自走长城以来，每到一关一口都要了解长城的历史，自鞑靼与明朝发生战争以来，明军常常失利，士气十分低落，有几次，明军见了鞑靼军队就不战而逃。而右玉城军民却在左右无援、孤军奋战的情况下，以少胜多，坚持守城达8个月之久，这在当时来说，实属战争史上的奇迹。右卫军民誓死不投降，决心与城共存亡的精神怎能不让人由衷地钦佩，感动得我泪眼茫茫。

右卫城保卫战后，为了加强边防，防止蒙古部族再次进攻，兵部尚书杨博暂时留在大同，整顿军务。当时，"墩堡悉毁于虏，遗一孤城于极塞外"。总督宣大尚书杨博上书言："大同中、东、西三路，俱当添设墩堡，而西路尤急，请发兵部银三万两修牛心山、云阳铺各旧堡，而别筑新堡于红土铺、黄土坡二处，仍于各堡空内，每四里修墩一座，分军戍之。"其间所修之堡分别为云冈堡、云西堡、云阳堡、牛心堡、黄土堡、红土堡。嘉靖三十八年（1559年）五月，六堡全部竣工，用时大约一年。该六堡处于镇城、高山、左卫、右卫之间，扼守由塞外通往大同的交通要道。

据《重修云冈堡记》记载，云冈堡建成之后"设操守一员，把总二员，坐堡一员，召募官五百名"。《三云筹俎考》也有同样记载："嘉靖三十七年，总督杨、巡抚杨添设永嘉、瓦窑二堡，召募军一千名，马二百匹。是年七月，复添设牛心、云阳、云西、黄土、红土五堡，召募军三千六名，马十二匹。八月添设云冈堡、召募军五百名。"

此云冈堡实乃云冈下堡，位于云冈崖前。云冈堡是在旧堡基础上修筑的，这里原有一座叫作"石佛寺"的废弃旧堡。当

山西大同云冈堡墙遗址

时旧堡已经"累年风雨摧坏",新筑工程"随其规模",是依照原样进行的重建。云冈堡重修工程始于明嘉靖三十七年（1558年）八月之前,整个工程历时7年。从那时起,才有了"云冈堡"之称,随后云冈石窟也因此定名。

问题来了,为什么后来又建筑了云冈上堡呢?这个原因很简单,稍有军事地理常识的人都能看出,下堡在窟崖之下,敌人站在崖上进攻根本无法防守。至明万历年（1573—1620年）间,因下堡"地形卑下,北面受敌",遂于旧堡北崖创筑一堡,"移官军于其内,仍存旧堡以便行旅",这便是武周山大佛头顶藏着的明朝古堡——云冈上堡的来历。

据李海林《历史为防御蒙古,明朝廷在不到三十年间四次修建云冈堡》介绍,新堡"女墙砖砌,通高三丈五尺,周一里四分零,设操守官一员,所领见在旗军二百一十八名,马一十二匹,火路墩八座"。从此,"新堡既筑,有险可据,且镇城万姓所用煤炭皆仰给于此,有警据险、固守亦足保障"。云冈堡不仅位于大同通往左云的交通孔道,而且处于大同煤炭中心。其东为晋华宫国有煤矿,西面为吴官屯煤矿,周围则遍布小煤矿。因此,云冈堡的修建不仅是控制交通要道,而且也是为了保障镇城百姓所用煤炭。

从百度百科中的《云冈堡方位还原示意图》中看出,上堡为"只"字形,有下"八"字围墙崖边。下堡反之,有反八字围墙到崖底边。为什么会出现这么奇怪的造型呢?原来,由于新堡取水困难及为了加强防守,万历十四年（1586年）,又把云冈新旧二堡连通。据《三云筹俎考》记载,万历十四年由于"新堡缺水,复于二堡相联,东西修筑连墙二道,中有敌台铺房,万一有警,取水者有所趋避,而戍守者恃为重关,此该堡之两利也"。

两堡之所以相连一是由于新堡地势高,缺水严重,一旦被敌围困,无法取水坚守。所以,在上堡两角修筑两道围墙,作为取水者的安全通道。同时,"崖下还有两道围箍堡城的土墙,亦各有堡门,门洞上镶嵌石刻题额,东曰迎曦,西曰怀远,万历十四年立"。故此,上堡、下堡连为一体,互为犄角,中设敌台、铺房,构成了封闭式的防守体系,成为金汤之势。

百度百科中介绍云冈堡有"怀远""迎曦"二门,其位置在云冈石窟西部石窟前,以我探访古迹遗址的经验来看，一般城、营、堡、寨的门是最坚固的。最后的遗址也多是门的遗留。这里难道只有西墙的遗址而没有二门的遗址吗？沿小路寻找，突然发现西边草树林中耸立着一个新建的包砖堡垒。这是不是为了旅游重建了个云冈堡呢？过去一看，还真有"怀远""迎曦"二门。不过这个新堡东南西北建有四门，除了"怀远""迎曦"二门外，又有"得胜""镇川"二门。堡子的形制不是古云冈下堡的形制。"得胜""镇川"也是明长城大同镇重要关堡，民间有"铁打的镇川，纸糊的得胜"之说。看样子这个新建的堡子是集大同长城著名堡门的一个缩影吧！

有人说，云冈是长城与佛教握手的地方，在这里长城的残垣与佛窟对视；在大同左云的八台子村，长城残垣和半壁教堂对视；在长城沿线，关老爷庙与长城共存。中华的长城文化与佛教文化、西方文化、道教文化相遇相伴共生共存，反映了修筑长城并不是要闭关锁国，也反映出中国自古就是吸纳多元文化的国家，包括远隔万里的各大洲文化，因而使得中国文化灿若星辰。长城拥有巨大的胸襟与气度，对待不同的宗教文化是多么包容。

山西大同云冈石窟

山西大同新荣区得胜堡

## 新荣得胜堡（一）

2022 年 8 月 11 日

　　出云冈堡向大同正北方的得胜堡驶去。为什么从山西内长城又驶向外长城呢？这是因为去年走外长城时本计划要走到山西和河北的边界上的，但走到大同左云的月华楼（威鲁堡）时，因同行朋友家中有事，便没完成计划打道回府了。月华楼到得胜堡 49 公里，这次从得胜堡接上到天镇段，完成山西外长城的探访计划。

　　向北上 204 省道，约 50 公里的路程到得胜堡。长城一号旅游公路将村庄一分为二，南边是晋北的一个自然村，北边为一个土堡子，堡子门口开辟了一个宽宽的通道，两侧可以停车。通道右侧的草坪上卧着一块巨石：得胜古堡。左侧立着一个宣传栏，上有得胜堡简介和古时得胜堡内的建筑街道布局示意图。通道北面是古堡特别的门面，一个由底部青砖和上部土砖建成的台子上，两边耸立着两个敦厚的土台子，中间能看到后面青砖的堡南门。

台前左侧地面上立着一块灰色石碑：山西省重点文物保护单位，得胜堡，明长城遗址。落款是山西省1986年8月18日公布，山西省人民政府立。说明30多年前这就被定为省重点文物，但现在这个门面看得出是近期为了旅游修复的。古堡两侧田野绿草如茵。下午时分，蓝天白云下柔和的阳光打在古老的城墙上，土黄色的城堡泛着金光，一片祥和的景向，没有其他边塞古堡的萧瑟之气。

仔细阅读古堡简介："得胜堡历史悠久，汉代为平城塞，现存建筑为明嘉靖二十七年（公元一五四八年）所建，是明代'九边重镇'之首。明嘉靖二十八年（公元一五四九年）设为分巡冀北道北东路治所。明万历二年（公元一五七四年）石彻砖包，墙高三丈八尺，在墙上筑有敌台、女墙、垛口、箭孔等军事设施。明万历三十二年（公元一六零四年）扩建，占地三百六十亩，成为当时最大的军事边堡。"

山西大同新荣区得胜堡

得胜堡建制规整，呈东西中线对称，堡内由北向南建有神武阁、玉皇阁、木牌楼、菩萨阁、城阁等标志性建筑。王皇阁东为参将府，驻正三品武官，负责所辖八堡的军务，府周建有火药库、制弹房、箭岛等。玉皇阁西为布政署，内住七品文官，负责处理堡内民间事务。堡内街道格局为"三大街、小巷"，整齐的大街小巷成为了明居典范。

得胜堡宗教场所众多，堡内建有大小庙宇七十二座，是寺庙最全的边堡。除佛、道、儒教建筑外，有穆斯林兄弟的清真寺，还有供奉兵主战神的敬武堂、供奉少数民族仙人的胡神庙等。在堡东万里茶道侧有笔神庙一座，是周边文士考升、武将出征、商旅启运必去朝觐的圣地。

得胜堡、市场堡、镇羌堡、得胜口梯状分布和军商功能鲜明地反映了明代以汉为主的中原地区和北方少数民族从战乱纷争到和平共处，再到融合发展的典型历程，是中华民族团结统一的史实见证。得胜堡吉地祥名、人文古运，也必将成为当今盛世壮景、怡居宝城。

简介很长，很全面地介绍了古堡的历史，读之我们对古堡有了初步的认识。走入古堡瓮城，瓮城向东开门，门前设有两个石鼓。石鼓乃镇宅之物，在风水里，门口摆放石鼓是一种镇宅旺财的做法。这两石鼓一看就是新的，不是古件，古时门前有没有不得而知。

南门墙体修缮不久，新堡门口放了两个圆石球，感觉不伦不类的，据说堡城门口早年有一对特大石狮子，如今已被移至云冈石窟门前。关门外嵌有一匾额，阴刻楷书"保障"二大字，券拱门上精美的砖雕和阴刻楷书门匾二字是古物，并署有"万历丙午岁秋旦立"。关门里亦有一额匾，面目呈黑字迹不清，据说有阴刻楷书"得胜"二大字。

大家知道"匾额"的含义是悬挂于门屏上作装饰之用，反映建筑物名称和性质，表达人们义理、情感之类的文学艺术形式。长城上的城、关、堡甚至敌楼上的门上都有匾额。透过城堡上的匾额金字我们不难发现"得胜"二字如果是寓意为"将军出征远，壮士得胜还"的期盼。那么，"保障"二字则是保障国家安全的性质所在了。《资治通鉴·陈宣帝太建十三年》："隋主患之，敕缘边修保障，峻长城，命上柱国武威阴寿镇幽州。"这里的"保障"则是特指供防御戍守的军事建筑物的古堡了。

那么古老的得胜堡在"保障"什么呢？得胜堡，从地图上看它位于山西省大同市正北方，东面紧靠饮马河。北部、西北部以长城为界，与内蒙古自治区的丰镇市和凉城县毗连，东与阳高县、东南与大同县、西与左云县接壤，南与大同市南郊区为邻，自古以来就是内蒙古通往山西的咽喉要地，是明代"九边重镇"大同的北门户。

它的作用一是保障大同的安全，如果此堡一破，敌骑便可长驱直入直捣大同，大同如破，京城危机。由于它的位置极度重要，明王朝不得不在这里建立严密的防御体系，以得胜堡为中心，不出方圆三里，密集城堡群（一口三堡：得胜口、得胜堡、镇羌堡、四城堡）和其北面的长城组成严密的防御体系。其中，得胜堡距镇羌堡1250米，距四城堡仅500米，距得胜口950米，互为掎角之势，这种复杂的防御体系在万里长城沿线也是极其罕见的。

其二就是保障（一口三堡）防御体系的安全，在这梯形防御的体系中，得胜堡是中心指挥，负责其他阵地的兵马调动及后勤供应，得胜堡在，其他阵地都会得到支援，所以得胜堡是这个防御体系的保障。

三是保障城内军民的生命财产的安全，得胜堡周长3里4分、高3丈8尺，驻军人数2448员，马骡数1189匹（头）（据《宣大山西三镇图说》）。面积在大同镇72城堡中算偏小的，却比除大同镇城外面积最大的左卫城驻军人数几乎多了1000人，马骡数也多了1000多匹；比宣大总督府所在地阳和城驻军人数也多近300人，马骡数多1000多匹。加上城里民众之多，得胜堡的防御必须是固若金汤的，这样才能保障堡内军民的安全。

所以我们从简介和历史记载中得知得胜堡的防御呈现以下几个特点。

一是级别高。明嘉靖设冀北道北东路治所；明万历三十二年（1604年）扩建成为九边重镇最高的军事统帅机构。由正三品参将镇守，并设七品布政署。一个外长城上的军堡军事地位之高，可见不一般。长城古堡虽多，得胜却是唯一。

二是建制高。堡内军事民用设施齐全，建筑宏大庄严，远比一城一镇的建制还要高。据黎中辅《大同县志》载："堡方二里，高三仞，厚二仞余，门楼二，明嘉靖十八年筑。"据《新荣区文史资料》（第六辑）介绍，嘉靖十八年（1539年）修筑时叫"绥虏堡",万历二年(1574年)包砖,万历三十二年(1604年)七月进一步扩修,堡名改为得胜堡。具体石砌砖包的措施是,古堡外墙一律是下面用石条所砌作为根基,基石高达1.5米左右,且皆为坚硬的玄武岩；上部包砖,南墙和后来延伸的东西堡墙部分用砖为一个型号,每块长47厘米,宽17厘米,厚7厘米,重达9公斤,墙高3丈8尺。明万历三十二年扩建,占地三百六十亩,成为"塞外五堡"之首。

　　三是军事设施先进完备。在墙上筑有敌台、女墙、垛口、箭孔等军事设施。据《新荣区文史资料》(第六辑)介绍:"堡墙设敌台18个,各置千斤铜炮一门,称'二将军'；瓮城墙上置千斤铜炮一门,称'大将军'；堡墙上女墙跺口各置二百斤重'千腿'铁炮一门。墙四角筑角楼,东墙正中筑钟楼。"如此先进的装备配备在一个城堡之内也是大同72古堡中罕见的。由此可见,古堡的防御地位在当时是何等的重要。这就叫人见识了什么是固若金汤,知道了为什么被称为是塞上第一堡,保障是要用实力说话啊。

　　如此实力的军堡,当然不只是消极防守,最好的防守就是进攻。每当秋季,游牧民族为解决牧区生产和生活物资的不足,借骑兵优势经常骚扰河北、山西、陕西一带的汉族地区,用掳掠的办法取得汉族地区的物资。明朝也经常采取极端的报复行动,派兵纵火焚烧草场,谓之"烧荒",偷袭蒙古营地,谓之"捣巢"。得胜堡位于最前线,在防守的同时,也是积极进攻的基地。"得胜"二字就是每当战役时,希望将士出征能凯旋而归,是人们对将士守边杀敌时的美好心愿和企盼。

# 新荣得胜堡（二）

2022 年 8 月 11 日

  城门洞仍旧保持着古拙的原貌，走进堡门洞，首先进入眼帘的是清晰的、深深的车辙，看一下车辙的磨损深度，能感受到厚重的历史气息。这些车辙见证着历史上得胜堡一派繁华，战时"南北交锋、烈马嘶鸣"，和时"贡使络绎、商队接踵"的车水马龙景象。

  门洞内东西侧墙壁各嵌有石碑一块，古老的青砖花边内是醒目的黄边红底黄字

山西大同新荣区得胜堡

的毛主席语录。一下把人的思维从明朝拉到了现代。一侧是："我们的责任，是向人民负责。每句话，每个行动，每项政策，都要适合人民的利益，如果有了错误，定要改正，这就叫向人民负责。"另一侧是："我们应当相信群众，我们应当相信党，这是两条基本原理。如果怀疑这两条原理，那就什么事情也做不成了。"站在语录石碑下不禁深思起来。毛泽东的思想不仅在那个时代具有重要的指导意义，就是放在今天也一样具备极其重要的指导意义。在晋北的长城古堡中，保留"文革"时期的标语口号的地方还是比较多的，现在作为一种历史的旅游资源在展示。

进入村落，如今的得胜古堡，是一座方方正正的黄土城墙包围的原始村庄，堡内房舍成片，大多房子都是近些年的。虽然比较破旧，但门面和院墙经过整修，整个古堡还是生机勃勃。古堡的修复只是重新砌了堡门的内墙和外墙，剩余墙体的包砖尽皆剥落，但墙体规整。

阳光下黄土显得更加沧桑。一条大街从南门向北延伸，在穿过十字路口后，街道两边布有宣传长城的宣传长廊。有《中国历代长城总图》《明九边重镇图》《明内外长城示意图》及周围古堡的照片等，图文并茂，形象生动。使游客在欣赏古堡的同时对长城文化有了更全面的了解。

再往前走是堡子内的玉皇阁台，应该是古堡内唯一留下的古迹了。四个门洞分刻"雄藩""保民""镇朔""护国"等字样。从四个匾额的字样，我们也可以看出当年的守边将士对于得胜堡的兴建所给予的期望。《新荣区文史资料》（第六辑）称，得胜堡原有阁楼4座，分别为南城阁、日菩萨阁、玉皇阁、神武阁。有大小72座庙，比较有名的有城隍庙、奶奶庙、老爷庙、龙王庙和大寺庙等，它们是村中人们祭祀或祷告的地方。但是在"文革"中这些庙宇作为"破四旧"的对象被破坏殆尽。

有人说，一个缺少故事的古堡是没有灵魂的，一个没有故事的村庄是僵化平淡的。得胜堡的灵魂和故事在哪呢？纵观遗存的堡墙和空阔的田野，恢宏的历史场景恍若再现，一件很有意思的、偶然的事件"祖争孙婚，那吉投城"发生了，这个事件却改变了历史。

明史记载："隆庆四年，虏酋俺答孙把汉那吉率其属来降。把汉那吉者，俺答第三子铁背台之子也。都司有女，那吉欲娶之，为俺答所夺。那吉怒，遂弃所部来归，独阿力哥等十人从。已而，降者相踵。巡抚方逢时受之，以告总督王崇古，处之镇城，所以拊循慰藉之甚至。"

把汉那吉为俺答汗三子所生，其三岁时父母双亡而成为孤儿，而后由俺答汗的妻子克哈团抚养，祖孙感情非常深厚。把汉那吉长大后，俺答汗又为他娶比吉为妻。但是，婚后不久，把汉那吉又看上了姑母家的女儿钟金，并想娶她为妻。然而，让他没有想到的是，自己的爷爷俺答汗也喜欢上了这美丽聪慧的钟金，并以60多岁的高龄娶了20岁的钟金，而这钟金就是世人所称的三娘子。《明史》记载："把汉复聘袄儿都司女，即俺答外孙女，貌美，俺答夺之。"把汉那吉咽不下这口气，带领部下反水投靠了明朝。

隆庆四年（1570年）九月十三日，俺答的孙子把汉那吉来到平鲁的败胡堡乞降。隆庆四年十一月初八日，俺答汗押送赵全等板升汉人头目至大同左卫云石堡外。隆庆五年（1571年），明王朝在得胜堡举行隆重敕封仪式，封蒙古首领俺答汗为顺义王，后又封三娘子为忠顺夫人，开放大同、宣府等地"立互市"。这就是明朝长城上著名的"隆庆议和"。这个改变历史进程的故事使这座堡垒意义非凡，因为它结束了汉蒙200多年的战争，促进了民族团结，具有里程碑式的意义。

从这个事件中看出有三个古堡，全面见证了"隆庆封贡"的全过程。把汉那吉在败胡堡乞降，明朝与俺答汗在云石堡谈判达成"执叛易孙，请封输贡"协议，在得胜堡举行隆重敕封仪式。可见得胜堡在大同72堡中的地位之高了。据记载"当是时，得胜堡外九里建棚，棚长阔各三丈"，"赏大红五彩苎丝蟒衣一袭，彩段八表里"，想象得出敕封仪式时的得胜堡是多么的风光啊！

"隆庆议和"又给得胜堡从军堡向商堡的发展带来了机遇，四城堡作为通贡互市明蒙马匹交易市场而修建。此时的得胜堡不仅是屯兵之所，也是蒙汉互市的管理之所。由于之后双边贸易的扩大，得胜堡的原有规模已经远远不能满足需要，所以在万历三十二年（1604年），又对其进行了扩建。在南面城门门洞的东墙壁上有一块石碑，石碑上刻着密密麻麻的阴刻文字，为万历三十五年（1607年）八月得胜堡扩修竣工记事碑。

"隆庆议和"后，结束长城沿线自明初以来蒙汉长达200余年的战争局面，明

山西大同新荣区得胜堡

王朝与蒙古鞑靼部落订立互市盟约，发展贸易往来，开辟了民族团结的新局面。得胜堡马市在大同镇最为繁华，其主要交易场所在四城堡，得胜口设马市楼，"贾店鳞比，各有名称……各业交易铺延长四五里许"，南阁高台钟鼓齐鸣，声声悠扬，南北致远店客商辐辏，驼铃阵阵，"南来烟酒糖布茶，北来牛羊骆驼马"就是当时盛况的生动描述，"金得胜、银助马"（日进斗金、日进斗银）的民谚更是形象地勾勒出了这一派盛景。

当然这一利好事件不只是得胜堡在商贸上有所发展，在万里长城沿线上的经济贸易也呈现繁荣的景象。隆庆五年（1571 年）第一批开设的马市有大同得胜堡、新平堡、宣府张家口堡、山西水泉营、延绥红山边墙，之外还有我们宁夏清水营旧场等。长城沿线出现了史称"九边生齿日繁，守备日固，田野日辟，商贾日通""六十年来，塞上物阜民安，商贾辐辏，无异于中原"的兴旺景象。

隆庆议和后，随着战争的结束，得胜堡作为重要军事寨堡的地位也就降低了，主要起辅助料理和监督马市的作用。原来驻守的部分将士也留恋于此，便在此世代居住下去，依靠得胜马市的地理优势，逐渐发展成了集军堡、商品集散地和农业为一体的新型聚落。

得胜堡在边贸的重要作用，从明朝到清朝再到民国一直稳固400余年。直至1935年，平绥铁路（今京包铁路）和同丰公路（今208国道）正式通车，得胜堡的商贸集散地才算彻底关闭。让位给了附近占了铁路地利的内蒙古丰镇。随着历史的发展演变，这里作为军事要塞的重要性逐渐减弱，人们在此聚居，慢慢演变为一座边塞村落。

要说得胜堡现在的故事，就不能不说国际巨星成龙了。2019年7月21日，成龙电影节在大同正式开幕，第一项大型活动就是"古长城保护计划"，此项活动的主场地就在得胜堡。成龙等人乘坐直升飞机从古城南城墙起飞，穿越古城上空，飞越方山、镇川，最后停落得胜堡。在随后进行的长城论坛上，成龙当场表示要拿出100万元，用于古长城保护计划。

近年来，当地政府积极打造以"一口三堡"开发为重点，集长城文化、边塞文化、军旅文化、民族和谐文化于一体，旅游观光与休闲度假相结合的旅游景区。开展了"请城砖回家、为长城疗伤"活动，得到了老百姓的积极支持。当年拆了城墙修院墙的，如今是拆了院墙补城墙，民众纷纷把50年前取走的长城老砖捐送回来，用来修缮长城。使古老的得胜堡又焕发了生机。得胜堡延续了几百年的历史，得到新的延续。

长城古堡虽多，得胜却是唯一。探访长城的人要是没到过得胜堡，就好像你没走过大同的长城古堡一样。

山西大同新荣区得胜堡

## 第41站

## 阳高守口堡

2022年8月11日

　　游完得胜堡后，沿512国道继续向东行驶，众所周知，大同境内的长城横贯大同市左云县、新荣区、阳高县、天镇县。守口堡在阳高县。正值八月，车行路上，满目苍翠，满眼风光。阳高县历史悠久，西汉置高柳县，后为恒州高柳郡，领高柳、安阳二县。明洪武二十六年（1393年）置阳和卫；三十一年（1398年）在今址筑城，因城在洋河之畔而谐名阳和城。宣德元年（1426年）移高山卫同治，又置阳和通判。

山西大同阳高守口堡风光

清顺治三年（1646年），阳和、高山合为阳高卫；雍正三年（1725年）改卫为县，为阳高县名之始。

阳高，自古雄踞高柳塞北之地，一向以"山西之肩背，神京之屏障"为兵家所注目，是有名的长城县。境内长城46公里，设有镇边、镇宏、守口和镇门等置兵设防的城堡。若说得胜堡是新荣区长城古堡的代表，那么，守口堡就是阳高县长城古堡的龙头了。一路上长城遗迹墩墩相接、堡堡相连。时间有限不能一一探访，选择具有代表性的守口堡而去。

得胜堡到守口堡有60公里，一个小时即到。它距阳高县城西

山西大同阳高守口堡

北七八公里，距大同古城64公里，地处晋蒙边界的猴儿山口的沟壑中。我们按照路标指示从村东沿着一条青石板铺就的主路顺着山势到了长城脚下。长城下方是一片花的海洋，万花丛中，有游人儿童在玩旋转木马、碰碰车、旋转飞机以及蹦蹦床等。这些娱乐设施的设置应该是为带动旅游产业的投资。这时动感的音乐、欢快的笑声、愉快的氛围使人有了进入公园的感觉。在花园的小广场边立着一个宣传栏，栏中有守口堡村的简介。

守口堡村由来：守口堡秦称雁门口，因山势陡峭大雁难以飞越，故称雁门口；汉代这个谷口建高柳寨（因阳高称高柳郡故叫高柳寨），把兵防戍，是兵家重地；金代称墨谷口，因金崇庆元年（1212年）元帅左都监奥屯襄，救西京至此一军尽殪，载入《金史》，成为历史有名的地名；嘉靖二十五年（1546年）筑长城，建成周一

里有奇的城堡，取名守口堡，即守阳和口之意。

由于地形的重要性，守口堡在汉代曾是"茶马交易"的官方口子，也称茶马古道。"茶"是指南方的货物，"马"是指北方的货物，每年六、九两月开市。在此有兵守口，进行物物交易。到明代堡子建成后，驻守军人、商人娶妻生子在此居住，还有一部分由洪洞大槐树迁来的居民迁至于此，成为村落，称为守口堡村，一直延续至今。

守口堡村经历了四次繁荣，第一次繁荣发生在汉代，在此建茶马古道，蒙汉在此交易；第二次繁荣发生在民国初年，京包铁路修到此后无钱，经蒙古货物到此转运交易；第三次繁荣发生在20世纪70年代初，农业学大寨修大坝，建梯田，建成全县唯一玉米制种基地，成为全县二十面红旗之一；第四次繁荣发生在现在，中共阳高县委、阳高县人民政府投资开发守口堡旅游资源，打造守口堡景区。

简介中介绍"嘉靖二十五年筑长城，建成周一里有奇的城堡，取名守口堡"。现在堡子在哪呢？老乡说河对面的村子就是。沿着观景花海栈道向村子走去。花田的西边是一条河，叫黑水河（古称雁门水），为永定河三级支流。黑水名是因黑水河沿途土质为山地黑钙土而得名，所以金代有墨谷之称。河上一座新修的廊桥非常漂亮，它横跨河道，将村庄连接起来。廊桥上坐着休闲乘凉的村民，从他们的笑脸上能看得出对幸福生活的满意程度。

咖啡色的廊桥显得古色古香，廊桥上的匾额上刻金字篆书"杏韵廊桥"，廊桥每一柱间挂着红灯笼极为喜色。漫步廊桥之上，凉风在耳边轻轻地吹过，感觉神清气爽，无比舒畅。这里真是难得的避暑之地啊。穿过廊桥看到村边路旁小渠，水流潺潺欢快地流淌。沿渠水上游望去，渠水是从一个造型优美的石头下喷涌而出，石头上刻红字篆书"雁门水"。

"问渠那得清如许？为有源头活水来。"黑水河古称雁门水，所以石头上刻红字篆书"雁门水"。有意思的是渠边杨柳依依，有五棵紧紧相依，树干挺拔，根系缠绕盘结，树身上缠绕着的一条条红绸带。当地人视它们为神树，据说已有500多年的树龄。人们给它起个优雅的名字叫"五柳先生"，五棵树的故事在此地代代相传。

相传，隆庆年间外族来犯，村民奋起抗敌。正值金戈铁马兵戎相见时，霎时，空中电闪雷鸣，风雨大作，天降洪灾，入侵者尽数淹死。危难之际，村民们爬上大树，洪水在此分流，村民得以险中求生。仰望着救过村民的五柳古树，敬畏之情油然而生，更加敬重守口堡的先民们不畏强暴、保家抗敌的英勇精神。

穿过路边一座古色古香的"堡门街"牌坊，走进村子，修整一新的街道规划整齐，干净整洁。村中民居和别处一样，街道上行人很少，古朴宁静。寻到残存的北堡墙，方确定这里曾经是古城堡。这个城堡多大呢？据史载，为明嘉靖二十五年（1546年）设，隆庆六年（1572年）砖包，城周"一里二百二十步，高三丈五尺"。只城东有一门，明时在此驻守备，分守长城"十三里，边墩二十三座，火路墩四座"。明隆庆年间俺答汗部由此入犯，曾使大同全镇告急。今城堡已毁，令人唏嘘。

出村徒步古长城，村内长达8.5公里的古长城，长城依山川地势分东西两段，向西经靖房堡、镇边堡与大同境内长城连成一线，向东经镇门堡进入天镇县，又与河北省境内长城相连，构成当时抵御外敌的重要防线。目前保存较为完整的有台地长城、山体长城、依山长城，大多依地势由黄土夯筑，也有少数地段有包砖的遗迹，整体蜿蜒曲折、墩台密集。西段长城烽堠相望、地势连绵，犹如一条巨龙蜿蜒起伏；东段长城墩台雄壮，巍峨秀美，很是壮观。在落日余晖的映衬下，长城尽显古朴沧桑，呈现一幅美丽画卷，极具震撼之美。吸引着许多摄影爱好者前来采风拍摄。

在村北300米处的坡下，有一处小堡遗迹及关口、商舍等建筑痕迹，它就是蒙汉交易市场，此处曾设关卡设税所，定期进行交易。马市则在长城南侧，与长城墙体相连，紧邻谷口通道。此遗迹如今虽然谈不上雄伟壮丽，但是记录了一段历史。这段历史我曾在游历云石堡、得胜堡时详细地介绍过，这就是著名的"隆庆议和"。

明隆庆年间（1567—1573年），蒙古族俺答汗部曾由守口堡入侵，使大同全镇告急。后来，俺答汗之孙把汉那吉投降明朝，再后随着"隆庆议和"的达成，开辟了得胜堡、新平堡、守口堡三处互市地点。守口堡作为中原和内蒙古游牧地区最大的"茶马交易"市场之一，曾有过"北来牛羊骆驼马，南来烟酒糖布茶"的繁盛景象。

守口堡马市分为两个，南马市在长城以内，供一般货物交易，属于民间交易场所；北马市在长城以外200米，与南马市隔长城相望，主要是进行马匹类交易，属于官方交易场所。交易双方互需的茶叶、粮食、皮毛和牲畜。明政府在这里设置税卡，收入直接上缴国库。站在当年关口、商舍等建筑的遗迹前，我们能依稀感受到当年发生在这里的故事。

值得一提的是守口堡村现在是长城沿线特色民俗文化村，它的特色就是杏。守口堡村东有 300 多亩大片杏林，每年春天杏花开放时节，粉黛一片，馨香扑鼻。近年来，阳高县大力发展村镇旅游，守口堡村发挥连片杏花和古长城特色优势，吸引着天南地北的游客欢聚在长城脚下，或游古长城，或赏花摘果，尽享边塞风光与田园风光完美"同框"的绮丽美景。

现在，漫山的杏树与长城、守口堡相映成趣，在不同的季节会带给人不同的感受。春天，漫山遍野的杏花簇拥相伴的长城是多么的妩媚；盛夏，挂满枝头的红杏映照着长城是多么烂漫醉人的春华秋实；深秋，旱染千山的金黄的杏叶中的长城是多么的瑰丽；隆冬，长城内外皑皑白雪是多么深沉的厚重与苍凉。到了守口堡，你才知道，原来一贯沧桑硬朗的长城，也可以有如此柔情的一面。

山西大同阳高守口堡廊桥

## 第42站

# 天镇李二口堡

2022年8月11日

*山西大同天镇李二口长城*

　　山西大同天镇县逯家湾镇李二口村地处阴山支脉南麓，距守口堡44公里。长城一号旅游公路将两地联接起来，一路上数不尽的土墩子，望不到头的墙在山根下连绵不断、起伏延伸。越临近李二口村，长城外形的完整度保存越好。高达数米的墙体沿着山势蜿蜒逶迤，气势恢宏粗犷，在蓝天、高山的映衬下显得更加奇崛和挺拔。

　　车辆已经进入天镇县，天镇所辖地域一直是汉民族与北方蒙古游牧民族相融相争的地方。长城，作为一项军事防御工程，天镇县境内明长城全长68.5公里，现存完整墙体的有33.5公里。墙体多为土筑，山岭地段土石并筑，多依山势而定，一般高6～10米，宽5～8米。我们自西依山脚东来，长城经过水磨口、六墩、榆林口、化皮庙、白羊口、石圐圙、薛三墩，转北至李二口村。从守口堡到李二口，这里的长城显得更加峻拔和险要。

　　这里的长城有那么多口，为什么要到李二口村呢？听山西的摄友介绍，拍山西长城，一定少不了天镇长城；而拍天镇长城，又一定不能少了著名的李二口长城。因为天镇地处晋、冀、内蒙古三省区交界处，素有"鸡鸣一声闻三省"之称。同时，这里也是外长城进入山西之起点，属"边隅之要害"，历来为兵家必争之地，战略位置十分重要。李二口村居址位于山西大同天镇县县治东北12.8公里，阴山支脉南麓，明长城东侧。这里的长城不但保存得比较完整，风光极好。而且极具有特色，那就是"错长城"。光是听这个名字都引起我们的好奇，心情急迫地要探访个究竟。

　　行到村口，见竖立的一块黄色巨石上书红色字体"李二口村"，巨石阴面有石刻文字，标题为"唐王赐名李二口"，介绍了唐王李世民曾在此赐名的经过。故事是这样的，传说李二口原称杏儿口，唐太宗李世民巡边时经过李二口发现村周围遍植杏树、李树，掩映美景如画。得知此村叫杏二口，便随口说道："杏李同宗，为何不叫李二口呢？"从此，杏二口便"奉旨"改名李二口。

　　遇一村民介绍，关于李二口的名字由来，其实还有三种传说。其一，李二口村原名李二沟，是因为李氏名二者定居东沟而名。至今有李二家坟、李家坟遗址。清乾隆十八年（1753年）前，李二沟设税卡，改李二沟为李二口。其二，因村后二郎庙供奉蜀郡太守李冰次子，故此得名李二口。其三，传说在明朝年间，北方瓦剌部落经常由此袭扰中原，明朝廷需要在此修建长城。民夫中为首的一个壮汉名叫李二，不但在修长城时吃苦耐劳，而且在抗击敌人时有功，被封为守备，镇守这个关口，渐渐这个地方便叫了李二口。看看，只是一个村名就有这么多的故事，那么长城的传说和典故又怎么能少呢！

　　我们沿着硬化的水泥路进入村中，村庄东傍河沟，南贴长城，依北山坡走势而建房。青砖灰瓦的房舍，依山势、顺坡势铺陈，看得出这是政府近年来为开拓旅游业改造过的。给人感觉古韵悠然，错落有致。村子中央有一水池，溪水潺潺、小亭春风，呈现"小桥流水人家"的江南水乡景观。

　　按着"错长城"的指示牌前行，有一条鹅卵石铺就的小路，车辆不能行进。我们缓步前行，远远看去，李二口长城如从天而降悬挂在山体上，走到村后的山根底下有一小广场，一个坡面被黑砖砌成墙，墙上金字：天镇李二口明长城。坡上有长城断墙沿山底而去。山顶上悬挂的长城蜿蜒入空，两道长城立体感特别强，远远望去，黛色的长城、雄辉的山脉、精致的村庄，构成一幅艳丽的水彩画。

从侧坡爬上去，仔细观赏，山下的长城经历500余年的风雨剥蚀和无数次的战火硝烟，已经残破斑驳，断断续续。长城在山脚下的农田里左右延伸，向西要寻找"T"形长城口，走不远，前边横出条纵谷，长城也跌扑下去，很快地又在对面山谷直线分明地伸了上去。这段长城经过了太多的沟沟壑壑，而这些沟壑都是从大山下来的洪水历经多年冲刷而成。把长城切割成无数造型奇特的断墙、土墩。曾经威武雄壮的长城，现在尽显沧桑。

老乡介绍，李二口长城有两道，山上一道，山下一道。眼前这是二道边。山上那道叫头道边。二道边这一段从李二口村到瓦窑口村约5公里长的长城，当地人称这段为"错长城"，是全国唯一一段修"错"的长城。因为它在全国"长城家谱"中极为罕见，因此名声大振，吸引众多游客来的因素就是这个"错"字，为什么修"错"了呢，自然会有几段传奇的故事来印证。

因为"错"修这段长城，此地流传着翁万达怒斩修城官、明守将醉修错长城等传说。但流传最广的还是"喝了一口水，错修40里"的故事。据说是当年修筑这段长城时，负责监工的将官（有说李二将军）口渴难耐，领了几名亲兵上山寻找水源，走了半天时间，在山背后终于找到水源，不仅饱喝了一顿，而且准备用土墙将水源圈到口里，没想到回来一看，民夫们因嫌在山上修筑长城费劲，突击把长城修到了半山坡，于是将官便长叹一声说："唉，喝了一口水，错修40里。"

沿着二道边我们缓步前行，终于到了"T"形长城观景处。这里实际上是两道长城交汇的地方，两道长城在这里形成了一个倒"T"形。我们走来的长城从西到东从山根延伸，突然一道长城向北边的山上扶摇直上，这里的墙体厚重连贯，雄伟高大，墙体沿着二郎山山脊逐步升高，向西北方向进入绵绵群山，山尖处烽燧相望，气势壮阔。

从下往上看长城如从天而降悬挂在山体上，令人叹为观止。虽然我们见过无数长城的美景，但还是被它那"之"字形的大回转及逶迤潇洒攀上山岭的峻美身姿所震撼。结伴而来的朋友也是赞叹不已，大家手拿"长枪短炮"激动地一次次按动手中的相机快门，拍下古人留给我们最好的礼物。

山脚下，村里给游客建了一个小停车场，水泥台上立着一块白色的巨石，上刻红色大字：天镇李二口长城。绕到石碑背面，发现有"错长城"的简介：据《三云筹俎考》记载，明嘉靖二十五年（1546年）四月，宣、太并筑长城，拟于两府交界地"西阳和"相接，然大同长城出李二口向西直走张仲口，两地长城相错30多里，无法对接。明世宗令巡抚都御史孙锦查办。孙锦认为，"大同镇所修长城丢弃了西阳和一带""数千家生齿，数千倾膏腴之地"。大同镇总兵周尚文辩称原定长城线路山高地险，若遇战事，应援不便。各有各理。宣大总督侍郎翁万达提出了一个"地徇宣府，兵变大同"的两得之法：大同镇重新改线，长城由李二口向北跨越二郎山而向东与宣府长城相接，若开战端，则宣府负责驰援，如此则"地不可弃，兵必有援"。而后朝廷明令："居常戍不备，罪大同；有警不援，罪宣府。"大同镇已经修成的李二口至张仲口1632米长城被废弃，成了万里长城少有的"错长城"。

从碑刻介绍看出，"错长城"的传说只是人们给这段长城增加神秘的故事而已。真正"错"的原因是长城往哪里修的一个决策问题的反映，是在发现原设计思路不对时，经过协调商议重新规划线路后改正的结果。因为高层的决策问题，李二口长城的"丁"字形走向，就这样形成了。改线后，此地战事明显减少，达到了"稳边固守"之目的。正因为改线，它成就了山西明长城中最美的一段，使李二口蜚声全国。

无独有偶，在我的家乡宁夏吴忠盐池也有一段相似的"错"长城，当地人也称为"头道边"和"二道边"，也和这里一样有个神奇的传说。传说当年宁夏至陕西这段长城由都御史杨一清督办，下令征调陕甘宁八府各卫九万多民夫，破土动工，工程进度要求"马跑多快，墙打多快"。具体指挥工程的是个酒鬼，常常喝得酩酊大醉，酒后信马由缰，让人按照他马跑的路线修了长城，等朝廷发现时，已修到了陕北，所以，这段长城又进行了重修。

传说相似，事实也基本类似，"二道边"在防御作战中，由兴武营往东因旧长城离军营较远，敌至不即知，于作战不利，故向南段移筑的。这里要说明的一点是，李二口人先修的叫"二道边"，后修的那道长城称"头道边"。而宁夏吴忠盐池的百姓以靠花马池古城的距离来分的,靠得近的这条叫"头道边",离得远的那条叫"二道边"。

还有一点不一样的地方是景色不一样了。宁夏吴忠盐池的长城是在半荒漠草原上修建的,这里的长城特色是"双龙并行",十分难得。而李二口的"丁"字形延山而上,也是罕有。景色各有千秋,喜欢长城的朋友也应该来宁夏长城观光。

雄伟的万里长城是一本大书,它的每一页都异彩纷呈。今天我有幸参观了李二口明长城,它在沧桑中尽显奇特俊美,让我在走长城的过程又增加了新的见识,也是人生中一大幸事。

山西大同天镇李二口堡长城

山西大同天镇保平堡

## 第43站

## 天镇保平堡

2022 年 8 月 11 日

　　从李二口长城到天镇新平堡 23 公里，当然还是长城一号旅游公路。行进 21 公里时看到路边一个村庄标示牌，黑方格底镀金大字"保平堡村"，后背红色立柱上白字标示：新平堡镇。标示牌给人一种现代设计的感觉。引起我注意的是旁边还立着一个更大的宣传牌，长城图片背景上红色大字格外醒目：游保平堡，看明长城。下面一排小红字：三晋看长城，这是第一站。

　　大同古堡城有 72 座，我们不能每堡都看，几乎是沿着长城找有代表性的保护较好的重点遗址探访的。保平堡离天镇新平堡只有 2 公里，本不在探访之内，但看到宣传指示后，临时决定前去探访一番。

　　下公路有半截土山路也比较好走，临近堡百米时土路边有个土广场，好像正在施工，场所中间立着一尊塑像，青石色的台基上立着一个古铜像，一位将军右手插腰，左手按剑，仰望天空，威风凛凛。好奇之下便停车观看，铜像台基面上镶一铜牌，是铜像人物简介。

马芳，字得馨，别号兰溪。明朝中期，南有戚继光抗倭，北有马芳破虏。嘉靖皇帝朱厚熜赞叹"勇不过马芳"。马芳1517年出生于农家，10岁左右时被鞑靼掳走，后逃回大同。效力于大同总兵周尚文麾下。在与鞑靼作战中屡立功勋，渐升迁至总兵。《明史》称其"大小百十接，身被数十创，以少击众，未尝不大捷。擒部长数十人，斩馘无算，威名震边陲，为一时将帅冠"。万历九年（1581年）马芳去世。新平堡现存马芳府邸。

这是一个从奴隶到将军的传奇式英雄人物，少年时期被掳为鞑靼奴隶，逃回大明后成长为明朝北方第一战神。明代诗人尹耕还留下"威名万里马将军，白发丹心天下闻"的诗句。他的英雄事迹被编为戏剧在民间广泛传播，京剧名段《马芳困城》历经几百年不衰，甚至在14年抗战里都是战地慰问演出的必演剧目，激励了无数青年投身疆场，浴血报国。

看了百度百科的词条，你就能了解他的传奇人生。马芳生于正德十二年（1517年）五月十五日，籍贯山西蔚州（今河北张家口蔚县），其家为宣化边境农户。马芳幼时遭继母虐待，他不堪羞辱，大约在嘉靖五年（1526年），他10岁时逃离家乡，被南侵的鞑靼骑兵掳掠，替俺答汗放养马匹。他年纪尚幼，已能"腾跃控御"，使马匹不敢踢咬。马芳自幼开始"曲木为弓"，精练骑射武艺，每发皆中。

至青年时，一次随阿勒坦汗狩猎，忽然突出一只斑斓猛虎现身，直扑阿勒坦（俺答汗）。众人登时惊慌逃避，唯独马芳面不改色，弯弓搭箭，当场击毙猛虎。阿勒坦对马芳赞赏不已，赠予他"良弓矢，善马"，还命他"侍左右"。马芳虽然受到阿勒坦的重用，但是他心在明朝。嘉靖十六年（1537年），马芳乘跟随阿勒坦至临近明朝边镇的大同外围狩猎之机，趁夜盗马逃出，连夜投奔至大同军营。此时的大同总兵官是周尚文，史载此人"多谋略，精骑射，优将才"。这位爱惜人才的名将见到马芳后大感惊奇，即刻任命他为队长。

马芳自任队长开始，屡次奋勇冲杀。因他在蒙古生活多年，熟知蒙古骑兵的作战特点，所以每战皆能重创来敌。尤其是嘉靖二十八年（1549年），他献计率精骑抄袭蒙古骑兵后路，迫使蒙古大军北撤。周尚文大赞道："汝他日必为能将。"嘉靖二十九年（1550年）六月，"庚戌之变"爆发，阿勒坦率军犯大同，杀掠无数。已是千户的马芳先在怀柔遭遇了阿勒坦，他身先士卒，当场阵斩阿勒坦部将。迫使阿勒坦暂退。两个月后，蒙古骑兵入侵山西威远，马芳率部迎敌，他准确判断敌情，在敌众我寡的形式下转守为攻连续三战大破敌人。马芳先升任宣府游击将军，继而被破格提升为正二品都督佥事，至年末又加封为正一品左都督。

马芳任宣府游击时，重立"军战连坐法"，规定临战畏敌不前者，后队斩前队，将领畏敌不前者，士兵斩将领。每战他依旧率先冲杀敌阵，引得属下殊死效命。选兵治军，军纪大振。提出了"以骑制骑"的作战思路，发挥明军在火器技术上的优势，主动出击，以劫掠马匹和焚烧草场为作战目标，最大限度摧毁蒙古人的作战资源。长途奔袭，断绝蒙古军后路，聚歼蒙古军有生力量，重创敌于塞上。

嘉靖三十年（1551年），阿勒坦重开战端后，连年侵扰明朝边境，摧毁边镇堡垒无数，特别是嘉靖三十二年（1553年），他竟从二月至十月，连续对明朝宣府、大同、延绥、宁夏、甘肃五大军事防区进行掠夺式侵扰，所过之处"军堡尽毁，府库尽遭掠，黎民流离被掳者无数"。其间，明军总兵、参将、指挥等大小各级军官战死者数十人，军队损失惨重。与此同时，马芳慨然出击，率麾下两千精骑在保安（河北逐鹿）与阿勒坦军血战，是役马芳军"奋勇跳荡，生猛敢战"，杀得阿勒坦部后退十数里。此战中马芳身负五处刀伤，坐骑也被射杀，可谓以命相搏。明世宗朱厚熜听闻后感叹道："勇不过马芳。"而蒙古军中也深知马芳威名，尊称他为"马太师"。马芳之勇猛，从此一战成名。

嘉靖四十年（1561年），阿勒坦窜犯大同，率军连夜急行军五百里，"持续昼夜，格杀甚烈"。马芳依旧身先士卒冲荡敌阵，冲杀间竟然"马刀砍损三把"。经一夜恶斗，蒙古骑兵终于倒在明军坚韧的精神面前，仓皇地扔下满战场的尸体拨马溃散，阿勒坦遭遇了第一场惨败。马芳出塞、奔袭、破敌、追杀、决死恶斗，七战七捷，赢得了一场场胜利。从宣府到大同、从大同至怀安，马芳军的奔袭距离，在这场战斗中竟长达一千里。捷报传来，大明上下震惊，朝野上下一片狂喜。明世宗复加马芳为左都督,擢升为宣府总兵官。

嘉靖四十五年(1566年)七月,阿勒坦集结十万骑兵对明朝边境重镇万全右卫(今河北万全镇)进行大规模攻击。马芳立刻率万余骑兵增援,在马莲堡(在万全右卫北约10公里)遇敌,双方对峙到深夜,马莲堡的城墙忽然倒塌了。当众将惊慌一片时,马芳果断喝止,反令全军擂鼓助威使敌不敢进攻,随后抓住战机全军追击,各路明军一路奋勇追杀,"沿途斩首俘获甚重",阿勒坦再次大败。此情此景,诚如战后在杨博的奏折中所言:"此役同仇敌忾,追歼逐北,其酣畅淋漓,为九边罕见也。"对马芳,杨博更是赞不绝口,称其"以汉李广之智勇,首挫寇之兵锋,当为头功也"。京剧名段《马芳困城》正是以这场战争为素材创作的。

隆庆元年(1567年)正月至四月,阿勒坦连续对蓟镇、宣府、大同、固原诸重镇发动了七次侵扰,明军严防死守,皆迫使阿勒坦无功而返。隆庆二年(1568年)十一月,阿勒坦率五万骑兵佯攻蔚州,见到明军防守严密,只得率军北撤。马芳却仍率军尾随追杀200里,终于在长水海大破阿勒坦主力。

阿勒坦在马芳回师后,立刻集结重兵,再次发动进攻。阿勒坦兵锋逼近时,马芳尚在吃饭,闻讯后马芳当即"掷碗碟于地",对众将大呼"且随我夺房食",立刻率兵出战,在内蒙古鞍子山与阿勒坦军相逢,再次击破阿勒坦,迫使其撤还。战后,

山西大同天镇保平堡

马芳命人烹制美食，与此战中阵亡将士的尸骨一起下葬。时任宣大总督的陈其学闻之感叹道："爱兵如此，方有虎师也。"

"隆庆议和"结束了明朝与蒙古近200年的敌对状态，其历史意义重大。"隆庆议和"的成功，固然是由把汉纳吉的"叛逃"事件引发，由高拱、张居正、王崇古等人的缜密筹谋而实现，但不容忽略的依然还有马芳。事件起初，正是马芳在大同滴水不漏地防守，创造了双方谈判的环境。王崇古向朝臣解释"封贡"原因的奏折里，也将此时明军兵强马壮，"我兵非昔怯"作为论据。"和议"成功后，王崇古在奏折里大赞马芳"和议之成，芳实有功也"。阿勒坦方面，虽然"叛逃"事件里明朝的诚意是他和平的原因，但更重要的原因是，常年的战争状态下，明朝对蒙古部落的"经济封锁"，以及马芳等明边将的军事打击，阿勒坦其实已外强中干。

"隆庆议和"成功后，马芳作为大同总兵，在每年五月，都受命率精兵护送王崇古到大同北面的弘赐堡接见蒙古各部首领，宣扬明朝威德。每次马芳部皆"兵甲

山西大同天镇保平堡

威武，诸部皆拜服之"。马芳于万历七年（1579年）因病归乡，万历九年（1581年）去世，享年64岁。马芳死后葬于山西大同北面的新平堡（今山西大同天镇城北50里）。此后历经战乱，其墓碑与尸骨皆相继流失。他英勇的一生能够写本厚书了，在这里我只按百度百科词条简要地介绍这位英雄的事迹。

使人惊奇的是时间到了2022年8月1日的建军节，尘封近500年的保平堡地下迷宫和兵器库被发现了。施工人员在保平堡广场改造施工时发现了一个地洞，经过文物专家现场考证勘察，这个地下迷宫、地下兵器库和保平堡同时所建，地点在保平堡东100米处，入口在保平堡内的水井里，出口在保平堡外东北方向1000米处。除了地下迷宫和兵器库外，还有储藏室，兼有居住和逃生等功能。当地老人说是马芳所建。

尤其是地下迷宫，即使被敌人发现，敌人进入迷宫后也会因不熟悉机关奥秘而困死在里面。我想可能和我们宁夏灵武长城上著名的水洞沟藏兵洞相似吧！由于很多地下设施因年代久远已经塌陷损坏，只有修复之后才能观其真容了。

沿着碎石铺就的小路走到残存的堡前，周围长满了芨芨草，有半腰之高，高低错落的土墙外稀稀拉拉地种了几棵松树。放眼看去，土城墙已残破不堪，只有城门洞拱券的包砖还在，门口被一段铁栅栏封住不能通行。

细观堡门，其上石质匾额尚存，刻有硕大的繁体"镇云"二字。匾额上常见的精美砖碉已经消逝殆尽。门洞里的包砖比较完整，可能因为匾额下右侧门柱有条裂缝，故把城门定为危险之地，禁止游客通行吧。不过城门边的土墙被挖开一个豁口，游客可以进入堡内。

踏进这个神秘而沧桑的"历史城堡"，四周城墙的包砖和大多数古堡的命运一样都被拆掉拉走建了民房。土夯墙也有大段破损，但整体仍然坚持当年的规制。堡内已经是荒无人烟，杂草丛生，没有一间房屋，到处都是残破的石器以及残瓦、碎砖。在堡中央的一个土坎上立着一个简易的宣传栏，上面用中英文写着保平堡简介。

明万历《宣大山西三镇图说》记载："本堡设自嘉靖二十五年，隆庆六年砖包，高三丈五尺，周一里六分零，筑有东门'镇云'。原设操守，嘉靖四十四年改设守备、坐堡各一员，所领见在旗军三百二十一名，马一十八匹，分边沿长七里五分，边墩一十八座,火路墩一十一座,边外腰大山等处有酋首五路台吉等部落驻牧。西北之平胡墩极冲通大房,嘉靖三十七年,房由此入犯,势甚危急,赖有新平、平远应援,幸无大害,惩前你儆后,戒备何可一日不敢慎哉。"

这个堡是嘉靖年间修筑长城时,修筑的和长城相配合的五堡(新平堡、桦门堡、保平堡、平远堡、平定堡)之一,西面距长城 1 公里,南面和桦门堡、北面和新平堡相呼应,当时属大同镇新平路直属戍堡之一。五堡呈掎角之势,遥相呼应,荣辱与共,同生共死,是一组攻守兼备的防御体系。

到了清朝,山西北部已不是边界,军事功能消失,驻军变成了村民,戍堡成了村子。到了近代,由于保平堡建在高处,离水源较远,饮用水在堡东沟底 1 里许的河水(俗名东沙河),吃水困难,住户逐渐外迁,村民自发搬迁到河边居住(堡东南的大南沟)。1990 年后因基本无人居住而荒废。现在堡内已经没有一栋房子了。

站在高处向北瞭望,保平堡周边风景很美,前方的视线非常宽展,堡墙后有道路通向一里之外的长城,烽燧一个接一个从近到远连接到远山。隐约看到边墙蜿蜒,周围梯田层叠,天高地阔,刚刚下过一场大雨,乌云还未散尽,此景恰应唐代李贺《雁门太守行》中"黑云压城城欲摧,甲光向日金鳞开"的意境,一派山河苍茫壮观景象。突然又有雨点滴在面颊,细雨中似乎可以看到当年烽火连天、战马嘶鸣、刀剑相拼的战争画面。

# 大同新平堡（一）

2022 年 8 月 11 日

山西大同新平堡镇

　　从保平堡到新平堡只有 2 公里，新平堡是新平堡镇内四大古堡（新平堡、平远堡、保平堡、桦门堡）之一。导航直接把我们导进新平镇镇政府院内。在绿树围绕的院中心有一个新建的仿长城敌楼，色彩鲜艳，红垛白墙红基，看着不伦不类的，似乎想证明这里是长城古地。在敌楼前立着一个石碑，上书：鸡叫一声闻三省，延陵苑。

　　先说"鸡叫一声闻三省"，短短七个字说明天镇县新平堡古镇地理位置独特。查地图，它位于山西、河北、内蒙古三省（区）交界处，天镇县东北部，东与河北省怀安县接壤，南与逯家湾镇为邻，西北与内蒙古自治区兴和县店子镇为界，清晨公鸡啼鸣，三省鸡声一片。走过来一个乡干部，我们向其询问延陵苑的意思。他说的当地的方言中也融合了些许内蒙古和河北的口音。

　　据乡干部介绍，此地历史悠久，战国时为代郡延陵，据《天镇县志》记载："事赵成王，十八年使相国廉颇助魏攻燕，钧率师自代会之。"此记载说的是赵孝成王十八年（前 248 年），赵国派遣大将延陵钧随相国信平君廉颇助魏攻燕时路过这里，廉颇闻听此地名与爱将延陵钧同名，加上地势险要、战略位置重要，就报请赵王在这儿设置了县城，起名"延陵邑"。《史记集解》徐广曰："代郡有延陵县"指的就是延陵邑。现在这个村名以此就起名延陵苑。

　　也就是说此地名是赵国老将廉颇给起的。廉颇大家是知道的，战国四大名将之一，中学课本就学过完璧归赵、负荆请罪、渑池之会的故事，南宋词人辛弃疾的《永遇乐·京口北固亭怀古》"廉颇老矣，尚能饭否？"常常挂在嘴边。此地曾有廉颇据守，可见战略地位多么重要，又有廉颇起名，文化底蕴是很深厚。

　　石碑背面有碑记，大意说是2002年新平镇党委与政府带领民众创设移民新村"延陵苑"，将一座废弃的军营改造成了一座容纳5000多人的生活设施齐全的新村，方圆几十里世世代代在干旱少水的沟壑中艰难生活的乡亲们欢天喜地地搬进了新居。从此交通发达、市场交流便利，从根本上改变了生活方式，大幅度提高了生活质量，是为几百年来的旷世盛举。这里所说的军营可不是古代的军营，而是现代的军营，从驻军来看新平堡在当今的战略地位是很重要的。

　　从政府出来便从南驶入古城，未见城门，能看到小巷前端有一古楼。在一条2米宽的石板路驾车，当时就怕对面来车不好会车，还好小巷子十分冷清，没有会车的机会，顺利通车到古楼下。下车观望有省级文保石碑：新平玉皇阁。进入楼洞，一股凉爽之风迎面而来，观望四个穿心门洞延伸出东西南北四条大街，这里应该是

山西大同新平堡城墙

古堡中心了。

环古楼举目观赏，阁为三层两檐，歇山顶式楼阁，阁上飞檐伸展，四面格栅门窗，南面上层悬挂"玉皇阁"匾额，下层是"代郡延陵"；北面上层书"镇边楼"，下面是"琦城故垒"。"玉皇"，即道家对天帝之尊称，古代在边镇中央建阁，意在祈求天帝保佑平安。"代郡延陵"前面已经了解到是新平堡秦汉时的名字。"镇边楼"是镇守边塞的楼，新平为戍边重镇，此楼实为指挥作战，既可登高望远，又可观察指挥，此楼亦名镇边楼。"琦城"是北魏时新平堡的名字，说明此地历代都是军事重镇。

具体古楼的建筑情况在玉皇阁的前面设置有一块古城的简介牌子，上面是这样介绍的："阁基座进深 13 米，阁高 15.8 米，结构为重檐三层，座部为砖，方形拱形十字门过街道，洞门四开，二、三层为元代风格木结构，上、下层面阔三间、进深三间，歇山顶，四出回廊……清康熙二十七年（1688 年），清乾隆四十七年（1782 年），光绪八年（1882 年）曾重修，乾隆年间重修时铸百斤重铜玉帝像一座置于三层，泥塑彩绘玉皇大帝座像立于二层。背留一小口，供参拜者扔铜钱用。"

自走长城以来，我探访过无数个古城堡，新平堡的玉皇阁完全保存原貌，是我国北方现存仅有的一座过街阁。只是上面的匾额给人新鲜出炉的感觉，无论色泽还是材质，与阁楼古色古香的气质都不太协调。在一层阁楼上还有条白色标语：保护文物，人人有责！当地人说，1992 年山西省投资 1 万元重修，"代郡延陵"是天镇县委原书记贺锐题的。标语也是很久以前保护古楼时写的，现在也算文物。玉皇阁内上层原有铜铸玉皇像一尊，传说黄金为内脏。下层有泥塑玉皇像一尊，东西两侧墙面绘众神壁画。我们不得其门而入，只能听传说了。总是感觉新的匾额和标语使古楼失去了历史的沧桑感。

城内还有北门遗迹沿存，似乎正在修缮之中，城门内卷门及左侧墙砖为黄土色旧砖，右侧为青灰色新砖，对比明显。门洞内有钢架固定有裂缝的拱顶。外侧有高高的铁丝网拦护着残破斑驳的城门。不知是要保留原状还是正在修复。我认为还是保留原状好，古朴沧桑有历史表象。而城门内侧则给人不伦不类的感觉。

北门东还残留一段土夯的堡墙，虽然断断续续，依然残高 8 米左右，宽 5 米左右，其余的均被人为所毁,但依稀能看出城堡当初建筑的规模。据《读史方舆纪要》载:此堡为"嘉靖二十五年置,隆庆六年增修。周三里有奇,……嘉、隆中,屡为寇冲。归款后,设市口于此,亦要地也"。

新平堡名字的由来是这样的,前面说过赵孝成王十八年(前248年),廉颇在此设置了县城,起名"延陵邑"。

"延陵邑"在叫了1600多年后,于明正统二年(1437年)重建。那年,瓦剌派大将胡答统兵二万从东马市口(今河北怀安县)破关入塞后,就在此筑寨据守。明嘉靖二十五年(1546年)兵部侍郎许进统兵三万对寨堡进行了围攻,此战持续余月才破寨,歼敌一万多人。破敌之后,许进在旧寨堡的基础上率军筑成一座新堡,起名"新平堡",一直沿用至今。清雍正三年(1725年),将天成卫、镇虏卫合为天镇县后,此地开始由天镇县管辖,所以当地有"先有新平堡,后有天镇城"这句新平堡人颇为骄傲的口头禅。

关于北门的损坏,据当地人介绍,1925年土匪进犯新平堡,烧杀抢掠,火烧此门,两扇大门毁于大火。门楣石碑"镇虏门"曾在1988年阳高地震时被震落,庆幸的是现在保存完整。新平堡的东门叫迎恩门,过去堡民走亲访友,喜庆、迎娶必走东门。因此,现在堡民仍然沿袭迎娶走东门、出殡走北门的习俗。

在一家门面上看到用蓝纸写的"喜迎新春"门联,当地人说家中有人去世不宜用红纸。这个习俗和我们家乡是不同的,宁夏地区家里有人去世,当年是不贴春联的。

当地还有一个习俗:家里生了男孩要在门口上方插上弓箭,取义"男儿当自强";生女孩则会插一根高粱杆,意为"贤惠善良"。边塞的尚武精神已融入在边民的生活之中。

# 大同新平堡（二）

2022 年 8 月 11 日

镇虏门，楼高 10 米，有瓮城，城门石墙，坚固无比，起震慑鞑虏侵犯的作用。还有一个震慑方法就是当年抓住鞑虏斩首示众后，将首级用铁筐挂在门楼外侧震慑敌人。高大雄伟的北门曾经是电影《三进山城》的取景地。

北门的名称我注意到有两种记载，明时记载堡开北、东二门，北门曰镇虏门，东门曰迎恩门，各有瓮城。镇虏门即新平堡北门，高 10 米，宽 5 米，进深 12.5 米，始建于嘉靖二十二年（1543 年）。北门四角台上建楼，外有瓮城。明朝军事建制"镇虏卫"因此门而命名。而现在《新平堡镇志》记载，新平堡城周长 3 千余米，高 9 米，设北、东两门，北称新远门，东称拱化门。城门上均置关楼，东南角置文昌阁（今已不存）。把镇虏门改为新远门，是不是为了缓和民族矛盾与杀虏口改为杀虎口一样呢。

据史料记载："城内布局以主道十字街式并分布南北纵横十六小街。北、东街主要为商号店铺，西街为守备府第。并有真武庙、城隍庙、火神庙、白衣庵、北岳庙、财神庙、镇边寺、金佛寺、关帝庙等众多社会、宗教活动场所。其玉皇阁，亦名镇边楼，位于堡内中央。"这是典型的长城城堡布局，四通八达，它既方便于出行，又考虑到军事作战的需要。

漫步城内街巷，现在街道基本布局没变，街面仅两步宽，街道两侧多是商铺，建筑格局具有明清商贸风格。只是古商铺变成了与日常生活息息相关的日杂店、理发店、照相馆、电器铺、粮店、食品店等。记载中的守备府第、宗教活动场所已无踪迹。只有堡中心的玉皇阁彰显着曾经的繁华。

堡内民居也是半旧半新，只有玉皇阁向南不远的十字路口拐弯向东小巷里，有一座保存较为完整、透着古韵的高墙大院，为明代总兵马芳官邸。我们刚从保平堡过来，那里有马芳的铜塑像。关于他的英雄事迹我在保平堡那篇有详细的介绍，这里就不多叙述了，只是把他家的建筑特色描述一下：一是建造时间是明嘉靖年间（1522—1567年）。二是门楼是保存完好的硬山门楼，山墙槲头有精细的砖雕装饰，上层为鲤鱼跃龙门浮雕，中层福、禄、寿三星宴乐图，下层为对称式五级须弥座。三是门内有一方照壁，高3.5米，顶部迭道出椽，三踩单翘，头拱五朵，并饰如意花；两侧下出莲花柱，置花框，内作鸟形图，壁身四角作抹角吉祥花，内有麒麟含如意，中心圆内为萧何月下追韩信，其造型独特逼真，栩栩如生。此宅抛去盛名，它依旧值得一观。

山西大同新平堡北门

新平堡紧畔长城,是一座重要的兵营。这里是历代兵家必争之地,早在战国、秦汉、北魏就建筑过长城。明代初期更是因战争频繁,在这里修长城、筑堡障,并设新平路参将。翻开现代地图也可以看出新平堡的形势,晋、冀、内蒙古三省(区)交界,东南到北京约250公里,西北到呼和浩特约250公里,城堡地形平坦,周围两山夹一川。它的东、北两面都深入内蒙古境内,北西界为内蒙古辖地,东界为河北省,像一把匕首嵌入草原腹地,东面则连接宣镇,直通京师。因此它成为明代大同镇最险要的一处军堡。

这样的战略要地上现存长城有三部分,汉长城、北魏长城以及明长城。据史料记载,明长城全长68.5公里,现保存完整的墙体有33.5公里,墙体多土筑,山岭地段土石并筑,呈梯形,一般高6～10米,宽5～8米,每隔1里置一烽火台,台高15米左右。明朝时候新平堡参将负责守边18里,边墩26座,烽火台16座,历来为"边疆极冲之地",驻军曾经达到1642人。这里曾经发生过许多重要的历史事件,明成祖朱棣曾御驾亲征,在此地与瓦剌首领顺宁王马哈木决战。

在这里我介绍一下明朝曾经驻守新平堡的另一位历史人物——麻贵。麻贵,大同右卫(今山西朔州右玉县)人,回族,明朝著名军事将领。麻贵之父麻禄,明嘉靖年间任新平堡参将。明嘉靖四十五年(1566年)敌军围攻新平堡,攻势凶猛,麻禄枕戈待旦,日夜坚守,孤城得保,兵民免遭杀戮,士民建生祠祭祀。因战功显赫,麻禄被擢升为宣府副总兵;其子麻锦从父行阵有战功,为千总,后官至宣府总兵。

麻贵由舍人从军,积功直升到了都指挥佥事,并充宣府游击将军。隆庆年间,担任了大同新平堡参将。鞑靼入侵边城,山阴、怀仁、应州相继被攻陷,只有右卫城在麻贵与其兄麻锦带领家人与军民合力据守下才得以保全,麻贵因功在万历初年(1573年)被授大同副总兵。

万历十年(1582年),麻贵以都督佥事充任宁夏总兵,不久又调任大同总兵。麻贵在历史上最值得被浓墨重彩记录的还是他在万历年间援朝战争中的表现。万历三十八年(1610年),麻贵奉命镇守辽东,再次击败蒙军的侵袭,后因病退职,不久去世,朝廷命赐予祭葬,并在诏书中称他为"一时良将"。人们把麻家与同样是武将世家的李如松、李如柏等并称为"东李西麻"。明史中也称赞他们"将门有将,得无愧乎"。

　　新平堡值得大书特书的另一笔除了在战争中是战略要地，在商贸交流中也是重要关口。新平堡马市，为明朝的"国家自贸区"。据《读史方舆纪要》载："归款后，设市口于此，亦要地也。"归款，基本释义为犹投诚，归顺。这里所指的就是"隆庆议和"事件，俺答归顺明朝后被封为顺义王，开放十一处边境贸易口岸，隆庆五年（1571年）明朝廷在大同得胜口、新平、守口三堡开设马市。新平堡先后设有东

山西大同新平堡镇边楼

马市（平远头）和西马市（古城村）两市。

从古堡北门向西走几百米就是西马市村，这里现在属于内蒙古兴和县，在明代则是大同镇的三大马市之一。明隆庆五年（1571年），朝廷在此筑土堡，开南、北两座堡门，作为国家马市交易平台。隆庆六年（1572年），西马市堡落成，朝廷在宣威楼里剪彩开张，宴赐蒙古部落酋长。

马市顾名思义就是马匹交易的市场，要交易就得有合理的价格。正统十四年（1449年）瓦剌首领也先借口明政府削减马价，大举南犯。明英宗朱祁镇亲征，兵败被俘（见"土木之变"）。大同马市因此中断。归款后官方原则是不能让蒙古人吃亏，所以定价较高。据资料记载："官价上等马十二两，中等马十两，下等马八两，实际交易价格是上等马九两，中等马七两五，下等马六两四。"定价的合理使马市交易量逐年增大，隆庆初年宣、大、山西三镇交易马匹为七千多匹，到了万历初年已经超过五万匹。

随着马市的兴旺，新平堡重商之风经年不减，堡内七成人经商，主要贩卖茶叶或食盐等，后世子孙继往开来，将生意做到二连浩特、俄罗斯等地。新平堡是晋商的发源地之一。新平堡因军而起，因商而盛，商业日益繁华。

到了清代，局势发生了极大的变化。早在清军入关之前，经过努尔哈赤和皇太极两代君主的努力，漠南蒙古已被收服。入关之后，清朝逐步把蒙古各部并入版图，长城地带也由直接面对敌对势力的前线，变成了远离边疆的内地。各地马市基本结束。

如今，新平堡如移民石碑所记"新平镇地处山区，沟梁相伍，地广人稀，经济、文化、交通发展滞后"。昔日的繁华已渐渐远去，这里的人们过着日出而作、日落而息的生活。虽然经济有所发展，但相对城市的繁荣与兴盛，暮色中的明代城堡，落寞而凄美！

## 第45站

# 娘子关（一）

2023 年 7 月 10 日

认识娘子关还是从集邮开始的，当年全国有一种集邮热，在 1998 年 11 月 1 日邮局发行了一组《万里长城（明）》普通邮票第三组（普 29-3）中，"娘子关"为普 29 第三组第二枚，面值 300 分。其中娘子关的名字引起了我浓郁的兴趣，因为长城上的关口大多是以地名、地形、历史典故起名的，很少出现以女人命名的关口。

娘子关古城

众所周知，古代本就重男轻女，这个娘子关一定有不一样的典故在里面了，那么娘子关的由来又是什么呢？

当然查了一下邮票的简介："娘子关位于山西省平定县城东北40公里处，原名苇泽关，相传唐高祖李渊的三女儿平阳公主曾率娘子军在此驻防，创建关城，由此得名。它是万里长城在太行山上最重要的关隘，出入山西的咽喉，是京畿重镇。"如此简单的介绍当然掩不住我好奇的心，从此心中暗定有机会一定探访这个与众不同的长城关隘。机会来了，此次走长城原计划以探访内三关（居庸关、倒马关、紫荆关）为主，想起25年前的邮票，我临时决定先走娘子关，以圆我20多年前的念想。

长途奔袭到娘子关镇已是暮色时分，住宿于在一小溪旁边的农家旅馆。饭后散步，此地山清水秀，清澈的泉水沿着墙基穿房过户，房屋建在水上，清泉到处流泻，水灵之气弥漫在古镇，形成了"人在水上走，水在屋下流"的特色。这里家家流水，处处涌泉，组成一幅"小桥、流水、人家"的天然画卷，景色极为优美。但天色渐黑，开了一天的车，困乏之意上身，不敢多转，便回屋休息，夜宿客栈听到的都是咕咕涓流声。

早起，游历娘子关古城，关城在娘子关镇西南方向，距离镇上有1公里多路，驾车也就2分钟。在傍河的山边公路拐弯处穿过一个高架的铁桥后进入停车场。从停车场出来，路对面是一条宽阔的河流。河上架着是一座宏伟的钢铁结构的大桥，抬头仰视，它横跨绵河，蓝色的天空为背景，身姿气势雄伟十分壮观。铁桥上赫然竖着一个蓝色的广告牌"百年铁桥"。走在前面的几位游客其中的一个在给同伴讲解。这座桥由法国人设计，建于1905年，距今100多年，被誉为"横躺的埃菲尔铁塔"。

提起法国巴黎埃菲尔铁塔可谓无人不晓！我的家乡吴忠青铜峡在黄河上也有一座类似的铁桥，也没有人把它与法国的埃菲尔铁塔联系起来，怎么这座铁桥能与遥远的法国联系起来呢？好奇心使我紧随他们之后，听着继续讲解。游客说娘子关大桥由钢梁结构与石头拱桥结合，具有中国特色。能与埃菲尔铁塔联系到一起的，是因为此桥当年由法国人修建，因埃菲尔铁塔与娘子关大铁桥两者均是由钢板组成、铆钉固定，无一处焊接痕迹，框架结构、建设方法、使用材料，均属同一设计思路和制造工艺。这是娘子关大铁桥被称为"躺着的埃菲尔铁塔"的原因所在。

传说这座铁桥与埃菲尔铁塔是同一个制造公司、同一个设计师。但是，埃菲尔铁塔完成于1889年，娘子关绵河大铁桥完成于1905年，二者相距16年。也有许多研究者考证，建造桥梁需要到实地考查，埃菲尔并未来过中国，从未在中国留下任何建筑作品。不过现在这座锈迹斑斑，钢铁大桥具有的年代感，再配以传说故事也变成了娘子关的一个特色景点了。

听着百年铁桥的故事往前行走，过了铁桥洞后走上了一条坑洼不平碎石铺就的坡道上，由于前面认真听着讲解，没有观察周围的景观，这一改道，我问起同伴："这是往哪走呢？"他说："娘子关啊。"这才抬头一看，在200多米远，约45度陡坡的山顶处，有座古城楼，规模并不是很大，蓝天白云映衬着翘角飞檐，安静地矗立在山顶之上。

坡路外侧悬空内侧依山，坡基就是岩层，路面全部用石头铺就，大小石块有方有圆，相衔掣肘缝隙无土。石头被岁月打磨得光滑锃亮，凹凸不平的路面上布满了大大小小的坑洞。为什么坚硬的石头铺就的山道，到了今天竟成了连游客都觉得难走的凹凸不平的马蹄坑路呢？这是因为娘子关是山西平定、阳泉一带通往河北的唯一路口，历史上商旅不断，每天从太阳升起到太阳落山，贩运货物的骆驼、毛驴就像流水似的通过娘子关。日久天长，留下了印记。光滑发亮的石头，是长年累月的过关人踩踏的结果。

据《中国长城志》记载的一个故事，娘子关道路狭窄，一次只能过一头牲口，骆驼过毛驴就不能过，毛驴过骆驼就过不去。据说，有个赶毛驴驮脚的，打早起来过关，他在关前解了个小手耽误了一会工夫，结果让一个骆驼帮赶在前头，这骆驼帮从上午过到下午，直到太阳落山都没有轮上赶毛驴的过关！如此繁荣的古道关口，不论脚下的石头来自何处，明代至今，它在关城的坡道上已然磨砺了千百年。

石滑，需小心前行，至一半坡路，山体断层上阴刻描红"山明水秀"，据说是闯王李自成所提。前方路边一块巨石上镌刻着"娘子关"字迹。前面游客纷纷在巨石打卡留念，我们也不脱俗，伴石拍照后继续前行。眼前的娘子关看得越来越真切。南城拱门之上长方石匾，阴刻横书"京畿藩屏"。再往上是等距的城楼垛口，一块蓝底金字匾额高悬在两层城楼之间，上书"天下第九关"。

游历长城以来，所见到的长城关口都在争天下第一，山海关称"天下第一关"，嘉峪关称"天下第一雄关"，连比较近的居庸关也称"天下第一雄关"，雁门关称"中华第一关"。争第一已经变成了国人的习惯。突然娘子关很低调地谦称为"天下第九关"，叫人感觉有点好奇。这"天下第九"是怎么来的呢？据当年人说，以前关楼是没有匾的。这块大匾只有30多年的历史，是1986年娘子关城楼修复时由娘子关中学的老师书写制作的。之后，因匾额材质不佳，1997年（即丁丑年）仲夏重新更换过一次。

娘子关长城

为什么自称了老九这个问题，有三种说法：一是明朝文学家、史学家，曾任山西按察使的王世贞写下的《娘子关》"飞泉中泻九关开"的诗句。二是在有人排列的长城十三关中，排列第九，故称第九关。我查了一下这十三关从东向西依次是：山海关、黄崖关、居庸关、紫荆关、倒马关、平型关、偏头关、雁门关、娘子关、杀虎口关、嘉峪关、阳关、玉门关。娘子关还真是排列在第九位的。三是因关城处于万里长城内边的"内三关长城"南端，有"万里长城第九关"之称。第三种说法我百思不得其解。

南城拱门之上长方石匾，阴刻横书"京畿藩屏"，应该是初建城楼时的作品。现存的关门为明嘉靖二十一年（1542年）所建，后在1986年翻修。"京畿藩屏"是一个比喻，用来形容一个地方在国防上的重要地位。"京畿"指的是京城周围地区，

"藩屏"则是指保卫或屏障的意思。因此,"京畿藩屏"可以理解为保护京城的屏障或者防线。娘子关之所以被称为"京畿藩屏",是因为它在地理位置上扼住了从山西中部进入北京的主要通道,具有非常重要的战略意义。

穿越城楼拱门,虽说只有十来米的距离,进门洞乍黑,给人一种压迫感。南门洞为石砌拱券顶,拱高约3米,门道宽约3米,进深约13米。出门洞乍亮,两侧石壁形成夹道,走在这里的感觉和刚才完全不同,瞬间多了几分安全感,回首看漫铺在地上的石块熠熠闪光,这就是历史的印痕纪年。

刚进城门,右城墙有向上的台阶通向一处庭院,院角一棵古槐枝权遒苒上面挂满祈福的红布条,一栋小戏台小巧玲珑,一座财神庙肃穆庄重。右看雕梁画栋的城楼就在眼前。这就是城门上的"宿将楼",石柱镌刻楹联"雄关百二谁为最,要路三千此并名",当年是为检阅士兵,瞭望敌情之用,也是当年聚将御敌之所。楼前视野极为开阔。四周的山水地形皆入眼底,青山绿水,映衬着周边的小村落,双手扶于城墙之上,还真有几分睥睨天下的豪情万丈。再仔细观察地形,山道夹峰,易守难攻,怪不得人们将其称为"三晋门户"。

转朱阁,走回廊,来到城楼主殿,楼柱楹联清晰在目:"楼头古戍楼边寨,城外青山城下河。"小庙之中,一位英姿飒爽的美女穿着一身戎装,披着红色斗篷威严的坐在中间,两边是两个红色戎装的卫士。这位美女就是平阳公主的塑像,娘子关的名称与她息息相关。平阳公主是唐高祖李渊的第三女,是开创"贞观之治"唐太宗李世民的胞姐,她的才识胆略一点不逊色于她的几个兄弟们。

相传这平阳公主武艺高强,能征善战。当年李渊在太原起兵反隋,平阳公主在陕西鄠县高举义旗,奋起响应,招兵买马,她的队伍发展到七万余人。后来,平阳公主率领精兵,与其弟李世民会师于渭北,参加了围攻京城之战。时人称平阳公主的军队为"娘子军"。后来,平阳公主率兵到这一带来驻守,因为她的军队是娘子军,所以这个关口也就叫"娘子关"了。

《长城传说故事》中记载了她"米汤退千军"的故事。据说,有一次敌人以十倍的兵力进犯娘子关,火急情报一个接一个,关上人心惶惶,可平阳公主却胸有成竹,稳如泰山。她命令关上百姓家家户户架起大铁锅,熬了无数锅小米汤,然后命令军士们把米汤从关上倒下去，关前的沟沟壑壑里米汤横流。敌军将领来到娘子关前，见关上旌旗招展，每面旗上都写着斗大的一个"李"字，知是平阳公主在此把守。再一看，只见沟里到处黄汤横溢。敌将领见此，马上传令后队变前队，退兵而去。将士们不解其故，来向平阳公主请教，平阳公主笑了笑说："敌人把米汤当成了马尿，他看见有这样多的马尿，以为我们这里埋伏着千军万马呢！"

李唐初期在攻克长安、平定关中的征战，以后在防范抵御各路诸侯征讨的艰苦岁月里，平阳公主就率领女兵镇守在娘子关。最终在与刘黑闼军队的交战中战死，她一生为唐王朝的建立立下了汗马功劳。史载，她是唐朝历史上第一位有谥号的公主，是唯一一位按照军礼、以军乐下葬的女将军。

## 娘子关（二）

2023年7月10日

　　无独有偶，娘子关名字的来历还有一种说法。因古代此地有妒女祠而得名。"妒"的释义是对才能、境遇、容貌等胜过自己的人心怀嫉恨。这个嫉妒成性的女子是谁呢？《元和郡县志》说是春秋时晋国介子推的妹妹介山氏。介子推割股奉君但不愿出山为官，烧死在绵山，后来有了寒食节，也就是现在清明节的前身。妒女感民寒食之苦，冬至后日积一薪，寒食日炽火自焚，民立妒女祠，今祠已废。明代顾祖禹在《读史方舆纪要》中说，凡"妇人服靓妆"经过妒女祠时，"必兴雷电"，大发嫉妒，故为妒女，娘子关因此得名。

　　如果说大家对这个妒女不熟悉，还有两个人是家喻户晓、众所周知的名人，他们就是现在古装电视剧经常出现的人物——武则天和狄仁杰。话说这女人妒嫉起来天不怕地怕，连皇帝来了都不怕的，当然前提是皇帝是个女的。在《中国长城志》里介绍承天镇和娘子关时，记载了唐武皇后见到妒女寺的传说故事："承天镇，（井陉）县西北六十里，即故承天寨也。南至故关二十里，西接山西平定州之苇泽关。一名娘子关，关盖以妒女祠而名。旧《经》云：承天镇有妒女祠，介山氏之庙也。唐武后幸河东，道出祠下，惧致风雹，欲别开道以避之。狄仁杰曰：'一人行幸，风伯清尘，雨师洒道，何妒女之避？'遂止其役，驻跸祠下，风停雨息。镇有关，俗因谓之娘子关。"可见，这个连武则天都害怕的妒女在不信邪的狄仁杰面前，也收起了妒嫉的表现。

一个关名与一个神女、一个皇后、一个公主渊源不断，其文化内涵之深厚是哪个长城关口可比拟的呢？虽然他们只是传说，都没有史据可查，但其深厚文化给娘子关披上了神秘的传奇色彩，使得娘子关威名远扬。从史书上来看，娘子关之名，最早见于金人元好问《游承天悬泉》诗，该诗有"娘子关头更奇崛"之句。乾隆二十九年（1764年）编修的《大清一统志》是首次收入娘子关这一名称的官修文献。

出了城楼，开始攀登长城，抬头所望，但其陡立的程度还是令人生畏，整个台阶的坡度恐有六七十度。幸好现在已经安上了栏杆和把手。长城不宽，感觉只有2米宽度，起伏于山巅，贴山内侧是矮墙马道，悬高外侧是高墙壁立，爬一里左右的路，仰望长城边有一黑色的石碑，像宝剑一样刺向天空。走近一看黑色花岗石贴面，七个阴刻金色大字"革命烈士纪念碑"，碑的后面铭刻着娘子关村在革命战争中光荣牺牲的一百多位烈士的英名。

这个纪念碑虽然是为纪念娘子关村的烈士而立的，但是娘子关见证了中华儿女面对侵略者不屈不挠、浴血奋战、捍卫祖国的伟大壮举。在近代娘子关抗击外敌的战斗中，有三大战役最为显著。

娘子关

一是抗击八国联军的"娘子关战役"。《中国长城志·军事》篇里是这样记载的：八国联军占领北京后，继续兵分三路向山西进攻。参加南路进攻的军队有德军4000余名、英军3000余名、法军3000余名，另有意、奥军500余名，总兵力1万余人。4月22日，刘光才奉命撤固关外诸营官兵，退入娘子关内，同时密布嫡系部队于娘子关上，并暗令炮台守将留防。是日夜间，德法联军分道进攻，刘光才部开炮轰击，打死侵略军千余人。夜半昏黑，德法两军内部混战，误伤不少，侵略军被迫退至井陉。

从1900年11月到1901年4月，长达半年的时间里，八国联军不但出动了上万人的军队，动用了所有重力火炮，甚至还使用了过去只有清军才用的"人海战"和"车轮战"，但是依然没能突破娘子关防线，也第一次出现几十倍、甚至几百倍于清军的伤亡，法军阵亡400多人，而德国主力阵亡的数字竟然超过了1300人。虽然最后娘子关防线被破。其主要原因不是中国军队没有保家卫国的决心和能力，而是腐败的清政府和卖国的投降派造成的结果。

二是抗日战争中的"娘子关战役"。《中国长城志·大事记》中726页记载娘子关战役：

娘子关东城楼匾额

民国二十六年（1937）十月十日石家庄失陷。日本侵略军调兵向西进攻晋东门户娘子关。

十二日，正太线上井陉失守，日本侵略军进犯娘子关。

十四日，娘子关战役开始。

十五日，八路军一二〇师及骑兵第二师各一部，先后开进阳方口。八路军一支队克复涞源后，开进紫荆关。

是日，日本侵略军一部五六百名侵入阳关，另一部侵入关沟。国民党军第二十七师及第三军敢死队出击，将关沟、旧关日本侵略军消灭。

十六日，国民党军在娘子关方面发动总攻，肃清关沟残余日本侵略军，但未能收复王家岭高地及旧关。

是日，包头失陷。

十七日，娘子关、旧关附近日本侵略军大举进攻，国民党军与日本侵略军肉搏战 10 余次，双方伤亡惨重。

十九日，八路军一二九师三八五旅七六九团在团长陈锡联带领下，袭代县阳明堡日本侵略军机场，歼灭日本侵略军 100 余人，炸毁日机 24 架，史称"阳明堡大捷"。

二十一日，日本侵略军增援娘子关一线，以步、炮、空联合向国民党军守军全线进攻。

二十二日，井陉日本侵略军增援七八个连队，另有伪满军第三十七师团及其他部队，娘子关国民党军阵地被突破。

二十六日，娘子关失陷，娘子关战役结束。

从 10 月 11 日日军攻占井陉始到 11 月 2 日攻陷寿阳城，娘子关战役历时 22 日，中国军队虽顽强抵抗，但仍无法挽回败局。此战役中，国共两党抗日军队共死伤 2.7 万多人。娘子关战役作为抗战初期国共合作的重要战役，虽然没有抵挡住日军西进的步伐，但是中国军队在正太路沿线表现异常勇敢，以血肉之躯拖延增援日军，阻滞了日军西犯进程，也在一定程度上打破了日军"一个月拿下山西"的企图。

三是共产党领导的八路军进行的"百团大战"。在《中国长城志·大事记》中 736 页记载了"百团大战"：

民国二十九年（1940年）八月二十日，八路军发动"百团大战"。是日，八路军聂荣臻部郭天明支队一部进攻正太线之娘子关，克附近日本侵略军碉堡数处，炸毁火车2列，车厢40余节，并击溃娘子关西磨河滩之援敌，残敌300余退守堡垒、地道内。郭天明部火力强攻，战至二十一日，全歼守敌，占领娘子关，炸毁磨河滩铁桥。是役，毙敌400余名，俘掳10名。

二十二日，八路军杨成武部向正太线井陉至娘子关段及井陉以北各日本侵略军据点发动进攻，克乏驴岭、北峪、地都等据点，歼敌200余名。乏驴岭至地都段铁路及桥梁、碉堡均被破坏，并完全占领井陉煤矿，歼灭日本侵略军100余名，解放矿工2.3万余人，炸毁全部矿井机器。

"百团大战"是全面抗战以来八路军在华北主动出击日军的一次最大规模的战役，它打出了敌后抗日军民的声威，振奋了全国人民争取抗战胜利的信心，在战略上有力地支持了国民党正面战场。"百团大战"的胜利，沉重打击了日寇的嚣张气焰，鼓舞了中国人民的抗战斗志，在我国抗日战争史上写下了光辉的一页，在国际上也产生了巨大的影响。

# 娘子关（三）

2023 年 7 月 10 日

娘子关东门城楼

瞻仰完烈士纪念碑后，此段长城已经到顶。纪念碑院的后面有条下山的小路，沿着长城的边墙，进入了古城东城门前的一个小广场。门楼雄伟坚固，门洞上方镌刻"直隶娘子关"五个字。上有平台城堡，似为检阅兵士和瞭望敌情之用。有意思的是"直隶"两个字很小，似乎在设计门匾时没有考虑，后来用硬笔加上去的。上下落款也模糊不清。幸好《中国长城志·遗址遗存》篇中有记载：娘子关东、南两垣各设有一门。东门为砖砌拱券顶，拱外侧高约3米，内侧高约4米，门道宽约3米，进深约13米。门额上书"直隶""娘子关"两行五字，上款题"钦依固关等处地方都司署指挥□□何启龙立"，下款署"娘子关守口官加衔守备傅左书"。

"直隶"最原始的含义是直接隶属，指的是一级行政区划直接隶属于中央政府。娘子关作为"京畿藩屏"，直接隶属京城管辖，不论是要保障山西，还是要保障河北的安全，娘子关都起着重要作用，可见它的战略地位的重要性。《中国长城志》记载："明嘉靖二十年，设井陉兵备道，统领固关、娘子关守军；二十一年，娘子关设百户1名。清代加强了娘子关、固关一线的防守。清顺治三年（1646年），真定镇设固关营，并分兵把守娘子关。娘子关设把总驻守。"

井陉，自古以来就是山西高原与华北平原来往的交通要道，兵家必争之战略要冲，早在先秦之时，便已是闻名海内的天下九塞第六塞。"太行八陉第五陉"，在我国古代史上影响深远。

井陉古道穿越崇山峻岭，沿途地形复杂，尤其以平定到天长镇之间最为艰险。李左车说，车不得方轨、骑不得成列，即指此段古道为井陉道的咽喉。秦汉时期，秦始皇东行死亡，赵高等将其尸首运回咸阳，即走此关。明清时期，井陉南道又复为主干道，明代时以旧关城墙不够坚固，便又修建新关，取固若金汤之意，取名固关。隋唐五代和宋代时，井陉北道为主干道；北魏时期，在温河与桃河汇合处，设置关隘董卓垒，也叫苇泽关；唐代时，据传李世民胞姐平阳公主曾经在此驻守，故改名娘子关，安史之乱中，唐帝国常由此关出井陉，进攻常山（今石家庄）叛军。从此，娘子关声名鹊起。北宋初，赵匡胤亦经此关征伐河东。井陉南北两道汇合于天长镇，进入平坦的井陉盆地，因此天长镇为要冲之地，唐曾设天长军于此。并屯驻重兵，后晋改为天威军，其素有燕晋通衢之称，由天长镇顺治河而下，即到今井陉县城微水镇，再往东过白皮关，便到了井陉东出口，称为井陉口，亦称土门口，古代设置关隘称为土门关。历来为兵家必争之地，当年韩信在此背水一战，以少胜多，大破赵军，留下千古传奇。在漫长的历史长河中，井陉古道见证了无数英雄豪杰的崛起与衰落。

娘子关坐落在桃河瀑布峡谷和高山之间的井陉西口要隘上,地势险要,与山下的井陉关遥相呼应,控制着这条晋冀通道咽喉。控制井陉驿道也就意味着切断了从华北向西北或者由西北进入华北地区的最短通道,所以其军事战略位置非常重要。也是由于井陉作为军事要道而存在,因而此地战火一直不断。

　　了解了娘子关与"太行八陉"的关系与井陉古道的作用,和土门关、固关的位置,就知道了娘子关与险径相连更是险上加险。穿过东门城楼进入关城,现存内城为长方形制。城内有关帝庙、真武阁等古建筑。内城只有一条主要街道,明清原貌,街道青石铺装。街道两侧是四合院形制的民宅,外墙有砖雕和"朱子家训"。感觉出古城居民"崇文尚武"的优秀传统。

　　现居民多为明清军户后裔。走在街上,见一大爷坐椅乘凉,交流之中得知他现年80多岁,是清军户后裔。他的爷爷是把总,是从唐山调过来的,住娘子关有100多年了。他家的青石基础达地面以上三尺左右,上由青砖或立砖或平置砌墙,青石一贯到顶,大白勾缝,灰瓦出沿。他家的大门有十分精美的砖雕,看得出以前是个大户人家。老人很是健谈,我们相谈十分愉悦,走时合影留念。

　　城楼的跨院关帝庙院内墙上嵌有一方碣石,为

娘子关"宿将楼"

明崇祯七年（1634年）平定州营中军千总官统领军匠修筑娘子关砖城的碑记。内容是："崇祯七年，分奉文拨定州营中军千总官二员、统领军匠二百名，修筑娘子关二等砖城二十八丈七尺。除正工之外，□指修工二十一丈三尺，于本年五月二十五日修完讫。钦差定州游击将军都指挥李□，钦依守备、管定州营中军事署指挥佥事刘嘉胤，关授守备、管定州营后部千户事张尚敬，管工百总王，泥水匠头陈，石匠头王。"

碑记中提到"修筑娘子关二等砖城二十八丈七尺"。这二等砖城墙又是一个长城的知识点。明代蓟镇边墙的修建是根据防御的重要性、地形及条件把长城分为三等。

一等边墙，多修于要塞部位，以方整条石为基座，墙身两侧用砖或条石砌筑，墙心填以灰土毛石，上面的垛口和女墙一律用砖砌成，顶部以砖铺墁，供人马行走。平均高7～8米，基宽6～7米，顶宽5～6米。该类城墙极为坚固。因两边设垛墙，即使局部被攻破，长城守军不至于腹背受敌。故一等边墙多设于要塞，如慕田峪长城、居庸关长城，蓟镇也比较常见。

二等边墙，墙身外侧用砖或条石砌筑，或为合筑。尺寸较一等边墙小。内侧用毛石，墙面为虎皮石，白灰勾缝，垛口及宇墙全部用砖砌筑，墙顶也用砖墁地。不同于一等边墙，有的外砖内石，有的不修内墙，有的为砖帽石墙，甚至内外都是虎皮石墙，仅垛口用砖砌筑。这种城墙在边墙中极为常见，长城碑刻提及较多。从我登上娘子关长城的第一视觉就感觉这里的长城比较窄，现在明白了它是按二等边墙修建的。

三等边墙，一般用毛石砌筑，多修筑于山峰较险处或险要山脊。明嘉靖二十九年（1550年）的《提督副都御史何栋修举边防疏略》称："边墙规格高一丈五尺，共高二丈，根脚一丈，收顶九尺。"说的就是三等边墙。这类边墙皆为石砌，墙体窄小、多为单边，在蓟镇边墙存世最多。虽有定制，但因地形险恶，墙体厚高，规格因地而异，不尽相同。

作为"京畿藩屏"，娘子关在历史上起到了重要的屏障作用，如今早已是古人留给我们的宝贵文化遗产。古往今来，不知有多少文人墨客纷至沓来，留下了许多脍炙人口的诗篇。著名的古诗词有王租庚的《娘子关》、陶易的《娘子关》。现代的抗战文学作品有段景礼的《风雪娘子关》，书写了赵寿山将军率师娘子关抗击日寇的史实。周立波的《娘子关前》是长城报告文学的经典之作，作品描写娘子关周边的抗战史实。当然名气比较大的还是郭沫若《过娘子关》："娘子关头悬瀑布，飞腾入谷化潜龙。茫茫大野银锄阵，叠叠崇山铁轨通。回顾陡惊溶碧玉，倒流将见吸长虹。坡地二十六万亩，跨过长江待望中。"

## "太行一号旅游公路"上的长城

2023 年 7 月 10 日

众所周知,山西修建了三个"一号旅游公路",它们是黄河、长城、太行。作为一个长城爱好者,走的最多的是长城一号旅游公路,它伴我从西到东几乎走遍了山西长城。也有幸游览过一次黄河一号旅游公路。因衷情于长城文化,一直没有时间体验太行一号旅游公路的美景。现在从娘子关出来行驶向固关的时候,无意中进

龙鼎湖

入了太行一号旅游公路（平定县娘子关到固关9公里的长城路段）。

这段蜿蜒曲折的公路，处在巍巍太行山腹地，一侧高山立壁，另一侧水流深沟，头顶有鸟鸣，迎面吹来山谷的风。远处连绵青山起伏，近处阳光从林间穿过，放慢车速仔细体会那种惬意的驾驶感，真正诠释了"车在路上行、人在画中游"的享受，心情是雀跃的。

行进途中，突然发现道路两旁的护坡绘有长城的"元素"，有一种置身在长城一号路上的感觉。大家知道，太行一号旅游公路是以太行山的自然风光和地方文化为主题的旅游线路，怎么冒出了长城的元素呢？当我们到达关岭坡上的龙鼎湖观景平台上向下瞭望时，山峦上草木茂盛、绿色葱翠，在一面光滑陡峭的山坡上有三个巨大的红字"登长城"。在花团锦簇般的山坳中，五彩蜿蜒的曲线——太行一号公路盘绕着湖泊、圆形长廊及广场。长城像条巨龙蜿蜒盘旋，伸向山顶的烽火台。这里的长城在漫山遍野的赤、橙、黄、绿、青、蓝、紫之间，绘成一幅绝美的天然画卷。

这是一段太行山和长城相互交融集中的典型路段。史书上记载了这段长城。据《史记·赵世家》记载："赵成侯六年，中山筑长城。"西周末年，王权日衰，列国纷竞，诸侯扰攘，控关守土，割据封疆，中国进入了群雄争霸的春秋战国时期。各诸侯国之间相互讨伐兼并，战事不断。为了抵御外敌入侵，各国多在险要地段修筑长城。最早修筑长城的是齐、楚、魏、燕、赵、中山等国。

中山国修筑的长城，地理位置便在中山国的西南部和赵国的交界处，著名方志学家张佩芳在《平定州志》中就有过这样的论述："长城历代有之，今固关、娘子关山下为长垣，随山屈曲，残堞犹存，疑即古长城也。"追溯历史渊源，娘子关、固关一线的长城起源于春秋战国时的中山长城，距今已有2300余年的历史，比秦始皇统一六国后修建的万里长城还要早155年。

现存长城遗址遗迹大部分是明代长城的遗存。据明王士翘主编的《西关志》等文献记载，境内现存古长城即为内长城，其原址疑是多在中山长城和北齐长城基础上修缮和加固加长。这段长城因在高山深谷，峰锐坡陡处，以前很难看到，现在由于太行一号旅游公路的畅通，给游客在观赏峡谷风光的同时还能欣赏古长城的风采，形成优势资源相互结合，也算是当地政府的一个创新之举。

这段长城有一特色，它是我国少有的南北走向的长城。它绵延20余公里，将井陉古道西口的两大名关（娘子关、固关）连接起来，此长城在修筑时吸收了2000多年来各代修筑长城的建造特点，并经过多次改进和创新，筑成了烽堠相望、敌台林立、用险制塞、纵深梯次、点线结合、互为依托的巨大军事防御体系。既是防御前线的阵地，也是发动反击的前进基地；既是军事设施，又是商务关口，有效地拱卫了京师。这段明代长城，极富特点，是精华汇集的地段。

这段长城还有一特色，它是国内保留较完整的现存唯一可考的石砌内长城。特别是娘子关镇嘉峪沟至固关经岭后底，全长13公里，城墙宽2米，高3～4米，全部依山势而建，用石头砌筑。在墙体的重要制高点上分别建有炮台、烽火台、哨台等。现有炮台、墩台11座，烽火台2座，哨台1座，药楼1座，敌楼3座。在旧时的晋冀之间构成了一条严密的军事防线。著名长城专家罗哲文称之"有小八达岭之风韵"。

长城是民族精神的象征、是爱国主义的丰碑。娘子关、固关长城在抗日战争时期，成了保卫华北、保卫中国、打击日寇的重要战场。在龙鼎湖观景台上，我们通过抗日战争中八路军在长城内外打击日寇的展示牌了解了一二九师抗日的英雄事迹。

一、百团大战。1940年8月20日，为粉碎日军的"铁路为柱，公路为链，碉堡为锁"的"囚笼政策"，八路军以115个团，40万兵力，共数10万民兵开始向以正太路为轴心的华北敌后交通线发动大规模破袭战，即"百团大战"。20日、23日，我八路军两次将红旗插上要隘娘子关头。

二、血战磨河滩。1940年8月20日，"百团大战"爆发。20日夜，日军逃到娘子关车站磨河滩不足40米的地方负隅顽抗。我军晋察冀第四分区五团一连在连长邓仕均的带领下，利用磨河滩村的街巷与日军激战，时值暴雨水涨，我军打退日军多次进攻，最后，全连仅剩17人，被晋察冀军区授予"血战磨河滩钢铁连"称号。2015年在纪念抗日战争胜利70周年的阅兵式上，"血战磨河滩钢铁连"在天安门广场上受到检阅。

三、柏木井伏击战。1938年3月24日，八路军一二九师方乃贵支队，在平定至井陉公路上的柏木井袭击日军，毙伤日军50人，缴获步枪、冲锋枪、骡马等物

关岭坡上的长城

资甚众。

四、长生口伏击战。1938年2月，为配合国民党第二战区反攻太原并牵制打击向晋南进攻的日军，八路军总部命一二九师袭击正太铁路重要据点旧关和娘子关。22日拂晓，八路军七六九团一部袭击旧关据点，赶来增援的日军在长生口核桃园遭我伏击部队的袭击，我八路军取得长生口伏击战胜利。

五、夜袭冶西伪警察局。1937年12月27日，一二九师三八五旅七六九团十一连在当地群众的协助下，夜袭平（定）西县冶西镇伪警察局，一枪未放，生擒伪警察局15人，并把伪警察局抢来的物资返还给当地群众，将引起极大民愤的汉奸就地枪决，极大地振奋了抗日根据地人民的抗日斗志。

六、粉碎日军六路进攻。1937年12月22日，日军20师团步兵2000人、骑兵一个连在3架飞机的配合下，从太原、榆次、寿阳、阳泉、平定、昔阳六个方向向正在破击正太路寿阳至阳泉的一二九师七七二团围攻，一二九师以陈赓率领的七七二团在内线作战，陈锡联七六九团、汪支队、秦赖支队在外线作战，使敌腹部受敌。26日，迫使日军撤退，取得了粉碎日军六路围攻的胜利。

七、七亘大捷。1937年10月24日，刘伯承率一二九师三八六旅倒袭支援娘子关。25日，刘师长亲临七亘察看地形，决定以少数兵力正面牵制敌人。26日拂晓，

*八路军抗日先锋雕塑*

三八六旅七七二团副团长王近山率 3 营设伏七亘村东西两侧高山伏击日军获胜。28 日，刘师长抓住日军迷信"兵无常胜"之弱点，又在七亘村西设伏获胜。

八、八路军一二九师驰援娘子关。1937 年 10 月 16 日，为解娘子关战事之急，刘伯承师长率八路军一二九师到达平定执行侧击日军驰援娘子关的任务。

这些在长城脚下开展的惊天地、泣鬼神的伟大胜利，使娘子关到固关的长城成了中国人民心中的爱国主义精神丰碑，本地政府在探源长城文化、传播中华文明的方面强化"长城＋红色文化"深度融合，开展了"登长城、游太行、读平定"活动，使长城精神更加发扬光大。

## 固关长城（一）

2023 年 7 月 10 日

　　在山西的太行山里，娘子关大名鼎鼎。而距娘子关北 9 公里处还有一座与娘子关同样重要的关口鲜为人知，它就是固关。它与娘子关一样是扼守太行山井陉古道的重要关口，它与娘子关唇齿相依，形成困厄太行八陉之一的井陉的军事要塞，自古以来就是兵家必争之地。它虽然没被列入长城十三关（山海关、黄崖关、居庸关、

固关长城

紫荆关、倒马关、平型关、偏头关、雁门关、娘子关、杀虎口关、嘉峪关、阳关、玉门关），但它与长城内三关（居庸关、倒马关、紫荆关）并列称为"明朝京西四大名关"之一。

从娘子关出来向南，进入山西太行一号旅游公路6公里左右观赏了关岭坡上的龙鼎湖长城。再行约7公里看到一道长城从公路上横架而过，长城桥上有"固关"二字。穿过长城，顶部又是一座高架公路桥，从高架公路桥下绕道进入了固关风景区的停车场。

刚一下车，看到停车场外面一排房子，似乎都很没落，陈旧没有生机，似乎有几家商铺，也看不出有营业的迹象，寂静得不像是旅游景点。这里只有我们一辆车，与我们刚游览过的娘子关的喧闹有着天然的差别。郁闷之际，走向河边，哇塞！这峡谷的景色惊艳了我，只见一道悬崖绝壁耸立在面前，崖壁前一条蓝色的河流绕山而流，在涞水的尽头，崖壁上方是古老的长城，长城敌台傲立在千年悬柏、参天古木的翠绿之中。在弯曲的城墙怀抱中，隐现紫红的院墙，青灰色的殿脊层层向上，再看下面崖壁上四个圆形大字"阿弥陀佛"，估计应该是个古刹。收回远眺，转向正前方，悬崖峭壁上刻有两个红色大字"固关"。字的右下方，有一汉白玉小拱桥跨河通向一个威严壮观的关门。

关门洞为石砌拱券顶，拱外侧高约2.4米、内侧高约4米，门道外侧宽约2米、内侧宽约2.5米，进深约6.8米。门额"固关"二字为明代进士王士翘所书，遒劲的笔力经岁月的淬炼，尤显沧桑。门洞古老，墙面为灰白色大小不一的陈旧砖石与门洞上青色新砖砌的城楼垛口墙色差明显。面阔3间的重檐歇山顶的城楼一看就是现代所建。城楼上不知为了什么庆典还拉了几条零星的彩旗条。城门用铁板钉裹，在古代它是晨昏启闭，均有戍卫。这道关门就是古人所云"一夫当关，万夫莫开"。还有一个更响亮的称呼是"神京天险门户"。

最震撼心灵的是，伸向关门的路全部由青石铺砌，厚厚的石板，让人踩得发亮，石板有深深的车辙印，最深处可达半尺多。要知道，古代的车轮都是木制的啊！这是经过了多少年的时光和多么繁华的车马穿梭才能在坚硬的青石路上形成如此深深、如此清晰、如此让人感慨的印迹呢？

在城门右侧的一块石碑上找到了答案。石碑上雕刻着长城专家罗哲文先生对中山长城的简介。罗哲文（1924—2012年），男，四川宜宾人，中共党员，中国古建筑学家，国家文物局古建筑专家组组长，原中国文物研究所所长。据罗先生考证，固关长城始建于公元前369年，比秦始皇统一六国后修建的万里长城还早155年。虽然现存遗迹多为明代建筑，但从始建年算起，它已有2300多年的历史，即使关楼从明代算起，也有500多年的历史。这在国内很是少见。罗哲文称之"有小八达岭之风韵"。望着眼前这一道道深深的车辙痕印，可以遥想当时固关车马穿梭的繁华景象。

在城门右侧的石墙上还镶嵌着一块手书碑刻。碑刻在石壁上，下面青砖砌台，建一两柱檐顶遮盖。碑文白底红字，起行为：壬戌仲春，内容为七言律诗："行行复过井陉口，白发皤皤非旧颜。回首粤川多壮志，劳心闽楚少于闲。钦承帝命巡畿辅，新沐皇恩出固关。四十年前经熟路，于今一别到三山。"落款：于山老人。

壬戌仲春是题诗的时间，即康熙二十一年（1682年）。于山老人是谁呢？是清朝大臣于成龙（1617—1684年），字北溟，号于山，山西永宁州（今吕梁市方山县）人。晚年自号于山老人。这诗是当年因于成龙母亲病逝，他回家为母亲办理丧事没多久，接到皇帝新的命令到南京赴任两江总督，辞乡赴任，心潮难平，路过固定关时有感而书。可能因为于成龙的名气太大，对固关长城具有宣传意义吧！在碑刻前面的空地上，又立了于成龙的塑像，下面为于成龙赋诗出固关的简介。

在与固关有联系的文化名人中，我还是感觉给固关瓮城上题字的明代进士王士翘值得一提。他编纂了具有历史文献价值的《西关志》。王士翘（字民瞻）系江西安福人，明嘉靖十七年（1538年）进士，曾任直隶监察御史、右副都御史、太仆大理少卿、总理河道右佥都御史、总督南京粮储等。嘉靖二十六年（1547年），出任巡按西关御史，巡察居庸、紫荆、倒马、固关四关。因巡按御史"巡历一年，满日复命，造册画图，贴说进呈"，所以，在任期间，他广集资料，悉心巡察，最后编纂出了这部记述长城重要关塞的方志书——《西关志》。其中有关固关部分凡七卷，近6万字，详细记载了固关的沿革、疆域、形胜、星野、山川、关隘及域地等。

像王士翘这样把一个调研报告写成历史文献的官员，也是一位对固关长城极有

固关城楼

情怀的诗人。他曾赋诗《桂枝香·关行》："关行三月，正跋履山溪，冲冒炎热。想倒马龙泉，崇岗绝壁，直比居庸、连紫荆，欲据守，好凭兵力。井陉旧道固关，新城车骑难列。论险阻，备尝毕闷。每登高眺远，清兴遗发。竣事归来，揽辔徐行，花色几番时雨回枯槁，焰火旗尽消灭。遥望青山，如天上芙蓉，云中剑戟。"（选自王士翘《西关志》）

在这片固关城门前的文化小场地的西侧，还有一个文化大院《百家碑》，准备踏入参观。同行买票的朋友说，此关名不见经传，来时也没做功课，对古迹不甚了解。这里有导游也不贵，30元，问我是否请一位。我看还没进关门就看到如此众多深厚的文化，没有导游确实在短时间内难以对固关文化深入了解，况且自探访娘子关以来，我对一直对井陉古道上的娘子关、新关、固关、土门关的关系不甚明了，请个导游也可以搞清楚。就请一个30来岁的导游过来，她先把门前关名、碑文、碑刻、雕像等介绍一番后，说回来再欣赏"百家碑"，说罢，便领我们踏关门进入瓮城。

进了瓮城，高墙深院，似乎踏入监狱（说明：我没有作奸犯科之事，在干部反腐教育活动中进去参观过）。两侧是高耸的城墙遮天蔽日，心情有一种压抑的收缩的感觉。这瓮城其实就是一个两侧高墙下走道，由西南至东北弯曲，呈月牙形，因为弯曲，进来后不能一眼看到前面的关门，虽然长约50米，给人感觉显得阴森幽长。我们走过长城的许多瓮城，有方形的、半圆形的，但这种圆弧形的通道实属少见。人走在这里，感觉自己若是攻城的敌人，城门关闭，上面将士居高临下，用滚石、檑木、弓箭攻打，你连个躲避的空间都没有，别说还手，只有等死。

瓮城中还一大特色就是古"驿道"，此关作为古时山西进京的唯一交通要道，路面的大石块系门道原物，青石板铺就的官道，经过长年累月木轮马车的碾压，形成了深深的车辙印。它与娘子关的坡前有明显的不同，娘子关南门坡前古道是马蹄坑、驼蹄坑和磨得光亮的石头路。这说明，能通车的古道便于大军行驶，隘口地理位置更重要。当然，能通车的古道更方便商业往来、文化人员的交流。和平时期这里是收税的关口，在瓮城这窄窄的走道中间，现代人装饰了一个仿古拉人的木轮车和赶车的人，重现当时固关车马穿梭的繁华情形。朋友们一时兴起，坐在车辕上拍照留念。

## 固关长城（二）

2023 年 7 月 10 日

　　登临城门关楼，固关关楼为重檐歇山顶，巍峨玲珑，关楼上悬挂匾额"锁燕蔽赵"。顾名思义，关口既是锁住进入燕国的通道，保护燕国不受侵犯，又蔽护赵国的安全。能起到如此重要作用的关口，要从固关的地理位置说起。《中国长城志》在介绍固关时记载："故关新城（即固关），东至井陉县四十里，西至平定州八十里，南至泉水头口六十里，北至娘子关二十里，东北至京师八百里。"按现在的定位是"固关长城位于山西省阳泉市平定县城东35公里处，距山西与河北交界处只有2公里，属山西的东大门，东距离石家庄65公里，西距离阳泉50公里。太旧高速公路、307国道双线交汇，都从此处经过，交通十分便利，隶属山西省阳泉市平定县娘子关镇新关村"。在古代，河北为燕赵之地，固关距山西与河北交界处只有2公里，所以就能"锁燕蔽赵"了。

　　问题来了，我们刚刚探访过娘子关，固关与娘子关一样是扼守太行山井陉古道的重要关口，它与娘子关长城唇齿相依，形成困厄"太行八陉"之一的井陉的军事要塞。这里一下了出现"太行八陉"、井陉，以及扼守井陉古道上原有的天长镇、旧关、土门关，整得我脑子有些乱了。对这些关的关系难以明了，就对固关的战略位置没有深刻的认识和理解。询问小导游，不知是她表达能力有限还是本身也不太明了，被我问得有些局促。长辈是不能为难晚辈的。我回来后，查资料，看地图，下了点功夫把这个问题算是捋顺了一些。

要想把这么多关口地理位置和关系搞清楚，咱们必须先了解"太行八陉"和井陉古道。太行，即横立在山西与华北平原的太行山，陉（xíng），山脉中间断开的地方。所谓的"太行八陉"，主要是沟通山西高原和河北平原的八条交通要道，因其横穿太行山脉而得名。它们自南向北分别是：轵关陉、太行陉、白陉、滏口陉、井陉、飞狐陉、蒲阴陉和军都陉。

　　井陉，是"太行八陉之第五陉"，被称为"天下九塞之第六塞"。在八陉中，仅井陉和轵关陉是贯穿太行山、连接华北平原与汾河盆地的陉道。还有一条更是重要，中国现代地质学的先驱丁文江先生认为："太行山的路没有哪条有井陉重要，因为它是太行山里唯一可走大车的路。"

　　井陉古道实际上是由南北二道组成。是个丫字形通道。井陉南道自平定出发，经由石门关、柏井镇、固关、旧关、天长镇、微水镇、白皮关、土门关直至镇定。井陉北道，自阳泉出发，往东顺桃河河谷而下，经娘子关、接绵河河谷而至天长镇，与南道并线。天长镇是丫字的交汇地。也就是说固关扼守着井陉古道的南路天险，娘子关扼守着井陉古道的北路天险。娘子关和固关，二者一北一南互为掎角，共同

固关长城敌台

扼守着井陉西口，守护着山西的东大门。

秦汉时期，井陉南道为太原东出的主干道，在此古道中设有井陉关，因此，井陉旧关又称旧关。这条古道因两个历史事件而名扬四海。一是秦始皇腐尸过井陉。秦始皇帝三十七年（前210年），秦始皇第五次出巡，病逝于沙丘平台（今河北巨鹿东南）。少子胡亥、丞相李斯和中车府令赵高等随从将秦始皇尸体安放在辒辌车中，秘而不宣。时值七月盛夏，巡游车马入井陉古道，为了蒙蔽下属及过往各地百姓，赵高等人以鲍鱼之臭乱腐尸之臭。后经太原、雁门抵九原回咸阳。

二是《资治通鉴》记载，当年刘邦派韩信攻打赵国就走此道，成就了韩信"背水一战"的威名。广武君李左车说此道"车不得方轨，骑不得成列"。李左车是李牧的孙子。"智者千虑，必有一失；愚者千虑，必有一得"就出自李左车之口。将门无犬子，"战国四大名将"之一的李牧孙子的一句话，成为了描述太行八陉复杂地形的代名词。可惜的是，再有才识的谋士遇上昏君也只能做俘虏。

天长镇是井陉南北两道汇合地，处于平坦的井陉盆地，因此天长镇为要冲之地，唐曾设天长军于此（娘子关历史有此记载）。后晋时改为天威军。天长镇素有燕晋通衢之称。

土门关，称为井陉口，亦称土门口，由天长镇顺冶河而下，即到今井陉县城微水镇，再往东过白皮关，便到了井陉东出口。这里就是韩信背水一战的地方。现在人们把娘子关、

固关城门

固关称为井陉古道西口，把土门关称为井陉古道东口。

旧关和固关的关系：明清时期，井陉南道又复为主干道，明正统年间（1436—1450年），关城初修于平定旧关村，命名"故关"。百年后的嘉靖年间（1522—1567年），因蒙古虏寇屡犯，故关"险要不足"，嘉靖皇帝下诏西迁10里移关设城，正定直隶巡抚征用八县民工两千多人修筑，改"故关"为"固关"，取"固若金汤"之意。当地人流传着这样的一句顺口溜"固关没有故关古，故关没有固关固"。告诉我们固关是新关、旧关是故关。这两个关口，有着不可断裂的历史渊源。如果不了解关城变迁的历史，是无法理解这其中含义的。

同行朋友当时问道，固关与娘子关也就20里的距离，娘子关的名气要比固关大得多呀。"京西四大名关"怎么没把娘子关列了进去呢？

所谓的"京西四大名关"，它们坐落在太行八陉的后四陉上，著名的"天下第一雄关"居庸关坐落在"太行八陉"的第八陉军都陉上，紫荆关坐落在"太行八陉"之第七陉蒲阴陉上，倒马关坐落在"太行八陉"之第六陉飞狐陉上，固关和娘子关坐落在"太行八陉"之第五陉井陉上。也就是说这四大关口同为"京畿藩屏"，共同扼住了从山西中部进入北京的主要通道，成为保护京城的屏障或者防线。

明清时期，井陉南道又复为主干道，坐落在井陉南道上的固关就成了极冲之地。嘉靖年间，常受蒙古虏寇屡犯。《中国长城志·军事》篇卷28正定府二关隘中记载："固关在井陉县西南四十里，接山西平定州界。旧曰故关，自山西道出井陉，此为控扼之要，自昔置关于此。明正统二年修筑关城，分兵防戍，正德九年设管关通判，嘉靖二十二年更营新城，增设兵备副使，二十三年设参将，益兵防御。所辖关口，凡三十有六。"《中国长城志·文献》记载："固关营嘉靖二十一年设，把总官一员，领巡捕官一员，额兵四百九十七名。固关营盔甲五百一十一副，兵器九千九百九十二件，火器四千件。"娘子关在所辖三十六关口之内。

到清朝，顺治初设守备戍守，康熙三十七年（1698年）改设参将。

在明清两代，固关所辖8个口隘，包括南黑山、恶石口、黄安岭、十八盘、达滴崖、娘子关、黄沙岭和本关的守口。由于井陉主干道的变化，唐宋时期著名的娘子关已经下降到固关下辖的关口了，所以在明朝排列"京西四大名关"时，把固关列了进去。

移步阁楼旁边的长城走道上，这段长城直接跨在公路上，公路把固关长城分为南北两截。这里长城的垛口上支着五座大炮。炮身斑驳陆离，上面的刻字依稀可见。导游说："只有这五门是明代遗留下的，其他的全是建设景区时仿制的。绝大多数明代火炮，在大炼钢铁时被毁掉了。"我趴着支大炮的垛口上往下一看，大炮口直对着下方的公路，那也应该是原来的古道吧！

再往前行走，在一敌台前，耸立着威武的将士，目光凝视着远方，护卫家园、守望家园。正北方向，就是平定县娘子关镇新关村，导游介绍说："村民全都是当年守关将士的后代，所以姓杂，有二十七八个姓氏。"随后又自豪地说，明清两朝，这个关口的军民是不种地的。守关的将士可以携带家属，而且生的男孩子自然带编，出生就吃皇粮。从这方面就能看出固关的重要性了。

众所周知，明朝朱元璋在长城实行屯田制。明朝在北部边境大修长城、建置长城九镇的同时，从九镇之首的辽东到九镇之尾的甘肃大兴军屯。驻守在边镇防元南下的上百万军队亦戍亦耕，且战且农，实行"屯田以给军饷"的自给政策，做到"强兵足食"。固关守军不但不耕田，而且连刚出生的男孩都有军饷，这在万里长城的关口中是很少见的。

导游讲解道，固关古城的规模，据《西关志·固关卷》记载是："正城一座，周围二十三丈五尺，高厚不等，北门一座，重门一座，水门一座。瓮城墙一道，长十五丈。东梢墙一道，长一百二十八丈五尺。石梯子沟口新添西梢墙一道，长五百零一丈一尺。护城墩六座。"其中，瓮城建在正城之西。

固关建关设城后，因为是京畿屏障，嘉靖皇帝派自己的四叔"庄懿王"率兵镇守关口，"庄懿王"在赴任前向皇帝讨旨允许固关将士随军带家眷，于是公告天下，全国各地招兵买马，在关内生下男孩报衙门注册登记，即可享受军饷待遇，年满十八周岁从军守关。俗语说"打虎亲兄弟，上阵父子兵"，这样一支深受皇恩的父子兵队伍。其战斗力不言而喻，其关坚不可摧。直至明清结束，守关将士在固关安家落户。目前，固关的居民多数都是明代守关将士的后裔。

既是守关将士的后裔，固然对长城感情至深。固关长城由于年代久远，战乱毁弃，加之民国二十一年（1932年）筑简易公路，新中国成立后修筑307国道、太旧高速公路，都是横穿古长城而过，使这一重要文物古迹不可避免地受到了损坏。

1998年10月，在上级的支持下和文物专家的指导下，固关长城1期工程顺利开工。新关村干群一致，众志成城，为恢复长城风采妇孺上阵，箪食壶浆，不畏艰险，聚沙成塔。投资65万元，其中村民集资24万元，义务工1.3万人，历时9个月修复北段长城620米，敌楼3座，堞楼上瞭望铺2个，登城石栏杆、石台阶150米，护坝70米，护墙30米，复修西峰寺六角亭4个、牌楼2座。同时做了长城西侧绿化，初步具备了对游人开放的条件。第2期工程投资150万元，修复国道长城跨桥、瓮城、关楼及南段长城800米，如实记载长城历史原貌，再现昔日雄关古道风采。

听完修复长城的经过，让我不由得对新关村的村民肃然起敬；了不起的英雄的后代，先人们在此守卫边关，繁衍子嗣，生生不息。当今他们用自己的努力，使固关长城恢复，长城后人对长城文化的传承与保护作了很大贡献。当然，他们也感谢这个时代，在长城上立有毛泽东的诗词"不到长城非好汉"的牌子和邓小平的题字"爱我中华，修我长城"的石碑。

# 固关长城（三）

2023 年 7 月 10 日

穿城洞，上城墙，进哨楼，到了寺庙院内。这就是从停车场映入眼帘的佛庙。院内砖墙上有西峰寺的简介。寺庙依山建在固关关城西山顶峰，与长城紧密相连，寺院始建年限不详。清顺治年间（1644—1662 年）即具规模，相传，当初寺庙松柏苍翠，晨钟暮鼓，香客纷纭，然历百年沧桑，几废几修。特别是 2004 年，进行了大型修复，依山建四柱山门，钟鼓二楼、天王殿、尊佛殿、十王殿、大雄宝殿、关帝庙、药王庙、观音庙、镇武庙，总占地面积 4500 平方米。目前，寺院金碧辉煌，香火缭绕；仰观古寺，金顶丹壁，寺借山势，山壮其寺；鸟瞰寺院，长城环绕，雄关争荣，是一处流芳百世的"小布达拉宫"。

在寺庙的左侧巨型花岗岩上刻着"山西固关景区"简介：固关，古井陉口。明嘉靖《西关志》记述："古关，古井陉口。按史：韩信，张耳下井陉，出背水阵破赵，斩成安君；即此地也。明朝正统二年（1437 年），于井陉南界平定州地方，创筑城垣。防守官军，隶属真定。因其旧为关隘，名曰故关。嘉靖二十一年（1542 年）房冠太原密迩故关，地当要冲，而旧城险不足，乃北筑隘口。去井陉四十里，即今新城。"新隘口建成后，改故关为固，即固关。为此，西关御史王士翘曾赋诗《固关旧以故名今改固云》："万山深锁固关城，云绕岑楼景更清。玉瓒临堤开西鉴，旌旗斜日照孤营。北陉犹自夸天险，背水还堪拥汉兵。秋到人间空抒袖，坐看沙漠一犁平。"

石碑后墙口有一指示牌，"长城入口处"，在牌子的右侧立着一个"北段长城

固关瓮城

简介"：北段长城主要遗址从固关开始，最后至娘子关的嘉峪沟，全长 13 公里，建有敌楼 5 座，烽火台 2 座，炮台 7 座。在原长城的基础上，现已修复 3000 多米。

虽然眼前是 45 度上坡的长城，但了解到此段修复好的长城只有 3000 多米，心里有了底，便义无反顾地登上了长城。拾阶而上，长城面宽 2 米，似乎和娘子关长城一样是二级长城，坡陡台阶高，众人吃力前行，喘气冒汗上到顶峰，一座哨楼立在山顶。哨楼呈方形，除一侧留门，其余为窗，可观察到四周。墙角一陡峭的木梯通向二楼。顺木梯而上，上面是略小的小屋，结构和下方相同，所不同的是外圈是平台，周边为约一人高的女儿墙，上设垛口，用于瞭望。

透过垛口，前方长城已属于野长城，似乎是条单墙，墙头长满野草，沿山脊蜿蜒至远处山脊上敌楼，再往前，长城伸向天际。再看山下，山西第一条高速公路——太旧高速穿越而过。越过公路，望到南边的长城边好像有一白色的纪念石碑。从西峰返回，移步东侧，怀着敬仰之情瞻仰了烈士纪念碑。

这是中共平定县委、平定县人民政府于 2009 年建立的"娘子关保卫战"纪念碑，材质是白色花岗岩，形状敦实而独特，碑顶是具有长城特征的垛口造型。在纪念碑底座四周是战斗英雄形象的浮雕，正面雕刻碑名是中国国防部原部长迟浩田将军题写的"抗日英烈永垂不朽"的题词。这一带曾经是"固关、娘子关保卫战"的战场，我在走长城第二百零五站《山西娘子关》、二百零六站《山西固关、娘子关长城》中对英烈们抗日英雄事迹已有介绍，这里就不再重复。历史不会忘记他们，共和国不会忘记他们，我们更不会忘记他们。先烈们，安息吧！

移步固关碑林，这是新开辟的一处文化旅游景点，固关历史悠久，有着丰厚的文化底蕴。我探访过长城的许多关口，有的关口有一两个文人墨客题咏一两首诗就已经很珍贵了。但在固关，发生过许多重大历史事件，历代帝王将相、文人墨客出入此处者甚多。文化资源数不胜数。秦王翦伐赵，秦始皇的遗体经过固关归葬咸阳，韩信的"背水之战"，郭子仪、李光弼平定了"安史之乱"，康熙皇帝西巡等都留下了足迹。韩愈、司马光、韩琦、于成龙、孔尚任等文人学士也在这里创作了许多佳作。

景区建碑林长近百米，收藏的有帝王将相、文人墨客题咏长城建筑和关隘历史的碑刻作品近百块。碑刻作品既有行书、楷书，又有狂草、隶书、篆书等，其书法艺术总括古今，涵盖八方，实为文化园中的一件瑰宝。在碑廊中，设立韩信石雕像，高20.4尺，由一块巨石雕刻而成，重量15吨。20.4尺代表韩信在公元前204年率兵攻打赵国时曾在此安营扎寨，屯兵操练，为赞扬英雄特设雕塑纪念。并有胡绳专门为他题的一首诗："开国登坛盖

于成龙诗碑刻

世雄,功高鸟尽弃良弓,刘家天下吕家党,千载行人叹不穷。"

在碑林中按原样修复了古代练兵射箭场,内设九曲黄河阵,阵内分九个城。固关碑林既是文化内涵深厚的景点,又是一个丰富的供游客参与娱乐的场所。在百家碑院中,不仅能感受历史的魅力,还能体验到浓厚的文化氛围。当你紧张地爬完长城之后,疲惫的身体需要休息,现在缓缓漫步在碑林之中,观赏着帝王将相和文人墨客曾在这里留下的足迹和诗篇,细细品味他们的思绪和情感,或许在某个石碑前,你会发现一首名人诗作的碑文,让你心生共鸣。

最后,让我们看看让这位千古一帝动容动情而赞美的固关,是不是会让你也产生共鸣之情呢?公元 1703 年 11 月,离开京城西巡的康熙皇帝来到了平定州固关城下,眼前山高路险,雄关危重的情景让这位雄才大略的帝王诗兴大发,一首"五律"脱口而出:"鸟道入云中,风光塞漠同。人依险地立,城自越山丛。俗朴观民舍,才多壮士雄。芹泉连冀北,回首指青骢。"